中华文化与学科课程丛书　　丛书主编　崔允漷

走向文化自信
语文课程文化研究

董蓓菲◎著

华东师范大学出版社
·上海·

图书在版编目(CIP)数据

走向文化自信:语文课程文化研究/董蓓菲著.—上海:华东师范大学出版社,2024
(中华文化与学科课程丛书)
ISBN 978-7-5760-4623-6

Ⅰ.①走… Ⅱ.①董… Ⅲ.①语文课—教学研究—中小学 Ⅳ.①G633.302

中国国家版本馆 CIP 数据核字(2024)第 040730 号

中华文化与学科课程丛书
走向文化自信:语文课程文化研究

著　　者	董蓓菲
责任编辑	吴　伟
责任校对	陈梦雅　时东明
装帧设计	卢晓红

出版发行	华东师范大学出版社
社　　址	上海市中山北路 3663 号　邮编 200062
网　　址	www.ecnupress.com.cn
电　　话	021-60821666　行政传真 021-62572105
客服电话	021-62865537　门市(邮购)电话 021-62869887
地　　址	上海市中山北路 3663 号华东师范大学校内先锋路口
网　　店	http://hdsdcbs.tmall.com

印 刷 者	杭州名典古籍印务有限公司
开　　本	787 毫米×1092 毫米　1/16
印　　张	22
字　　数	370 千字
版　　次	2024 年 5 月第 1 版
印　　次	2024 年 5 月第 1 次
书　　号	ISBN 978-7-5760-4623-6
定　　价	78.00 元

出 版 人　王　焰

(如发现本版图书有印订质量问题,请寄回本社客服中心调换或电话 021-62865537 联系)

全国教育科学规划课题"香港中小学《中国语文》教科书中文化认同教育的现状、问题与对策"(DHZ230517)的研究成果

上海市社科规划课题"从文化认知到文化体验:中小学生优秀传统文化认同的教育范式研究"(2019BKS016)的研究成果

总序

自 2001 年新课程实施以来,中国基础教育课程改革自始至终都面临这样一个问题:如何为历史转型、民族复兴和教育强国提供强有力的课程支撑?

从国际学生评估项目(简称 PISA)的成绩来看,中国基础教育发展已达到历史高位,我们学生的总体水平在世界范围内名列前茅。但是,我国学科教育要实现从"有质量"到"高质量"的转型发展,不但要将其置于全球教育的视域中深思,还应在回应民族复兴的实际需求上熟虑。《义务教育课程方案和课程标准(2022 年版)》从有理想、有本领、有担当三个方面系统绘制了新时代的育人蓝图。"三有"新人从正确价值观、关键能力、必备品格三个方面定位了课程育人的整体架构。若要实现育人蓝图,其中一个全新的、关键的任务就是,要发挥课程、教材和教学培根铸魂、启智增慧的作用。而培根铸魂的核心就是加强中国学生对中华文化的认同。

2013 年 11 月,党的第十八届中央委员会第三次全体会议,就深化教育领域综合改革目标,提出"全面贯彻党的教育方针,坚持立德树人,加强社会主义核心价值体系教育,完善中华优秀传统文化教育,形成爱学习、爱劳动、爱祖国活动的有效形式和长效机制,增强学生社会责任感、创新精神、实践能力"。2014 年 3 月,教育部进一步印发《完善中华优秀传统文化教育指导纲要》,强调"引导青少年学生更加全面准确地认识中华民族的历史传统、文化积淀、基本国情,认清中国特色社会主义的历史必然性,坚定走中国特色社会主义道路、实现中华民族伟大复兴中国梦的理想信念,具有重大而深远的历史意义"。这是改革开放以来,教育职能部门第一次旗帜鲜明地提出:加强中华优秀传统文化教育,是深化中国特色社会主义教育和中国梦宣传教育的重要组成部分。将传统文化和核心价值观教育覆盖到小学至大学育人的全过程、各环节和各学科,逐渐成为教育界共识。2021 年 1 月,教育部颁布《中华优秀传统文化进中小学课程教材指南》,从基本原则、总体目标、主题内容、载体形式、学段要求、全学科覆盖等方面,对中华优秀传统文化进课程教材进行了系统布局。具体而言,不同学段有关中华优秀传统文化的要求是不同的：小学应重点培育学生对中华优秀传统文化的亲切感和感受力；初中应重点增强学生对中华优秀传统文化的理解力；高中应重点增强学生对中华优秀传统文化的理性认识和践行能力，进行文化创新。"全学科覆盖"强调要结合各学科具体主题、单元、模块等，融入相应的中华优秀传统文化内容和载体形式，尤以语文、历史、道德与法治（思想政治）三科为主，艺术（音乐、美术等）、体育与健康学科有重点地纳入，其他学科有机渗透，进而形成纵向有机衔接、横向协同配合的格局。在实施中要秉承"以学生为本"的教育理念，发挥各学科独特育人功能、学科间综合育人功能，开展跨学科主题教育教学活动。以中华优秀传统文化涵养社会主义核心价值观，坚定学生的文化自信。

中华优秀传统文化是中华民族在五千多年的历史发展长河中形成的智慧结晶和精神所在，是当代中国文化的根基，蕴含了以人为本、天人合一、和而不同、天下为公等思想理念、道德规范和人文精神，对于培育和提升人的思想道德、文化素养、审美水平有着非常重要的意义。中小学20多门学科的新课程标准明确了学科属性的文化教育目标，"中华文化"也构成了"全学科"文化教育的基本内容。如语文学科的文化自信、道德与法治学科的政治认同、英语学科的文化意识、历史学科的家国情怀、艺术学科的文化理解。虽名称不一，但文化认同是共同的主旨，涉及对中华优秀传统文化、革命文化、社会主义先进文化的认同等。在激烈的全球文化竞争中加快文化认同教育的步伐，强化、培育学生对中华文化的认同感，是我国深化基础教育课程教学改革的使命担当。

如何推进中华优秀传统文化进入各科课程内容？又应使其以怎样适切的形象出现在各科教材之中？如何使其有别于学科知识教学，引领中小学生完成从文化认知到文化认同的学习历程？怎样发挥新媒体、新技术为学习带来的便捷作用以有效传播中华优秀传统文化？这套"中华文化与学科课程丛书"致力于切实解决这些问题，集中承载了作者聚焦学科课程文化的基础性研究所作出的学术贡献——努力建构了各学科课程文化领域的学科体系、学术体系和话语体系。

这套丛书包括董蓓菲教授的《走向文化自信：语文课程文化研究》、沈晓敏教授的《思想政治课中华优秀传统文化资源的开发》和郭宝仙教授的《英语教材中华文化内容设计与使用》。她们运用比较研究、调查研究、文本分析、语料库分析、案例分析等方法，开展跨社会学、文化学、心理学、教育学领域的学理探讨，取得了阶段性的成果：提出了语文学科课程文化研究的理论基础,明确了思想政治课中华优秀传统文化学习资源开发的路径和步骤,探索了本土文化研究视角下英语教科书中华文化内容设计与使用原理……开阔的国际视野,扎实的学科实践,兼具学术性和实践性的成果,能够为学科教育研究者、教材编写者、职前和在职教师开展学科课程文化研究提供切实的帮助!她们结合国家级课题成果率先完成了丛书的撰写,代表学科专家开课程文化研究之先河,具有创新性与引领性,但也难免有需要商榷和改进之处,期待读者赐予宝贵意见和建议!

这三位作者都是我的同事,作为所长,我深感荣幸和自豪,在此也向她们表示祝贺,故欣然为序。

崔允漷
2024 年 4 月

前言

有史以来,人类还没有哪一代人像今天的你我,如此彻底地革故鼎新:膜拜"大数据"、狂追"互联网思维"、享受"云端"、借力 AI……时代的进步是技术的赋能,更是观念的焕然一新。

就教育而言,近代以来的中国旨在寻求民族复兴的课程改革,距今已有一百多年的历史。先有应对国家军事、经济危机的曾国藩、李鸿章、左宗棠等封疆大吏;后有以西方新思想变革国家政治的康有为、蔡元培、胡适等传统举子士人、海归精英。近有教育部全力支持的、强调以素养为本的新课程体系专家。中国课程改革自始至终都在回应这样一个难题——历史转型、民族复兴急需发展何种新课程?从理论与实践层面看,西方学术前沿和实践经验有助于我国语文课程的视野拓宽、概念重建,从而为健全新课程体系奠定更科学的知识基础和更丰富的资源借鉴。但是,精准绘制本国的核心素养培育蓝图,文化自觉是不可或缺的!

以"文化传承与理解"的素养培育为例,在中国社会历史转型的大变局里,传统文化是不是应当保存?哪些应保存?哪些需扬弃?如何保存?怎么传承……都是超越语文课程领域的,充满争议、令人困惑的棘手问题。语文课程的中华文化传承与理解,就似一组沉重的概念,包含了诸多亟待回应的、跨领域的问题链,既环环相扣,又折射着社会层面的文化焦虑。这种焦虑的核心就是如何重建秩序——一套既根植于中华文化,又适应当代社会生活的、具有说服力和凝聚力的中国人的价值体系,并为年轻一代所信奉。

梁志平认为,传统文化自 20 世纪以来的命运,大体经历了四个阶段:第一个阶段从 20 世纪初到 20 世纪 40 年代末期,这一时期最著名的就是新文化运动,影响深远。第二个阶段是从 1949 年到 1979 年,中华人民共和国成立,共产主义的意识形态变成行动纲领,推行至整个国家和社会。第三个阶段覆盖了 20 世纪 80 年代,如果说 20 世纪中叶之后，传统文化的命运有了比较明显的转变，那么这个阶段就是一个过渡期。该阶段最重要、最令人兴奋的就是与改革开放相伴相随的思想解放运动，还有被称为"文化热"的文化大讨论。第四个阶段从20世纪90年代到现在，经历了对传统文化的毁坏和遗忘之后，国人开始对中华文化有更多温情的了解和敬意，并试图唤醒整个社会的集体记忆。语文课程文化研究就始于这样的时代浪潮之中。

在研究之初，我就发现该领域堆积了太多难题，不存在迎刃而解、速战速决的可能。只有在空白之处，用谦卑、脚踏实地、独立的专业精神孜孜以求，才是对语文课程研究的尊重。近10年来，我带领博士生团队完成了两个省部级文化课题，开始新的国家级课题研究时，我始终坚持语文课程文化研究需置于世界母语课程的语境中去思考，方能预见时代之流，又体现当代中国社会变局、民族复兴的实际，从而建立中国语文课程文化的学术体系。

全球化特别是文化全球化，某种程度上就是以西方国家为主的法律规则、国家制度、政治理念、哲学思想与价值观念在世界各地的推行。西方文化作为一种强势文化，在世界文化的多样性发展中占据着主流和中心地位，并对其他文化形态形成了不平等、不均衡的信息流动和不利环境。这种文化"独语"现象，导致的直接后果就是引起后发国家的民族文化认同危机。亚洲的新加坡、日本、韩国都曾直面这样的严峻挑战。自2014年起，我国教育部颁布了一系列文件，自上而下、全面布局中小学的文化教育，尤其是优秀传统文化教育的实施政策、课程和教材的要求、具体路径和策略方法。本书第一章就系统阐述了文化全球化带来的认同危机及国家层面的应对方案和目标蓝图。

破解全球化带来的认同危机，首先需客观认识"文化认同"。"文化认同"非课程与教学论范畴的概念，只能跨界研修——从文化学、社会学领域做零起点探索：厘定文化、文化的纵向结构、空间结构；文化现象、类别；学生个体社会化养成轨迹……需要跨界梳理心理学的新近成果——以态度的学习作为"文化认同"研究的逻辑起点，明晰文化认同、文化自信的内在关系以及心理发展规律。本书第二章就做了跨领域的文化学、社会学、心理学预研究，从而为语文课程文化的本体研究夯实基础。

第三章是语文课程文化的本体研究。这部分论述了语文课程文化特性：语文课程隶属文化系统的一个组成部分，受文化的制约；语文课程又从一个特殊的角度反映、传播文化。因此，语文课程文化包括两个方面的涵义：一是语文课程所体现的我国社会主流文化,如中华优秀传统文化、革命文化、社会主义先进文化的特征;二是语文课程在传播主流文化,如课程标准编制、教材设计、教学实施时所表现出的文化特点。其涉及的是语文课程对文化的选择问题:传承什么和怎样传承。

第四章至第六章基于课程与教学论的纵向结构,从课程标准——教科书——教学三个层面展开系统的、文化视角的解读,同时辅以横向的国际参照样本。

第四章聚焦课程标准,阐述了荷兰维姆·姆兹(Wim Meeus)等学者提出的过程取向的三因素文化认同模型,以及美国玛西亚(J.E. Marcia)提出的结果取向的学生文化认同四种差异状态。为研制语文课程标准中有关文化学习目标、内容提供了充分理据。同时分析了新加坡、日本和英美国家的课程标准,以及中国香港《中国语文》课程中"中华文化"学习指引的编制特点。

第五章聚焦教科书,引入了德国学者扬·阿斯曼(Jan Assmann)的文化记忆理论,提出运用教科书文化现象细目表分析语文教科书文本,建构以文化记忆为取向的、文化学习的理解方式,而语文教科书中的一些文本就兼具知识文本和文化文本的双重特性。教科书从单一的知识文本转向兼具知识文本、文化文本的双重考量,有助于充分挖掘并发挥语文教科书文化传播的功能。此外,建构了教科书文化学习活动设计模型,提倡通过新增和改造原有知识文本学习活动的方法,设计文化学习活动,践行优秀传统文化进教材、进课堂的政策。同时,枚举了美国教科书出版巨头麦格劳·希尔教育出版公司(MacGraw-Hill)出版的大概念引领的《奇观》(Wonders)教科书,以及知识文本、文化文本——双文本学习活动的设计样例《富兰克林自传》。

第六章聚焦中华文化教学,指出所谓的文化教学就是将中华文化的核心理念、传统美德和人文精神等内容素材有机融入语文教学之中,在适宜的环节采用契合的方式,使学生体验、感悟中华文化的魅力,积淀文化自信心和自豪感,增进文化认同的过程。强调融于学科的文化教学不同于语修逻文的知识教学,仅有单纯的文本分析和鉴赏是不够的,要追求学生身体的主题回归,重视情境和个体经验的生成,探索身心一体的教学;阐述了体验性文化教学模式、教育戏剧教学策略、跨学科主题学习策略和教师团队的合作教学(Co-teaching)方法。并辅以鲜活的本土中小学文化教学案例。

全球有关文化的概念界定有一百多种。费孝通先生认为,在这个多元文化的世界里,"文化自觉"是确立自己的位置,并与各种文化和平共处的唯一对策。所谓的文化自觉,就是指生活在一定文化中的人,对其文化有"自知之明",明白它的来历,形成过程,所具的特色和它发展的趋向。"各美其美,美人之美,美美与共,天下大同"是费孝通先生提出的文化自觉的历程,也是我国语文课程文化研究的未来。本书的文化研究只是开启了我国语文课程文化视域的一扇窗,小而陋,期待同仁的意见和建议,期盼与你同行!

董蓓菲

2024年3月于湖墅

1491891657@qq.com

目录

第一章 时代诉求与教育图谱 1

 第一节 文化全球化与文化认同危机 4
 第二节 中华文化教育的顶层设计 10
 第三节 中华优秀传统文化的教育图景 20

第二章 中华文化教育研究的理论基础 29

 第一节 中华文化教育概念廓清 31
 第二节 跨领域的文化教育研究 43
 第三节 社会学和文化学视域的文化研究 46
 第四节 文化心理学视域的文化研究 69
 第五节 中华文化教育的教师信念 78

第三章 语文课程的文化属性 95

 第一节 课程文化研究演进 97
 第二节 语文课程文化特性 103
 第三节 语文课程文化自觉 119

第四章 语文课程文化教育目标和内容　　　123

第一节 课程方案、课程标准的文化教育目标　　　125
第二节 语文课程文化教育的图景　　　138
第三节 语文课程文化教育的国内外比较　　　142
第四节 语文课程文化教育目标建构　　　153

第五章 语文教科书文化教育资源　　　159

第一节 语文教科书的文化记忆　　　161
第二节 语文教科书的文化现象　　　164
第三节 语文教科书文化学习资源　　　170
第四节 优秀传统文化学习资源　　　193
第五节 语文教科书学习活动设计的国际视野　　　208
第六节 基于教科书的中华文化学习活动设计　　　220

第六章 融入语文学科的中华文化教学　　　233

第一节 语文学科文化教学观　　　235
第二节 文化体验教学范式　　　244
第三节 教育戏剧教学策略与方法　　　256
第四节 语文跨学科文化主题学习策略　　　279
第五节 语文学科中华文化教学案例　　　310

参考文献　　　329

第一章

时代诉求与教育图谱

近年来,时有发生的失德事件,不断冲刷中国社会道德的"警戒线",这一现象的背后,是文化的"失重"。文化像空气,无色无味却如影随形。因为它无处不在,我们难免不知敬重和珍惜。然而,一旦社会视物质为物质的通行证,文化成了文化的墓志铭,我们就会意识到文化不可轻视之"重"。文化关乎人心,是一个共同体安身立命的根脉。轻慢或荒芜了文化,生命就会失去定位和意义。当下,中国社会经济转型导致的多元价值交融、交锋,正影响着中小学生人格价值的建构。因此,社会主义核心价值观如何在中小学课程范畴内实施,亟待深入探索。

与此同时,全球化、信息化传播的西方价值理念,也给语文课程带来文化层面的焦虑和困惑。如东方文化传统强调尊重权威、服从集体、遵守道德的社会本位教育,和西方文化强调个性自由的个人本位教育之间的价值观念冲击。上述纵向的传统文化价值选择与横向的东西方文化价值冲突,是我国中小学语文课程在文化传承与创新领域面临的时代挑战。

中国特色社会主义道路基于对中华民族五千多年悠久文明的传承,具有深厚的历史渊源和广泛的现实基础。中华文化是我们在世界文化激荡中立足的根基,是当代中国发展的突出优势。融入语文课程的中华文化教育,对于青少年学生全面、准确地认知中华民族的历史传统、文化积淀、基本国情,认清中国特色社会主义的历史必然性,坚定走中国特色社会主义道路、实现中华民族伟大复兴中国梦的理想信念,具有重大而深远的历史意义;对于培养中华优秀传统文化的继承者和弘扬者,推动文化传承创新,建设社会主义先进文化具有基础作用。

但是,面对社会发展的新需求,融入语文课程的中华文化教育还面临着很多挑战,如对中华文化教育重要性的认识有待加强;融入语文课程的中华文化本体内容的系统性、整体性明显不足;语文课程和教材体系中,中华文化内容和学习活动设计有待完善;课堂教学重"语修逻文"知识讲授、轻文化精神内涵体验的现象普遍存在;中小学语文教师的中华文化素养有待提升等。概而言之,理论研究力量单薄且迟滞,实践探索零散且不实,语文课程文化教学研究成效不足。因此,语文课程完善中华文化教育的理论诉求和实践创新迫在眉睫。

第一节 文化全球化与文化认同危机

众所周知,学校教育在文化传承与道德、信仰重塑中的功用和潜力是不可估量的。自19世纪末起,中国社会道德、信仰缺失现象渐显。学者们立足多视角审视,最终追究到文化,将其归因为全球化带来的文化危机。

一、中国人的生活信条调查

随着网络技术的高速发展,获取民声、发表己见的渠道也日渐增多。2011年1月,凤凰网与新生代市场监测机构联合主办了一项关于中国人生活信条的大调查——征集中国人的信仰。来自社会各阶层、各年龄段的63 707个有效样本,产生了两组奇特的数据信息。

一方面,76.9%的被访者表示自己是一个有信仰的人;另一方面,92.6%的被访者认为这是一个信仰缺失的时代。

有关生活信条,被访者坚持的信条主要有以下几种:真诚(59.4%)、正义(57.3%)、孝道(54.7%),同时,被访者认为时代缺失的是:正义(81.7%)、真诚(68.5%)、信誉(61.8%)、信任(60.9%)[①]。

两组数据传递了这样的信息:个体认为自身有信仰,然社会群体无信仰;个体坦言真诚和正义是自己一直坚持的信条,然社会群体缺失的恰是正义和真诚。这是个悖论:无数个体形成了社会群体,但是个体的选择却和群体的特征大相径庭。这至少说明当代人的知与行是背离的。

这也从侧面反映了中国人的一个现实:既对理想目标和精神生活有着强烈的向往,又对世俗生活和物质利益表现出极大的热情。

---

① 丁学良.怎样才能保护公民的道德心[N].南方周末,2011-04-20(E31).

二、中小学生的思想道德调查

2012年9月,一份关于上海中小学生思想道德状况与语文教师学科德育现状的调查显示:

演艺明星已成为青少年偶像和榜样的第一选择,占48.7%;其次是政界人物(9.8%)、体坛人物(7.7%);收入丰厚和地位尊贵成为择业的重要标准,工人(0.6%)、农民(1.8%)是选择率最低的职业。对于违反纪律的行为,20.68%的学生存侥幸心理;18.84%的学生认为好玩;9.24%的学生认为无所谓。①

这508名学生样本,反馈出如下信号:高曝光率的娱乐文化对学生选择偶像、楷模产生较大影响;学生职业观呈多元化。调查组认为,社会转型期的多元价值观影响着中小学生个体人格价值的合理构建。

三、中华优秀传统文化教育现状调查

2015年4月到5月15日期间,上海市教育委员会教学研究室(现上海市教师教育学院)就中华优秀传统文化主题,针对中小学7 599名教师、43 500名学生(以上海为主)开展网络调查和线下问卷调查。

(一)中华优秀传统文化现状调查
有关中华优秀传统文化认知、态度与需求的现状调查显示如下。

1. 就传统文化教育内容看,认可度较高的依次为:
(1) 理性精神的培育很重要,不能把传统与现代、传统与西方简单对立起来;
(2) 应注重培养学生对传统文化的判断力和鉴别力;
(3) 应开发传统文化教育的系列课程。

---

① 钱钰.学生将收入和地位作为择业标准[N].新闻晚报,2012-09-12(A1).

2. 就传统文化传播和学习方式看,认可度较高的依次为:

(1) 参观世博会中国馆、参加经典诵读、参加"汉字英雄"等节目;

(2) 欣赏《舌尖上的中国》,观看"百家讲坛"等媒体传播内容;

(3) 阅读传统文化教育的分级读本。

其中,"身着汉服"是认可度最低的;"参与学校组织的集体跪拜活动"认可度也相对较低。

3. 就学生接触传统文化内容的主要途径看,依次为:图书(非教科书)、网络、影视作品、报刊、教科书、讲座或报告、其他。

4. 就参与和组织传统文化活动的活动水平层次看,数量居多的依次为:

(1) 接触传统文化(比如吟诵古诗,参观名胜古迹,欣赏文艺作品等);

(2) 了解传统文化(比如检索端午节的来历,查询陶渊明的生平,观看有关节目等);

(3) 解释、分析或评论传统文化(比如解释汉字构造,评价风水理论等);

(4) 模仿传统文化(比如临摹书法作品等);

(5) 传播、推广传统文化(比如授课,作报告,发微信,写文章,办展览等);

(6) 基于传统文化展开创作(比如构思撰写一副春联等)。

5. 就语文教材(人教社2015年)中传统文化内容的学习活动类型看,主要有朗读与背诵、分析与探究、欣赏与品位、交流与讨论、查找与例举、创作与改编、翻译与解释、摘抄与积累、考察与访谈、编辑与编选、演唱与表演等11种。其中最主要的是朗读与背诵、分析与探究。

6. 就传统文化学习和传承中存在的问题看,较突出的有:

(1) 传统文化知识浩如烟海,不知道从哪入手;

(2) 缺少接触、参与、弘扬传统文化的社会风气;

(3) 以死记硬背为主,不能理解;

(4) 教科书里的传统文化内容枯燥乏味;

(5) 许多打着"国学"名义进行传统文化教育的培训活动名不副实。[1]

---

[1] 上海市教育委员会教学研究室. 和·合——中小学课程与教学彰显中华优秀传统文化研究报告[M]. 上海:华东师范大学出版社,2017:69—84,146—152.

调查研究发现，无论是教师还是学生，对传统文化项目越了解、熟悉，就越倾向于认为该传统文化项目具有更高的教育价值。具体而言，师生对传统文化了解程度排名靠前的主要是：饮食、文史作品、语言、武术、美术、建筑、中医、考试制度、工艺、戏曲等。无论是教师还是学生，越认同某个价值观念，越倾向于认为该价值观念具有更高的教育价值。具体而言，师生对传统文化价值观念认同程度较高的依次为：仁爱、刚健有为、自强不息、礼义廉耻、仁义礼智信等。

(二) 中华优秀传统文化课程与教学调查

有关中华优秀传统文化主题的课程与教学调查显示如下。

1. 优秀传统文化教育并没有独立、统一的课程体系，相对杂、多。就教育现状的整体满意度而言，76.3%的学生感到满意，54.5%的教师感到满意。

2. 就优秀传统文化传播和学习方式而言，师生一致认可参观"世博会中国馆"、参加"经典诵读"、参加"汉字英雄"节目等学习方式；欣赏《舌尖上中国》和观看"百家讲坛"等媒体传播内容的方式，也获得较高的认可度；其次是阅读传统文化教育的分级读本。

3. 就优秀传统文化教育内容而言，对于现行学校传统文化教育中的理性精神培育、判断力和鉴别力的提升，系统文化教育系列课程开发，认可度较高；教师中华优秀传统文化教育的责任感普遍较强；师生都重视师资培训；对于学校传统文化教育内容的丰富性判断，学生比老师更乐观。

4. 就优秀传统文化教育方式而言，40.2%的教师、32.5%的学生认为传统文化教学方式单一，感到没有兴趣。

5. 师生认为，参与和组织的传统文化活动中，最主要的是接触、了解类活动；其次是解释类、分析类、模仿类、传播推广类活动；最后是创作类活动。

6. 教师接触传统文化的主要途径有：图书、网络、影视节目和教科书等。学生接触传统文化的主要途径是：图书、网络、教科书、影视节目、报刊、讲座或报告。

调查发现，当下中小学校中华优秀传统文化课程与教学主要存在如下问题。

1. 缺少接触、参与、弘扬传统文化的社会风气。
2. 传统文化知识浩如烟海，不知道从哪里入手。
3. 教师认为教科书里的传统文化内容枯燥乏味；学生认为学习方式以死记硬背

为主,难以理解。①

可见,中华优秀传统文化的传承与创新教育面临着严峻的挑战,甚至有文化断层的危机。中小学课程与教学融入中华优秀传统文化教育迫在眉睫!

【专栏1-1】

学文言文有什么用

李浩存是高一的新生,入学不到一个月,他对语文学习根本不在乎,但他爱出风头的特点,已经全班皆知。今天下午第一节语文课,他突然站起来大声地说:"请问老师,学文言文有什么用?"全班同学的目光刷地集中到他身上,带着兴奋,带着崇拜;又刷地转到我身上,带着同情,甚至是幸灾乐祸。我深知李浩存说出了几乎所有同学的心声,虽然他平时在班上并不受欢迎,但此时此刻他成了同学心目中的英雄。许是同学们的眼光给了他底气,他居然用挑衅的目光看着我。

我大脑快速运转,微笑着问他:"李浩存,刚才你提问的时候用了'请问'一词,你能不能告诉我'请问'是什么意思?"他想了想,又抓了抓头,用求助的眼光看向周围的同学。但同学们都躲避他的目光,因为他们也不知道老师葫芦里卖的是什么药。我说:"你回答不上来就请坐,但在坐下去前你能不能告诉我,'请坐'和'请问'的'请'意思是否一样?"他认真地想了想回答:"不一样。"

"为什么不一样?"

"'坐'和'问'的主语不一样啊!"

"李浩存说主语不一样,讲得有道理。但是为什么不一样呢?谁知道?"我把目光转向全班同学。一个同学站起来回答说:"好像'请问'的'请'是'我请'的意思,而'请坐'的'请'是'你请'的意思,所以主语不一样!"我肯定

---

① 上海市教育委员会教学研究室.和·合——中小学课程与教学彰显中华优秀传统文化研究报告[M].上海:华东师范大学出版社,2017:69—85.

了这个同学的理解,并进一步解释了"请"的意思:"'请'表示恭敬,在古汉语中有两种用法,一是请对方做某事,比如请坐;二是请对方允许自己做某事,比如请问。今天我们要学习的课文《廉颇蔺相如列传》中就有这样的例子,大家把书翻开。"

大家一起读道:"臣所以去亲戚而事君者,徒慕君之高义也。今君与廉颇同列,廉君宣恶言而君畏匿之,恐惧殊甚。且庸人尚羞之,况于将相乎?臣等不肖,请辞去。"

我说:"'请辞去'的意思就是请允许我们告辞离开。这里的'请'和'请问'的'请'意思一模一样。也就是说,这个'请'字,两千多年前的司马迁说过,屈原说过,李白说过,杜甫说过,苏轼说过,曹雪芹也说过。今天,我们还在说,它至少有2000岁了!对于这么厚重、绵延千年仍不朽的语言文字,我们不应该了解它们吗?"

教室里鸦雀无声,同学们都庄重而严肃地看着我……

(改编自上海市教育委员会教学研究室.文·道——语文学科彰显中华优秀传统文化课堂教学实践研究[M].上海:华东师范大学出版社,2017:93—97.)

四、文化全球化的教育对策

(一)文化全球化

全球化强调超国家性与整体性,是当代人类社会生活跨越国家、地区界限,在全球范围内展现的全方位沟通、相互影响的客观进程。由于每个国家和民族形成与发展的历史条件不同,所处的地理环境不同,政治制度和宗教信仰不同,社会实践和生活方式不同,因此形成了文化的多样性和差异性。[①] 经济全球化给不同国家和民族的文化提供了相互沟通、交融、提高和共享的便利条件。因此,文化全球化也是一个客观的历史进程。

---

① 孙洪斌.文化全球化研究[M].成都:四川大学出版社,2009:12.

文化全球化主要指价值、观念、伦理的全球化。① 如全球意识、网络文化、生态文化、消费文化、大众文化、现代化理念,这些文化观念和文化现象是全球性的,并引起了世界各国的关注和共识,这种文化的内容和认同表现出的一致性就是文化全球化。文化全球化的实质是全球文化的整合——不同文化之间的共处与整体和谐。

(二) 文化认同危机

到目前为止的全球化进程,还是以西方国家为主导的。特别是文化的全球化,某种程度上就是西方国家的法律规则、国家制度、政治理念、哲学思想与价值观念在世界各地的推行。西方文化作为一种强势文化,在世界文化的多样性发展中占据着主流地位,对其他文化形态的产生和发展造成了不平等、不均衡的信息流动和环境。② 这种文化"独语"现象,导致的直接后果就是引起文化认同危机。

在汹涌的全球化浪潮中,作为后发走上现代化道路的中国,全球化给国人带来了器物上的改观,同时,也使西方文化价值理念影响到中国社会生活的各个领域、各个层次,冲击和消解着中国传统文化的伦理价值理念。

费孝通先生认为,在这个多元文化的世界里,"文化自觉"是确立自己的位置,并与各种文化和平共处的唯一对策。所谓的文化自觉,就是指生活在一定文化中的人,对其文化有"自知之明",明白它的来历、形成过程、所具的特色和它发展的趋向。③ "各美其美,美人之美,美美与共,天下大同"是费孝通先生提出的文化自觉的历程,也是语文课程文化研究要经历的过程。

第二节 中华文化教育的顶层设计

在中国文化现代化思潮和教育改革深化进程中,学界和政府相关部门开启了中国和平崛起顶层设计的探索之路。2013 年 11 月,中国共产党第十八届中央委员会第三

---

① Anthony D. Smith. National Identity [M]. Reno: University of Nevada Press. 1993:52.
② 孙洪斌. 文化全球化研究[M]. 成都:四川大学出版社,2009:33.
③ 费孝通. 反思·对话·文化自觉[J]. 北京大学学报(哲学社会科学版),1997(3):9.

次会议,就全面深化改革重大问题,从经济、政治、文化、社会、生态文明以及国防和军队改革、党的建设制度改革等方面做出了全面部署。其中,就深化教育领域综合改革,明确了"全面贯彻党的教育方针,坚持立德树人,加强社会主义核心价值体系教育,完善中华优秀传统文化教育,形成爱学习、爱劳动、爱祖国活动的有效形式和长效机制,增强学生社会责任感、创新精神、实践能力"①的目标。

一、六份纲领性文件

自2014年起,国务院办公厅、教育部开始颁布一系列文件,自上而下、全面布局国家层面的文化教育,尤其是优秀传统文化教育政策、策略和路径。这六份文件按照颁布时间先后(见图1-1)依次为:《完善中华优秀传统文化教育指导纲要》《教育部关于全面深化课程改革落实立德树人根本任务的意见》《关于实施中华优秀传统文化传承发展工程的意见》《新时代爱国主义教育实施纲要》《革命传统进中小学课程教材指南》《中华优秀传统文化进中小学课程教材指南》《"十四五"文化发展规划》。

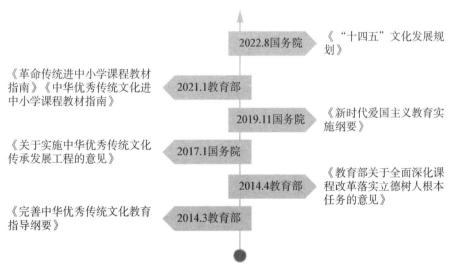

图1-1 教育部有关优秀传统文化教育的文件

---

① 中华人民共和国中央人民政府. 中共中央关于全面深化改革若干重大问题的决定[EB/OL]. (2013-11-15)[2022-10-02]. http://www.gov.cn/jrzg/2013-11/15/content_2528179.htm.

二、全面部署、系统规划

2014年3月,教育部印发《完善中华优秀传统文化教育指导纲要》(以下简称《指导纲要》)。这是改革开放以来,教育职能部门第一次旗帜鲜明地提出,"加强中华优秀传统文化教育,是深化中国特色社会主义教育和中国梦宣传教育的重要组成部分","引导青少年学生更加全面准确地认识中华民族的历史传统、文化积淀、基本国情,认清中国特色社会主义的历史必然性,坚定走中国特色社会主义道路、实现中华民族伟大复兴中国梦的理想信念,具有重大而深远的历史意义"[①]。

《指导纲要》从中华优秀传统文化教育的基本原则、主要内容、课程教材、学段对象、师资培训和多元支持等六个方面,做了全面部署、系统规划(见图1-2)。

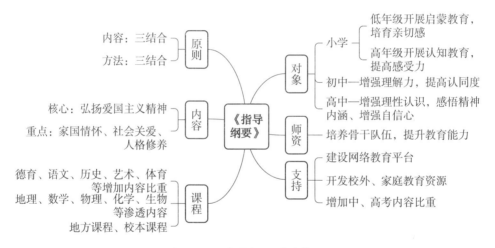

图1-2 《指导纲要》内容梳理

(一) 基本原则

中华优秀传统文化教育在教育内容、教育方法上都要坚持"三个结合"。首先,在教育内容上,中华优秀传统文化教育要坚持与培育和践行社会主义核心价值观相结

---

① 中华人民共和国教育部.《完善中华优秀传统文化教育指导纲要》印发[EB/OL].(2014-04-01)[2022-10-01]. http://www.gov.cn/xinwen/2014-04/01/content_2651154.htm.

合；与时代精神教育和革命传统教育相结合；与学习借鉴国外优秀文化成果相结合。其次，在教育方法上，中华优秀传统文化教育要坚持课堂教育与实践教育相结合；坚持学校教育、家庭教育、社会教育相结合；坚持针对性与系统性相结合。

（二）主要内容

中华优秀传统文化教育是培育和践行社会主义核心价值观，落实立德树人根本任务的重要基础。其内容应以弘扬爱国主义精神为核心，以天下兴亡、匹夫有责的家国情怀教育，仁爱共济、立己达人的社会关爱教育，正心笃志、崇德弘毅的人格修养教育为重点。

（三）课程教材

中华优秀传统文化教育要融入中小学课程和教材体系，在课程建设和课程标准修订中强化中华优秀传统文化内容。在中小学德育、语文、历史、艺术、体育等课程标准修订中，要增加中华优秀传统文化内容的比重。在地理、数学、物理、化学、生物等课程中，应结合教学环节渗透中华优秀传统文化相关内容。要充分发挥中小学德育课的重要作用，促进思想政治教育与中华优秀传统文化教育的紧密结合。创新教学方法和手段，提升教学效果。

中小学要充分挖掘和利用本地中华优秀传统文化教育资源，开设专题的地方课程和校本课程。

（四）学段对象

中华优秀传统文化教育需分学段有序推进。

1. 小学低年级

这个学段以培育学生对中华优秀传统文化的亲切感为重点，开展中华优秀传统文化启蒙教育，培养学生热爱中华优秀传统文化的感情。

2. 小学高年级

这个学段以提高学生对中华优秀传统文化的感受力为重点，开展认知教育，使学生了解中华优秀传统文化的丰富多彩。

3. 初中

这个学段以增强学生对中华优秀传统文化的理解力为重点，提高学生对中华优秀传统文化的认同度，引导学生认识我国统一多民族国家的文化传统和基本国情。

4. 高中

这个阶段以增强学生对中华优秀传统文化的理性认识为重点，引导学生感悟中华优秀传统文化的精神内涵,增强学生对中华优秀传统文化的自信心。

5. 大学

大学阶段以提高学生对中华优秀传统文化的自主学习和探究能力为重点,培养学生的文化创新意识,增强学生传承弘扬中华优秀传统文化的责任感和使命感。

(五) 师资培训

加强面向全体教师的中华优秀传统文化教育培训,全面提升中华优秀传统文化教育的师资队伍水平。培养中华优秀传统文化教育骨干队伍,提升开展中华优秀传统文化教育的能力。

(六) 多元支持和实施保障

增强对中华优秀传统文化教育的多元支撑。建设网络教育平台,加强中华优秀传统文化校园教育活动,开发校外、家庭教育资源,构建互为补充、相互协作的中华优秀传统文化教育格局。

完善中华优秀传统文化教育的评价和督导机制,增加中华优秀传统文化内容在中考、高考等升学考试中的比重。

三、立德树人与爱国主义

(一) 立德树人

2014年4月,《教育部关于全面深化课程改革落实立德树人根本任务的意见》进一步强调:立德树人是中国特色社会主义教育事业的核心;课程是落实立德树人的载体和依据;社会主义核心价值观进教材、进课堂、进头脑是工作目标。① 在实施中要秉承"以学生为本"的教育理念,发挥各学科独特育人功能、学科间综合育人功能,开展跨学科主题教育教学活动。

(二) 爱国主义

2019年,国务院在《新时代爱国主义教育实施纲要》中明确:

---

① 中华人民共和国教育部.教育部关于全面深化课程改革落实立德树人根本任务的意见[EB/OL].(2014-04-08)[2022-10-08].http://www.moe.gov.cn/srcsite/A26/jcj_kcjcgh/201404/t20140408_167226.html.

(1) 当代中国,爱国主义的本质就是坚持爱国和爱党、爱社会主义高度统一;

(2) 传承和弘扬中华优秀传统文化是爱国主义的基本内容之一,对祖国悠久历史、深厚文化的理解和接受,是爱国主义情感培育和发展的重要条件;

(3) 新时代爱国主义教育要聚焦青少年,充分发挥课堂教学的主渠道作用,进课堂、进教材、进头脑;

(4) 将爱国主义教育内容融入语文、道德与法治、历史等学科教材编写和教育教学中;

(5) 办好学校思想政治理论课,创新爱国主义教育的形式。①

(三) 中华文化立场

2022年8月,中共中央办公厅、国务院办公厅印发了《"十四五"文化发展规划》,提出文化发展的指导思想是:坚持把马克思主义基本原理同中国具体实际相结合、同中华优秀传统文化相结合……以社会主义核心价值观为引领……坚持固本培元、守正创新,发展社会主义先进文化,继承革命文化,传承和弘扬中华优秀传统文化。以达成"社会主义核心价值观深入人心"的目标。② 要健全家庭、学校、政府、社会相结合的思想道德教育体系,把立德树人贯穿学校教育全过程。传承弘扬中华优秀传统文化要坚守中华文化立场,坚持创造性转化、创新性发展。

四、中华优秀传统文化的内容与任务

2017年1月,中共中央办公厅、国务院办公厅印发了《关于实施中华优秀传统文化传承发展工程的意见》(以下简称《实施发展工程的意见》)。不仅提出到2025年要基本形成中华优秀传统文化传承发展体系的总体目标,而且就中华优秀传统文化的主要内容、传承的重点任务等作了明确的规划(见图1-3)。

---

① 中华人民共和国中央人民政府. 中共中央国务院印发《新时代爱国主义教育实施纲要》[EB/OL]. (2019-11-12)[2022-10-05]. http://www.gov.cn/zhengce/2019-11/12/content_5451352.htm.

② 中华人民共和国中央人民政府. 中共中央办公厅国务院办公厅印发《"十四五"文化发展规划》[EB/OL]. (2022-08-16)[2022-10-05]. http://www.gov.cn/zhengce/2022-08/16/content_5705612.htm.

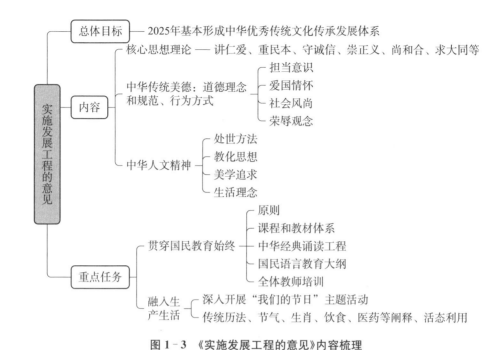

图1-3 《实施发展工程的意见》内容梳理

(一) 中华优秀传统文化传承发展的主要内容

中华优秀传统文化的内容由三个部分构成:核心思想理念、中华传统美德和中华人文精神。

1. 核心思想理念

讲仁爱、重民本、守诚信、崇正义、尚和合、求大同等是中华优秀传统文化的核心思想理念。它是中华民族和中国人民在修齐治平、尊时守位、知常达变、开物成务、建功立业过程中培育和形成的。如革故鼎新、与时俱进的思想,脚踏实地、实事求是的思想,惠民利民、安民富民的思想,道法自然、天人合一的思想等,可以为人们认识和改造世界提供有益启迪,可以为治国理政提供有益借鉴。

2. 中华传统美德

中华优秀传统文化蕴含着天下兴亡、匹夫有责的担当意识;精忠报国、振兴中华的爱国情怀;崇德向善、见贤思齐的社会风尚;孝悌忠信、礼义廉耻的荣辱观念等丰富的道德理念和规范。传承发展中华优秀传统文化,要大力弘扬自强不息、敬业乐群、扶危济困、见义勇为、孝老爱亲等中华传统美德。

3. 中华人文精神

中华优秀传统文化积淀着多样、珍贵的精神财富,是中国人民思想观念、风俗习惯、生活方式、情感样式的集中表达。如求同存异、和而不同的处世方法;文以载道、以文化人的教化思想;形神兼备、情景交融的美学追求;俭约自守、中和泰和的生活理念等。

(二) 中华优秀传统文化传承发展的重点任务

《实施发展工程的意见》中"重点任务"部分第 9 条提出:

1. 围绕立德树人根本任务,遵循学生认知规律和教育教学规律,按照一体化、分学段、有序推进的原则,把中华优秀传统文化全方位融入思想道德教育、文化知识教育、艺术体育教育、社会实践教育各环节,贯穿国民教育始终;

2. 以幼儿、小学、中学教材为重点,构建中华文化课程和教材体系;

3. 实施中华经典诵读工程;

4. 研究制定国民语言教育大纲;

5. 加强面向全体教师的中华文化教育培训。

第 12 条强调把中华优秀传统文化内涵融入生产生活各方面。如深入开展"我们的节日"主题活动,加强对传统历法、节气、生肖和饮食、医药等的研究阐释、活态利用。

五、中华优秀传统文化进课程教材

2021 年 1 月,教育部颁布《中华优秀传统文化进中小学课程教材指南》的通知(以下简称《进课程教材指南》)。这是落实 2017 年国务院办公厅的《实施发展工程的意见》,发挥中小学课程教材承载中华优秀传统文化教育功能的实践指南。

中华优秀传统文化进中小学课程教材,是强化中华优秀传统文化铸魂育人功能,落实以中华优秀传统文化涵养社会主义核心价值观,实现中华优秀传统文化传承发展系统化、长效化、制度化的重要举措。《进课程教材指南》从中华优秀传统文化进课程教材的基本原则、目标、主题内容、载体形式、学段要求、全学科覆盖六个方面,进行了具体阐述(见图 1-4)。

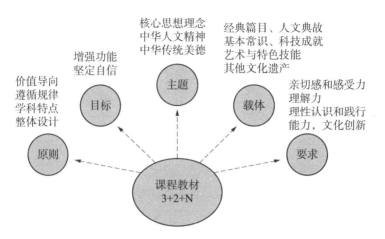

图1-4 《进课程教材指南》内容梳理①

(一) 基本原则

中华优秀传统文化进中小学课程教材要坚持价值导向、经典意识的原则;遵循认知规律,贴近学生实际的原则;结合学科特点,注重有机融入的原则;坚持整体设计,科学合理布局的原则。

(二) 目标

中华优秀传统文化进中小学课程教材的总体目标是:显著增强厚植中华文化底蕴、涵养家国情怀、增强社会关爱、提升人格修养、铸牢中华民族共同体意识等方面的育人功能,使学生进一步坚定文化自信。

(三) 主题内容

中小学课程教材要围绕核心思想理念、中华人文精神、中华传统美德三大主题,遴选中华优秀传统文化教育内容。

(四) 载体形式

中小学课程教材反映中华优秀传统文化的主要载体形式有:经典篇目、人文典故、基本常识、科技成就、艺术与特色技能、其他文化遗产。

---

① 中华人民共和国教育部. 教育部关于印发《革命传统进中小学课程教材指南》《中华优秀传统文化进中小学课程教材指南》的通知[EB/OL]. (2021-01-19)[2022-10-05]. http://www.moe.gov.cn/srcsite/A26/s8001/202102/t20210203_512359.html.

1. 经典篇目

经典篇目主要指以文献方式存在的传世作品。如文学、历史的名著名篇,科学典籍,作为欣赏对象的经典艺术作品等。

2. 人文典故

人文典故主要指经过历史检验、被人们公认、有特定内涵的人、事、言。如历史人物和故事、神话、传说、寓言、名言名句等。

3. 基本常识

基本常识主要指在传统社会形成的且构成中华民族文化基因的基本知识。如时令节气、称谓礼仪、传统节日、风俗习惯等。

4. 科技成就

科技成就主要指古代人民在科学探索、技术发明方面的突出贡献。如四大发明、都江堰工程、传统医药等。

5. 艺术与特色技能

艺术与特色技能主要指民族性、地域性特征非常鲜明的技能、技巧与艺术。包括以满足精神生活需要为主的技能、技艺,如书法、音乐、舞蹈、戏曲等;以手工劳动为主的技能、技巧,如烹饪、刺绣、剪纸、雕刻等;以身体运动能力为主的技能、技巧,如传统体育、武术、杂技、游艺等。

6. 其他文化遗产

其他文化遗产主要指前述五种形式以外的传统文化遗存,如古文化遗址、古墓葬、古建筑、石窟寺、石刻、壁画等不可移动文物,以及艺术品、文献、手稿、服饰等可移动文物。

(五) 学段要求

中华优秀传统文化进不同学段的中小学课程教材,要求是不同的。小学阶段重点培育学生对中华优秀传统文化的亲切感和感受力;初中阶段重点增强学生对中华优秀传统文化的理解力;高中阶段重点增强学生对中华优秀传统文化的理性认识和践行能力,进行文化创新。

1. 小学阶段

以培育学生对中华优秀传统文化的亲切感和感受力为重点,由启蒙教育入手,介绍中华民族重要历史人物、传统节日、节气与风俗、发明发现、特色技艺等,使学生初步了解中华优秀传统文化的源远流长、丰富多彩,培养学习兴趣。通过识字写字、诵读诗文、听闻典故、亲近先贤、关注习俗等学习活动设计,引导学生在日常生活中增进对中华文化的认识,养成孝老敬亲、礼貌待人、勤俭节约、吃苦耐劳、言行一致等传统美德,体认中华优秀传统文化,培养对国家、民族的感情。

2. 初中阶段

以增强学生对中华优秀传统文化的理解力为重点,比较系统地介绍我国各族人民创造灿烂文化的历史及伟大成就,引导学生进一步认识中华优秀传统文化的博大精深、悠久历史及其对世界的意义,提高对中华优秀传统文化的认同度。通过临摹名家书法、阅读经典文献、了解历史线索、欣赏传统艺术、参与礼仪活动等学习活动设计,引导学生践行中华传统美德,初步体会道法自然、天人合一、修齐治平、革故鼎新、实事求是等中华核心思想理念和人文精神,尊重各民族传统习俗,珍视各民族共同创造的中华优秀文明成果,进一步增强中华民族归属感和自豪感。

3. 高中阶段

以增强学生对中华优秀传统文化的理性认识和践行能力为重点,讲述中华民族多元一体的历史渊源及重要学术、艺术流派等,使学生在与世界文化的比较中,更加客观全面地认识中华文化,领悟民族独特智慧,更加理性地看待外部世界,坚定文化自信。在文化传承的同时,进行文化创新。通过阅读观看经典作品、文化考察与专题研究等学习活动设计,培养学生严于律己、自强不息、豁达乐观的人生态度,使学生自觉践行中华传统美德,形成天下兴亡、匹夫有责的担当意识和精忠报国、振兴中华的爱国情怀。

(六) 学科覆盖

以语文、历史、道德与法治(思想政治)三科为主,艺术(音乐、美术等)、体育与健康学科有重点地纳入,其他学科有机渗透,即"3+2+N"的全科覆盖。

第三节 中华优秀传统文化的教育图景

纵观 2014 年教育部的《指导纲要》、2017 年国务院办公厅的《实施发展工程的意见》和 2021 年教育部的《进课程教材指南》3 份文件,其内容聚焦中华文化的重要组成部分——优秀传统文化教育,搭建了微观目标、内容框架和实施路径。

一、中华优秀传统文化教育目标

我国中华优秀传统文化教育目标明确,那就是到 2025 年,要基本形成优秀传统文化传承发展体系。就中小学优秀传统文化教育而言,要把优秀传统文化融入中小学课程和教材体系。以优秀传统文化涵养社会主义核心价值观,坚定学生的文化自信。

优秀传统文化教育与深化课程改革、落实立德树人根本任务、开展爱国主义教育有着密切的内在联系。优秀传统文化是落实立德树人根本任务的重要基础,是新时代爱国主义教育的基本内容之一(见图 1-5)。

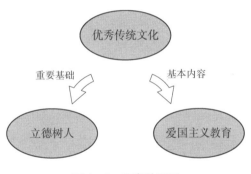

图 1-5 三者关系图

(一) 三者关系

1. 优秀传统文化与立德树人的关系

立德树人是中国特色社会主义教育事业的核心,是优秀传统文化传承发展工程的根本任务。落实立德树人的载体和依据是课程;社会主义核心价值观进教材、进课堂、进头脑,是全面深化课程改革、落实立德树人根本任务的工作目标。优秀传统文化教育是培育和践行社会主义核心价值观,落实立德树人根本任务的重要基础。

2. 优秀传统文化与爱国主义教育的关系

传承和弘扬优秀传统文化是新时代爱国主义教育的基本内容之一。中小学生对祖国悠久历史、深厚文化的理解和接受,是爱国主义情感培育和发展的重要条件。优秀传统文化教育内容是以弘扬爱国主义精神为核心的。

(二) 学段目标和要求

本着整体规划、分层设计、有机衔接、系统推进的指导思想,不同学段的中华优秀传统文化教育的要求是不同的。

1. 小学阶段

小学重点培育对中华优秀传统文化的亲切感和感受力,使学生初步了解中华优秀传统文化的源远流长、丰富多彩,培养学生的学习兴趣。

2. 初中阶段

初中以增强学生对中华优秀传统文化的理解力为重点,比较系统地介绍我国各族人民创造灿烂文化的历史及伟大成就,引导学生进一步认识中华优秀传统文化的博大精深、悠久历史及其对世界的意义,提高学生对中华优秀传统文化的认同度。

3. 高中阶段

高中重点增强学生对中华优秀传统文化的理性认识和践行能力,进行文化创新。讲述中华民族多元一体的历史渊源及重要学术、艺术流派等,使学生在与世界文化的比较中,更加客观全面地认识中华文化,领悟民族独特智慧,更加理性地看待外部世界,坚定文化自信。

二、中华优秀传统文化课程开发

为使优秀传统文化教育能系统融入中小学课程和教材体系,国家课程要通过学科课程标准的修订,来丰富、强化优秀传统文化内容;地方、学校层面的课程,要充分挖掘和利用本地优秀传统文化教育资源,开设专题的地方课程和校本课程。

(一) 课程和教材内容

就国家层面的课程内容而言,在中小学德育、语文、历史、艺术、体育等课程标准中,要增加中华优秀传统文化内容的比重。在地理、数学、物理、化学、生物等课程中,应结合教学环节渗透中华优秀传统文化相关内容。要充分发挥中小学德育课的重要作用,促进思想政治教育与优秀传统文化教育的紧密结合。

(二) 课程和教材的内容主题

优秀传统文化教育内容应以弘扬爱国主义精神为核心,以天下兴亡、匹夫有责的家国情怀教育,仁爱共济、立己达人的社会关爱教育,正心笃志、崇德弘毅的人格修养教育为重点。具体而言,主要围绕核心思想理念、中华人文精神、中华传统美德三大主题,遴选优秀传统文化教育内容。主要载体形式有六种:经典篇目、人文典故、基本常识、科技成就、艺术与特色技能、其他文化遗产。

(三)课程和教材内容的学段差异

优秀传统文化教育融入中小学课程、教材体系,既要根据不同学段学生身心发展特点,区分层次、突出重点;又要追求各学段的有机衔接,逐步推进。为此,中华优秀传统文化教育课程在各学段的要求、内容、学习活动设计上都各有侧重(见表1-1)。每个学段的课程与教材的内容都关注对中华优秀传统文化知识的了解、关注与学生日常生活实践的结合。中华优秀传统文化教育课程在设计学习活动时,都把阅读作为一条重要的文化学习途径。

表1-1 课程与教材内容的学段特点

学段要求	课程与教材内容	学习活动设计
小学—— 体认中华优秀传统文化,培养对国家、民族的感情	1. 介绍中华民族重要历史人物、传统节日、节气与风俗、发明发现、特色技艺等 2. 引导学生在日常生活中增进对中华文化的认识,养成孝老敬亲、礼貌待人、勤俭节约、吃苦耐劳、言行一致等传统美德	识字写字、诵读诗文、听闻典故、亲近先贤、关注习俗等学习活动
初中—— 进一步增强中华民族归属感和自豪感	1. 了解历史线索、欣赏传统艺术、参与礼仪活动 2. 引导学生践行中华传统美德,初步体会道法自然、天人合一、修齐治平、革故鼎新、实事求是等中华核心思想理念和人文精神 3. 尊重各民族传统习俗,珍视各民族共同创造的中华优秀文明成果	临摹名家书法、阅读经典文献等学习活动
高中—— 自觉践行中华传统美德,形成天下兴亡、匹夫有责的担当意识和精忠报国、振兴中华的爱国情怀	1. 讲述中华民族多元一体的历史渊源及重要学术、艺术流派等 2. 在与世界文化的比较中,更加客观全面地认识中华文化,领悟民族独特智慧 3. 更加理性地看待外部世界,坚定文化自信,在文化传承的同时,进行文化创新	阅读观看经典作品、文化考察与专题研究等学习活动

三、语文学科中华优秀传统文化教育内容

教育部在《进课程教材指南》中要求统筹各学科,确保中华优秀传统文化内容全覆盖,即全科覆盖。具体而言,结合各学科具体主题、单元、模块等,融入相应的中华优秀传统文化内容和载体形式。形成纵向有机衔接、横向协同配合的格局。尤以语文、历史、道德与法治(思想政治)三科为主,艺术(音乐、美术等)、体育与健康学科有重点地纳入,其他学科有机渗透,此为"3+2+N"。

(一)语文学科特点

语言文字既是文化的载体,又是文化的重要组成部分,能够全面体现中华优秀传统文化蕴含的核心思想理念、人文精神和传统美德。学生语文学习的过程就是文化获得的过程。语文课程以理解和热爱国家通用语言文字为基础,以涵养高尚审美情趣、厚植中华文化底蕴、坚定文化自信为重点,以全面提高语言文字综合应用能力为目标,在传承和弘扬中华优秀传统文化中发挥着不可替代的重要作用。

(二)主要载体形式

语文学科优秀传统文化教育,可选取汉字、书法、成语、古诗词、古代散文、古典小说、神话传说、民间故事、历史故事、寓言故事、格言警句等内容,作为课程教材的呈现形式。

(三)学段要求

1. 小学低年级

(1)从识字入手,帮助学生建立对中华优秀传统文化的认知基础。启发学生初步认识汉字形义音关系,意识到书写工整的重要性,引领学生感受汉字的形体美,初步认识汉字与中华文化的联系。

(2)围绕积累成语和格言警句、诵读古诗词等活动,帮助学生感受国家通用语言文字的音韵美与节律美,学会待人接物的基本礼节,体会其中的思想情感,体悟其中的爱国情怀。

(3)选取神话故事、寓言故事、人物典故等阅读材料,启发学生理解蕴含其中的做人道理,帮助学生形成孝敬父母、尊敬师长、友爱同学、礼貌待人的意识,养成勤俭节约、吃苦耐劳、言行一致的品质。

(4）围绕中华优秀传统文化主题,组织开展语文实践活动,帮助学生了解中华民族重要的传统节日、节气与风俗,认识中华优秀传统文化在日常生活中的表现及重要价值。

2. 小学中年级

(1）围绕汉字的文化内涵,引导学生熟悉笔、墨、纸、砚等常用传统书写用具,理解并实践基本的书写要求,形成认真的书写态度。指导学生用毛笔临摹楷书字帖,引导学生接触楷书经典碑帖,认识到汉字是中华优秀传统文化的重要载体。

(2）通过分主题整理成语、格言警句等语言材料,诵读古诗文经典篇目等活动,帮助学生体验国家通用语言文字的结构美与意境美;引导学生查阅相关语言材料和经典篇目背景资料,感受历史文化的魅力,初步认识中华优秀传统文化蕴含的思想和智慧。

(3）选取名人传记、表现中华优秀传统文化思想的经典篇目,开展寻找历史文化中的榜样、探究爱国情怀等读写活动,引导学生感受先贤志士的人格魅力,启发学生体悟其中的爱国情怀、中华精神、荣辱观念。

(4）组织口语交际活动,讲历史人物故事、爱国故事、传统美德故事;开展语文实践活动,探寻中华精神、荣辱观念在当代社会的体现,帮助学生从不同侧面认识中华优秀传统文化的传承方式。

3. 小学高年级

(1）从文化的角度解释汉字,联系汉字知识帮助学生形成自觉增加识字量和追求写字美观的意识,引导学生逐步做到汉字书写端正美观;引导学生通过临摹和欣赏书法作品感受汉字的独特之美,增进对汉字的美感体验。

(2）通过分主题积累人文典故、文化常识,诵读古诗文经典篇目等活动,引导学生从思想观念、社会风尚、美学追求、生活理念等方面认识国家通用语言文字的博大精深,增强提升自身中华优秀传统文化修养水平的意识和能力。

(3）选取成语故事、历史故事、民间故事、名人传记等阅读材料,开展对联欣赏、撰写等传统语言实践活动,帮助学生初步了解中华优秀传统文化的发展历程,感受中华优秀传统文化弘扬的精神品质与人格力量,增强学生爱国情感。

(4）组织开展综合性学习,围绕字形的演变、传统节日的现代庆祝方式、先贤志士的成长经历、文化遗址的历史变迁、民族艺术的影响力等主题,帮助学生了解中华优秀传统文化的丰富多彩与发展变化。

4. 初中

（1）立足汉字与文化的联系，帮助学生把握汉字的书写艺术，逐步提高写字美观要求。引导学生关注最具代表性的书法家和作品，学习多角度欣赏书法作品，感受书法之美，体悟汉字魅力。

（2）通过诵读帮助学生学习古诗词格律知识，感受其节奏美、意境美和意蕴美的融合。围绕文学、文化经典篇目的诵读，启发学生体悟祖国语言文字独特的表达方式，初步学会欣赏、品味中国文学作品，理解仁爱孝悌、谦和好礼、诚信知报、精忠报国、克己奉公、修己慎独、见利思义、勤俭谦正、笃实宽厚、勇毅力行等中华优秀传统文化的核心思想理念。

（3）帮助学生在写作过程中熟练使用成语、格言警句、人文典故等语言形式，引用古诗文辅助表情达意，感悟并实践国家通用语言文字独特的表达方式。

（4）引导学生参加并记录传统节日的庆祝活动，探究传统习俗的文化内涵和当代价值，了解各民族的传统文化习俗，珍视各民族共同创造的中华优秀文明成果，逐步形成作为中华民族一员的归属感和自豪感。开展探究性学习活动，启发学生认识中华优秀传统文化的历史价值和现实意义。

5. 高中

（1）引导学生正确认识汉字的时代性，自觉维护汉字书写规范，在实际语言运用中努力促进国家通用语言文字健康发展，坚定文化自信。结合历史、艺术等相关学科的学习，通过欣赏、临摹名家书法作品等活动，帮助学生认识中国书法的丰富内涵和文化价值，形成书法鉴赏和书法作品创作的初步经验。

（2）通过诵读并分类积累古诗词等活动，帮助学生理解国家通用语言文字的意境美与哲理美。引导学生选读并研习中国古代经典作品，提高审美品位，把握思想内涵，了解中华优秀传统文化的辩证思维特点，理解知荣明耻、见贤思齐、自强不息、和而不同、美美与共、文以载道、以文化人、俭约自守等人文精神，认识中国文学、文化以及传统思维方式对世界的影响。

（3）引导学生积累、梳理、探究富有文化意蕴的语言材料，在表达与交流过程中有意识地引用古典诗文和文化典籍，自觉体现国家通用语言文字表达方式的特点，提升自身的文化品位，初步形成文化自觉的意识。

（4）开展专题性的梳理探究活动，围绕国家通用语言文字、中华学术论著、跨文化等专题,引导学生比较、分析古今中外各类作品中的文化现象和文化观念,初步形成探究文化问题的意识,多角度分析文化现象和观念,形成文化批判和反思的意识。

(5)组织学生研究中华优秀传统文化的相关问题,通过撰写调查报告或研究报告,组织讨论会、辩论会、演讲会等活动,引导学生注意用历史眼光和现代观念,初步形成对中华传统文化的理性认识,对中华优秀传统文化的创造性转化和创新性发展提出自己的见解。帮助学生领悟传统美德在新时代的意义价值,自觉以中华传统美德律己修身;形成民族文化自豪感,坚定文化自信,厚植家国情怀,提升人格修养。[①]

2023年5月,教育部办公厅发布《基础教育课程教学改革深化行动方案》,明确自2023年至2027年,要有组织地持续推进基础教育课程教学深化改革。把国家统一制定的育人"蓝图",细化为地方和学校的育人"施工图",明确课程教学改革的具体路线、措施;落实课程方案和课程标准,全面推进教学方式变革。自2014年起全面布局国家层面文化教育的6份文件,到如今制定时间表落实立德树人任务,语文课程所肩负的中华文化教育任重而道远!

[①] 中华人民共和国教育部.教育部关于印发《革命传统进中小学课程教材指南》《中华优秀传统文化进中小学课程教材指南》的通知[EB/OL].(2021-01-19)[2022-10-05].http://www.moe.gov.cn/srcsite/A26/s8001/202102/t20210203_512359.html.

第二章

中华文化教育研究的理论基础

近年来,中小学语文课程研究突破了哲学、教育学、心理学理论视域,吸收了生态学、文化学、社会学等相关领域的研究成果,使教育研究理论的跨学科融合和综合运用成为可能。

第一节 中华文化教育概念廓清

《义务教育课程方案(2022年版)》提出要培养有理想、有本领、有担当的时代新人;全面落实习近平新时代中国特色社会主义思想,将中华优秀传统文化、革命文化、社会主义先进文化等重大主题教育有机融入课程;体现聚焦学生发展、聚焦培育实践能力、聚焦内容结构改革的研制理念。16门学科的课程标准明确了学科属性的文化教育目标。如语文学科的文化自信、道德与法治学科的政治认同、历史学科的家国情怀、英语学科的文化意识、艺术学科的文化理解。虽名称并不统一,但对中华优秀传统文化、革命文化、社会主义先进文化的认同——文化认同是共享的主旨。"中华文化"是16门学科文化教育的基本内容之一。

一、关于传统文化的研究

(一) 传统文化的概念厘清

1. 传统文化与中华传统文化

《现代汉语词典》(第5版)对"中华"的界定是:"古代称黄河流域为中华,是汉族最初兴起的地方,后来指中国。"因此,在论及文化时,可将"中华传统文化"等同于"中国传统文化",都是指中华民族的传统文化。李宗桂指出,"在最近30多年的文化研究和文化建设实践中,中国传统文化往往被略称为传统文化"[①],如《传统文化与现代化》学术杂志、李宗桂撰写的《中国文化概论》、邵汉明主编的《中国文化研究二十年》、李先明等的论文《中华优秀传统文化传承体系的构建:理论、实践与路径》中都是此种用法。

---

① 李宗桂.试论中国优秀传统文化的内涵[J].学术研究,2013(11):36.

综上所述,"中华传统文化""中国传统文化"与"传统文化"是同一语,"传统文化"是"中华传统文化""中国传统文化"的简称。

2. 传统文化与中国文化

就"传统文化"与"中国文化"的关系,李宗桂曾有过鲜明的论述。他认为,中国文化又称中华文化,也就是中华民族的文化。从时代性的角度来看,中国文化是与时俱进、不断发展、彰显时代精神的文化;从历史的发展角度来看,中国文化是中华民族从古至今的文化创造产物。① 所以,从历史发生的角度来看,"中国文化"所注重的是中华民族自古至今的文化成果,而"传统文化"强调的则是中华民族在过去创造的文化成果。学者李晓利认为,"中国文化"是与"外国文化"相对应的一个概念,"是中华民族及其祖先在自己脚下这片土地上创造出来并且传播到世界各地的文化的总和"②,这一概念出现的背景是"1840年鸦片战争后,国门大开,西方文化大量涌入,中国知识分子开始逐步对西方文化有了认识,于是出现了'西学'和'中学'的并立"③,其中的"中学"就是现在的"中国文化"。以上两位学者都认为"中国文化"更加注重中西之别,而不是古今之异。也有学者认为,两个概念有包含与被包含的关系,如"中国传统文化是指在长期的历史发展过程中形成和发展起来,保留在中华民族中具有稳定形态的中国文化","传统文化是一个民族的历史遗产在现实生活中的展现"④。显然,该学者认为"中国文化"包含"传统文化",后者是前者在历史中形成的稳定形态。冯秀珍也持此观点,她认为"中国文化与中华传统文化是种属关系"⑤。李建中认为,"从历时性的角度看,中国文化既包括源远流长的传统文化,又包括中国文化传统发生剧烈演变的近代文化与现代文化"⑥。除了理论分析以外,李宗桂也指出一些文化著作,如张岱年、方克立主编的《中国文化概论》、韦政通撰写的《中国文化概论》等,都是将"中国文化"与"传统文化"混用。此外,韩凤鸣、宋开之编著的《中国传统文化概论》也存在这个现象。

综上,虽然学术界有将二者混用的惯例,但是鉴于概念之间的区别,笔者认为,不

---

① 李宗桂.试论中国优秀传统文化的内涵[J].学术研究,2013(11):36.
② 李晓利.中国传统文化概论[M].西安:西北大学出版社,2012:6.
③ 李晓利.中国传统文化概论[M].西安:西北大学出版社,2012:6.
④ 高晚欣,郑淑芬.中国传统文化概论[M].哈尔滨:哈尔滨工程大学出版社,2002:5.
⑤ 冯秀珍.中华传统文化纲要[M].北京:中国法制出版社,2003:6.
⑥ 李建中.中国文化概论(第2版)[M].武汉:武汉大学出版社,2014:5.

应当将"传统文化"等同于"中国文化"。

3. 传统文化与文化传统

关于"传统文化"与"文化传统"的概念辨析,早有林牧、丁守和、庞朴、汤一介、朱维铮、李宗桂等诸位文化大家做过研究。林牧和丁守和都明确指出"传统文化"与"文化传统"是两个不同的概念,遗憾的是二人都没能阐释清楚其区别何在①。庞朴对两个概念做了明确的区分,他认为,"文化传统"是具备强大支配力的集体无意识和潜意识,是人们在日常生活中自觉遵循而又意识不到的精神力量,是过去发生又世代相传至今的"活"的东西。与"文化传统"不同,"传统文化"是一种具体的文化,或是物质的文化,或是精神的文化,是发生在过去的而且已经完成了的"死"的东西,是与"现代文化"相对应的概念。由此观之,庞朴强调"文化传统"的动态发展的特点,强调其对当下人们的影响,同时又侧重"传统文化"的静态特点,认为它是已然存在的文化创作的成果。

李宗桂从文化的结构入手,较为清晰地提出了两个概念间的关系。他首先指出传统文化有广义和狭义之分,广义的传统文化包含中华民族在历史上创造的一切文化成果,主要分为物质层面、制度层面和思想层面,狭义的传统文化是其中的思想层面。"文化传统"则是"传统文化在精神领域的集中体现"。因此,"文化传统"和"传统文化"的关系是前者包含后者。②

4. 传统文化与国学

"传统文化"与"国学"是两个不同的概念,但是概念混淆的现象也时有发生。

(1)"国学"概念的古今之别

"国学"分为历史意义上的"国学"和现代意义上的"国学"。刘梦溪在分析《周礼》《汉书》《晋书》《宋史》等历史文献的基础上,指出了自《周礼》出现后的两千余年里,"国学"指的都是"国立学校"。③ 王宁认为,夏、商、西周时期的"国学"指的是一类学校,它属于教育制度的范畴,如夏朝的"校"、殷商的"序"、西周的"庠"等。西周时期的"国学"发展逐渐完善,是宫廷的最高学府,与"乡学"相对应。自西汉开始,学校有了特定称

---

① 邵汉明.中国文化研究二十年[M].北京:人民出版社,2006:159.
② 李宗桂.试论中国优秀传统文化的内涵[J].学术研究,2013(11):39.
③ 刘梦溪.论国学的内涵及其施教——马一浮国学论的立教义旨[J].文史哲,2017(2):5—19,164.

谓,如"太学"等;"国学"即"经学",更多地指向教育内容。尤其秦始皇焚书坑儒之后,"国学"在两汉时期多指太学的教育内容,即儒家"五经"(《诗》《书》《礼》《易》《春秋》)。自魏晋南北朝开始,随着玄学、理学、医学等内容的渐次增加,"经学"已不再是居于统治地位的教育内容,"总结魏晋至清代的国学,在体制上已经超越了宫廷教育的制度,在内容上已经超越了经学的范围。它几乎是中国古代典籍记载的文化精神的总括,而国学知识的范围,不妨以《四库全书》所涵盖的经、史、子、集来概括"①。综上所述,无论是指向教育制度,还是指向教育内容,古代意义上的"国学"与今日所言的"国学"均相去甚远,"这些定义是今天不能直接沿用的"②。

现代意义上的"国学"发轫于19世纪末20世纪初。早在1902年,梁启超和黄遵宪的通信中就已经出现了"国学"的概念。此时的"国学"已"具有了明确的现代意识和古为今用的品质,这才是现代国学的基础"③。一百余年的时间里,关于现代"国学"到底是什么,学术界曾展开过激烈的争论。纵观文献,关于现代"国学"的内涵,大致有"中国固有学术""国故学""中国学术""六艺之学"几种观点。④

(2)晚清的"国粹派"

20世纪初,在西学东渐的过程中,中国逐渐形成了全盘西化、盲目西化、丧失文化自信的局面。在这样的背景下,"国粹派"应运而生。该流派强调保存国粹,批判盲目迷信西方的做法,继而强调"国粹"对国家命运的重要意义。章太炎、刘师培、黄侃、邓实、黄节等是该流派的主要代表人物。⑤ 如邓实曾在《政艺通报》中指出"国必有学而始立,学必以粹为有用"⑥,以此建立起"国学"(即"国粹")与国运之间的联系,进而指出"学非粹则非学",即真正的"国学"绝无无用之忧,以此反驳时下对于"国学"的批判。

---

① 王宁."国学"内涵的变迁与章太炎国学的现代意义[J].北京师范大学学报(社会科学版),2017(1):92—99.
② 王宁."国学"内涵的变迁与章太炎国学的现代意义[J].北京师范大学学报(社会科学版),2017(1):92—99.
③ 王宁."国学"内涵的变迁与章太炎国学的现代意义[J].北京师范大学学报(社会科学版),2017(1):92—99.
④ 詹石窗.关于"应用国学"的几点思考[J].厦门大学学报(哲学社会科学版),2020(2):19—27.
⑤ 王宁."国学"内涵的变迁与章太炎国学的现代意义[J].北京师范大学学报(社会科学版),2017(1):92—99.
⑥ 刘东,文韬.审问与明辨:晚清民国的"国学"论争[M].北京:北京大学出版社,2012:93—94.

可见,该流派是从中、西之别的角度强调"国学"概念的。

(3) 民国时期的"国故学"

民国时期就已开始了"国学"究竟是"国故学"还是"中国学术"的辩争。最先高举"国学"是"国故学"大旗的,正是新文化运动的领袖胡适先生。早在1923年的《〈国学季刊〉发刊宣言》中,胡适就明确指出"国学"是研究"中国的一切过去的文化历史"的学问,是"国故学"的简称。胡适之所以提出"国故学",是要发起"整理国故"运动。因为"国故学"是一个中立的、不含褒义或贬义色彩的词语,其中既包含"国粹",又包含"国渣"。在胡适看来,"国故"就是"烂纸堆",只有对其进行重新审阅、整理才能实现价值。继胡适之后扛起"国故学"旗帜的,还有毛子水、曹聚仁、吴文祺、叶圣陶等人。① 一些现代学者认为"国故学"最终走向了"文史研究"的道路。②

总的来看,"国故学"一是强调"故"之一字,将研究对象"国故"限定在1919年"五四运动"之前的中国历史文化,与现代是隔离的;二是强调"整理","国故"作为一种纯粹的历史材料,其中良莠并存,须得经过"整理""研究"方能入目,是以"国故"才可对现代社会产生积极意义,"国故学"作为一门研究中国学术的具有现代意义的学问才得以立足。相对而言,"国粹派"强调中西之别,而"国故学"重视古今之别。

(4) 民国时期的"中国学术"

约在"整理国故"运动十年以后,学术界出现了"国故学"是"中国学术"的声音。"国故学"与"中国学术"之别,既在于时间界限,也在于学术理念和治学方法。与"国故学"将"国故"限定为"五四运动"之前不同,"中国学术"的支持者朱自清认为"中国学术"应拓展研究的视野,把现代学术也容纳进来,不应局限于中国古代学术。张东荪认为"国故学"的局限在于其支持者研究"国故"的现代性仅仅体现在他们的研究方法上,没能观照"国学"的存在对于国家、民族发展的现实意义。杨鸿烈比朱自清、张东荪走得更远,他提出了"大国学观",认为"中国学术"既应包含自然科学,也应包含社会科学;在时间划分上,则应囊括古今。顾实认为"中国学术"包含两部分,一是"以科学理董国故",二是"以国故理董国故"。前者对应胡适提出的西式学术研究方法,后者是指

---

① 文韬."国故学"与"中国学术"的纠结——民国时期两种"国学"概念的争执及其语境[J]. 中山大学学报(社会科学版),2013(5):31—46.

② 张昭军."国故"如何整理成"文化史"——以胡适《国学季刊》发刊宣言为中心的讨论[J]. 中国哲学史,2014(3):109—121.

中国传统的治学方法,二者共同建构起"国学"研究的天地。①

(5) 民国时期的"六艺之学"

鉴于将"国学"解读为"固有学术"的观点过于笼统,没有明确指出其具体内容的弊病,马一浮提出了"国学"是"六艺之学"的观点②。这里的"六艺"指向"六经",而不是西周的国学教育内容(礼、乐、射、御、书、数)。"六经"即《诗》《书》《礼》《易》《乐》《春秋》六部著作,是春秋时期由孔子整理而成的。从研究内容上看,马一浮实质上是将"国学"拘囿于"中国固有学术"中的"六经",并强调"六艺该摄一切学术","须知《六艺》之教,即是人类合理的正常生活,不是偏重考古,徒资言说,而于实际生活相远的事"③。刘梦溪十分赞同马一浮关于"国学"的观点,并从学科设置和现代学位制度出发,认为其"找到了中国学问的宗基"。④

由以上论述可知,无论是"国粹""国故学",还是"中国学术""六艺之学","国学"注重的都是其"学术研究"的性质。该观点多有学者论述,如清华大学国学院刘东教授认为,"中国的国学……作为人类宝贵财富的中国传统文化,特别是它的学术文化……"⑤李存山教授认为,"国学,顾名思义,乃中国传统之学术","国学研究更偏重研究中国传统文化中的学术层面,或更注重文化研究的学术性","学术层面属于狭义文化即观念文化的范畴,研究中国传统学术以关照中国传统文化虽有其局限性,但中国传统文化的特质和精华确实比较集中地反映在中国传统学术之中","文化研究或国学研究如果不失于片面,仍应对中国传统文化或中国传统学术的优劣成分进行实事求是的分析;在马克思主义的指导下,批判地继承中国传统文化,实现东西方文化的合理因素的创造性综合,这是文化研究当然也是国学研究的正确道路"⑥。

综上,"传统文化"与"国学"是包含与被包含的关系,"国学"是"传统文化"精神层面的学术研究部分,二者是不可混淆的。

---

① 文韬."国故学"与"中国学术"的纠结——民国时期两种"国学"概念的争执及其语境[J].中山大学学报(社会科学版),2013(5):31—46.
② 李凡,刘梦溪.国学是通儒之学——刘梦溪先生访谈录[J].天中学刊,2016(8):5.
③ 胡道静.国学大师论国学(上)[M].上海:东方出版中心,1998:55—60.
④ 刘梦溪.论国学的内涵及其施教——马一浮国学论的立教义旨[J].文史哲,2017(2):5—19.
⑤ 刘东.国学如何走向开放与自由[J].长江学术,2015(3):5.
⑥ 李存山.国学研究与中国的现代化[J].中国社会科学院研究生院学报,1996(3):6—8.

（二）传统文化的时间标准

若从静态的角度考察传统文化，它是"以往人们所创造的物质和精神成果"。① 若从发生逻辑的角度来看，有必要对传统文化的时间界限进行辨析。关于其时间标准的研究，主要有以下几种观点。

1. 以鸦片战争为依据

该观点认为传统文化是在1840年鸦片战争以前逐步形成的文化。王学伟认为"中国传统文化的内涵是中华民族1840年鸦片战争以前创造的文化成果的总和"②。张岱年认为文化是一个生生不息的运动过程，任何一种民族文化，都有它发生、发展的历史，都有它的昨天、今天和明天。传统文化主要指文化的昨天，即1840年鸦片战争以前的中国文化。③ 李晓利认为传统文化是中华先民从夏周至1840年所创造的哲学、宗教、科技、教育、文学、艺术、兵学等成果，以及中国古代的价值观念、思维定式、风俗习惯等。④ 廉永杰在其著作《中国传统文化概论》中也明确指出，"文化是一个历史发展的过程，任何一种文化都有它产生、发展的不同阶段。本书论述的中国传统文化在时间上指的是1840年鸦片战争以前的中国文化"。⑤ 李建中认为中国传统文化是指"1840年鸦片战争之前的中国文化，大体上经历了上古原始文化、殷商西周文化、春秋战国文化、秦汉文化、魏晋南北朝文化、隋唐文化、两宋文化、辽夏金元文化、明清文化等发展阶段或时期"。⑥

2. 以辛亥革命为依据

该观点认为传统文化是在1911年辛亥革命以前逐步形成的文化。刘梦溪将周秦直至清朝最后一个皇帝退位，即1911年辛亥革命之前的文化都归为传统文化。⑦ 董成雄将传统文化发展分为三个关键时期，一是夏商时期，这是传统文化的孕育时期；二是东周、西周时期，这是传统文化的繁荣时期；三是从秦汉到晚清末年两千余年的时间，

---

① 李乾夫,李鸿昌,杨更兴等.中国传统文化概论[M].昆明:云南大学出版社,2015:8.
② 王学伟.试论中国优秀传统文化的科学内涵[J].海南师范大学学报(社会科学版),2014(6):73—77.
③ 张岱年,方克立.中国文化概论[M].北京:北京师范大学出版社,2004:7.
④ 李晓利.中国传统文化概论[M].西安:西北大学出版社,2012:6—7.
⑤ 廉永杰.中国传统文化概论[M].西安:陕西人民出版社,1999:10.
⑥ 李建中.中国文化概论[M].武汉:武汉大学出版社,2014:5.
⑦ 杜悦.什么是国学　什么是传统文化——中国文化研究所刘梦溪所长访谈录[N].中国教育报,2007-05-23.

这是传统文化的定型时期。① 庄严认为中华优秀传统文化是从远古经中世纪直至近代各个时期人们创造的、可供今人继承的文化成果。② 王连升在《中国文化要义》、周思源在《中国文化史论纲》著作中都持此观点:传统文化的时间划分是以晚清末年为标准的。

3. 以"五四运动"为依据

该观点认为传统文化是在1919年五四运动以前逐步形成的文化。董朝刚认为传统文化是"从氏族社会晚期到五四运动以前,上下五千年在中国范围内所形成并发展壮大起来的文化"③。高晚欣、陈先达、王立新、王欣婷等学者也认同该时间标准。

4. 时间跨度包含古代、近代与现代

除以上三种观点外,也有学者认为不应当将传统文化定位于"过去",当下甚至将来的文化也属于"传统文化"的范畴。吴闯④、彭付芝⑤认为从历史发展过程方面讲,中国传统文化包括中国古代文化、中国近代文化和中国现代文化。李军林区分了传统文化的过去式、正在进行式、将来式,并指出"过去式是指在历史上出现的观念形态的文化。正在进行式强调传统文化是从过去一直延伸到现在的文化观念。但要注意区分'历史文化'与'传统文化'。并非历史上出现过的文化均可称之为传统文化,那只是历史文化。只有那些有重要价值、具有生命力的文化,得以积淀、保存、延续又成为后代文化的主要组成部分的文化,才是传统文化。将来式的传统文化强调传统文化,同时也是对未来的文化建构产生影响的文化观念,它们将成为未来文化的重要组成部分"。⑥ 于语和等人指出传统文化是"远古或较久以前在中国区域内产生和发展的、经时代相传流传至今的、具有自身特点的精神文化和制度文化"。⑦

关于"传统文化"的时间标准以何为据,文化界争议纷繁、未有定论。若从教育学课程与教学论视角出发,2020年5月颁布的《普通高中语文课程标准(2017年版,2020年修订)》明确指出,语文课程的基本理念之一是"坚持立德树人,增强文化自信,充分

---

① 董成雄.中国优秀传统文化的系统解读和传承建构[D].泉州:华侨大学,2016:43—53.
② 庄严.何谓传统文化[J].兰州学刊,1997(2):25—27.
③ 董朝刚.中国传统文化概论[M].北京:北京广播学院出版社,1994:7.
④ 吴闯,李东娜.中国传统文化概论[M].北京:首都经济贸易大学出版社,2009:2.
⑤ 彭付芝.中国传统文化概论[M].北京:北京航空航天大学出版社,2007:4.
⑥ 李军林.中国传统文化概论[M].合肥:合肥工业大学出版社,2009:8—9.
⑦ 于语和,王景智,周滨.中国传统文化概论[M].天津:天津大学出版社,2001:14.

发挥语文课程的育人功能",其具体内容为"祖国语文是中华儿女的精神家园,语文课程对继承和弘扬中华优秀传统文化、革命文化、社会主义先进文化,培养文化自信,推动文化的创新发展,具有不可替代的优势"①。显然,该语文课程标准中区分了"中华优秀传统文化""革命文化""社会主义先进文化"三种文化。"革命文化"指的是从1911年辛亥革命以后形成的文化。辛亥革命以前的文化应归为传统文化的范畴。

二、关于中华优秀传统文化的研究

中华优秀传统文化是传统文化的下位概念,并非所有的传统文化都可以称之为"优秀"的传统文化,这涉及一个价值判断的问题。有关优秀传统文化的判断标准研究,大致可以归为以下三类。

(一)以马克思主义思想为评价标准

彭菊花认为"优秀"传统文化的选择应以历史唯物主义和辩证唯物主义为标准,主要包括以下五个方面:一是价值的标准,即以实现人的自由全面发展和人类的解放为衡量标准;二是实践的标准,任何事物的价值不是由某种既成的理论观点说了算,而应该放到火热的现实生活中去检验;三是人民群众的标准,人民群众是物质文化和精神文化的创造主体,一种文化有没有价值,有没有生命力,由人民群众说了算,人民群众需要的文化,就是我们应该弘扬的文化;四是时代的标准,对于中国传统文化的取舍,我们应该根据今天时代发展的要求和特征做出选择;五是民族的标准,越是民族的便越是世界的,我们不要因为适应全球化而简单地以为自己民族留下的东西不先进、无价值。②李锦全认为古为今用、批判地继承也就是在马克思主义理论指导下进行综合创新、推陈出新,这是中国传统文化在当代发展的正确方向。③波阳认为由于时代不同,条件不同,处境不同,对儒家伦理进行审视、应用儒家文化处理当下的实际问题,还

---

① 中华人民共和国教育部.普通高中语文课程标准(2017年版2020年修订)[S].北京:人民教育出版社,2020:2—3.
② 彭菊花.中华优秀传统文化融入青少年德育研究[D].武汉:湖北大学,2015:28.
③ 李锦全.儒学在当代的推陈出新[C]//儒学与当代文明——纪念孔子诞生2555周年国际学术研讨会论文集.北京:九州出版社,2005:10.

是需要我们用马克思主义的世界观和方法论来分析,去粗取精。① 方克立认为中华文化在新世纪必然要复兴,但这个复兴不能以儒学和新儒学为指导,而必须以当代先进文化马克思主义为指导。②

(二) 以工具理性行动为评价标准

社会学家马克斯·韦伯提出了社会行动的概念,并将其分为工具理性的行动、价值理性的行动、情感型行动和传统型行动。③ 他认为,工具理性的行动是通过对周围环境和他人客体行为的期待所决定的行动,这种期待被当作达到行动者本身所追求的和经过理性计算目的的"条件"或"手段"。工具理性行动的成立,是行动者将其行动指向目的手段和附带结果。④ 工具理性行动的标准选择注重中华优秀传统文化带来的"结果",即中华优秀传统文化为过去、当下和将来能够作出怎样的贡献。价值理性的行动是通过有意识地坚信某些特定行为的伦理的、审美的、宗教的或其他任何形式的自身价值,无关乎能否成功,纯由其信仰所决定的行动。纯粹的价值理性行动是当一个人不顾及他可预见的后果,只求维护他对其义务、荣誉、美感、宗教、情操、忠诚或某件"事务"重要性的信念而义无反顾地行动。⑤ 工具理性行动与价值理性行动的观点分别强调了人们对事物的功用性和内在价值的关注。持该观点的学者分别关注了中华优秀传统文化对社会发展的价值与其作为文化本身的内在价值。

李宗桂教授是中华优秀传统文化评价标准研究领域的代表人物。他认为中华优秀传统文化的特征是:"反映中国文化健康的精神方向;能够鼓舞人们前进,无论在历史上还是在当代中国文化的建设中,都具有激发民族自信心和自豪感的作用;具有民族文化认同功能;具有历史继承性和稳定性;是中华文化的活精神,在今天仍然具有强大的生命力。"⑥之后,他在梳理已有相关文献的基础上,明确提出了判定优秀传统文化的八大评价标准,一是适应时代要求,二是推动社会发展,三是经受实践检验,四是

---

① 波阳.历史进步中的传统与当代[J].求是,1996(1):32—35.
② 方克立."马魂、中体、西用":中国文化发展的现实道路[J].北京大学学报(哲学社会科学版),2010(4):16—19.
③ 庞文,孙影娟,奚海燕.西方社会学理论概要[M].哈尔滨:东北林业大学出版社,2011:114—116.
④ 马克斯·韦伯.社会学的基本概念[M].胡景北,译.上海:上海人民出版社,2005:31—34.
⑤ 马克斯·韦伯.社会学的基本概念[M].胡景北,译.上海:上海人民出版社,2005:31—34.
⑥ 李宗桂.试论中国优秀传统文化的内涵[J].学术研究,2013(11):37.

有助于文化认同,五是促进民族团结,六是提供精神支撑,七是助力民族复兴,八是有益世界文明。① 这种观点认为中华优秀传统文化能够促进历史或当代社会的进步和发展,能够丰富人们的精神生活,具有明显的工具理性倾向。

(三) 以价值理性行动为评价标准

价值理性行动是"超现实、超功利、指向某种不可选择目的的社会行动,它表现为对纯粹自身行为本身的绝对价值所持的自觉信仰",这种行动"并不考虑有无现实的成效"②。选择价值理性行动为评价标准,关注中华优秀传统文化作为"文化"的本体价值。北京大学哲学系教授陈来在回答传统文化与改革开放的关系时,指出"仅仅去注意文化的政治经济功能,会把我们的思考限制在一个功利主义的坐标中","传统文化中的许多内容,如哲学、文学、艺术、宗教的价值并不是、也不可能在功利主义的坐标中得以肯定,而是要内在于文化自身发展的立场上来断定其价值"③。他强调从文化的自身价值出发认识传统文化,超越了功利性的目的,这是价值理性行动的表现。

三、中华文化的内涵

"中华文化"是义务教育16门学科文化教育的目标术语,也是学科范畴文化教育的基本内容。文化学者李宗桂提出:中国文化又称中华文化,也就是中华民族的文化。从时代性的角度来看,中国文化是与时俱进、不断发展、彰显时代精神的文化;从历史的发展角度来看,中国文化是从古至今中华民族的文化创造产物。④ 可见,"中华文化"包括中华优秀传统文化、革命文化、社会主义先进文化。从历史发生的角度来看,中华优秀传统文化、革命文化、社会主义先进文化(简称"三类文化")强调的是中国社会不同历史发展时期的文化成果。

1. 中华优秀传统文化

"中华优秀传统文化"是中华民族在五千多年历史长河中不断发展进步,从而创造形成的物质文化成就与精神文化成就的总和。它强调历史使命感与社会责任感等精

---

① 李宗桂.试论中国优秀传统文化的评价标准[J].社会科学战线,2017(8):1—9.
② 庞文,孙影娟,奚海燕.西方社会学理论概要[M].哈尔滨:东北林业大学出版社,2011:114—116.
③ 陈来.中国文化传统的价值和地位[J].社科信息文荟,1994(12):20—21.
④ 李宗桂.试论中国优秀传统文化的内涵[J].学术研究,2013(11):36.

神内核,可以培育和提升人的思想道德、文化素养、审美水平,有着非常重要的意义。[①]

2. 革命文化

"革命文化"是中国共产党人运用马克思主义,领导全国人民为实现党的政治追求和完成近代中国历史主题而不断开拓进取、艰苦卓绝奋斗的文化结晶,是在长期革命实践中积淀与孕育形成的所有物质文化与精神财富的总和。[②] 具体而言可分为如下四类:一是以马克思主义为指导的革命思想;二是中国革命的理论、路线、方针政策;三是辉煌的革命业绩和不朽的革命精神;四是革命文物和文学艺术作品。其中,"革命文物和文学艺术作品"指革命领导人的故居,烈士陵园和墓地等革命遗址;革命根据地和红色政权时期留下的口号、标语、石刻等遗迹和革命纪念物;宣传、动员革命和鼓舞革命斗志的革命故事、歌谣等文学艺术作品。这些文物和文学艺术作品是中国革命斗争历史的重要见证,是革命文化的重要载体和有机组成。

3. 社会主义先进文化

"社会主义先进文化"指社会主义核心价值观、社会主义制度体制和社会主义伦理道德规范等。其中,核心价值观是社会主义先进文化的核心。党的十八大提出了富强、民主、文明、和谐、自由、平等、公正、法治、爱国、敬业、诚信、友善,这 24 个字是社会主义核心价值观的基本内容。

四、文化认同与文化自信

(一) 文化认同

"文化认同"(cultural identity)是指一群人由于分享了共同的历史传统、习惯规范及无数的集体记忆所产生的认同感。[③] 文化认同是国家认同的基本依据和精神资源。文化认同教育就是培养学生对中华文化的认同感。

融入中小学语文课程的文化认同教育,就是在适宜的时机、采用契合的方式,引导学生从认知中华文化起步,体验、感悟中华文化的魅力,积累对中华文化的真挚情感与

[①] 王杰. 传统文化中的主体价值及其现代转换[J]. 中共中央党校学报,2006(6):91—96.
[②] 李东朗. 革命文化是党和人民宝贵的精神财富[J]. 人民论坛,2017(6):30—31.
[③] Anthony D. Smith. National Identity [M]. Reno: University of Nevada Press. 1993:52.

肯定态度,形成文化自信心和自豪感的过程。在激烈的全球文化竞争中强化、巩固学生对中华文化的认同感,加快文化认同教育的步伐,是我国深化基础教育课程教学改革的使命担当。

(二) 文化自信

文化自信主要指人对身处其中作为客体的文化,通过对象性活动所形成的对自身文化确信和肯定的稳定性心理特征。① 义务教育新课标指出语文课程文化教育的目标——文化自信,是指"学生认同中华文化,对中华文化的生命力有坚定信心"②。并诠释文化自信的外延包括"通过语文学习,热爱国家通用语言文字,热爱中华文化,继承和弘扬中华优秀传统文化、革命文化、社会主义先进文化,关注和参与当代文化生活,初步了解和借鉴人类文明优秀成果,具有比较开阔的文化视野和一定的文化底蕴"。显见,文化自信是核心素养时代学生的一种深度发展——学生在文化上增进自我、扩展自我的表现。

文化自信需经历"文化认知、批判、反思、比较及认同等系列过程,形成对自身文化价值和文化生命力的确信和肯定的稳定性心理特征"③。文化认同是文化自信养成的最后发展阶段;文化自信是文化认同达成的标志。

第二节 跨领域的文化教育研究

一、不同理论研究的视域

就中小学教育而言,不同学科领域理论研究关注的焦点、预设的命题、采用的研究方法是有差异的。哲学、心理学、社会学、文化学有关教育现象和问题的研究视角,是不同的(见表 2-1)。

---

① 廖小琴. 文化自信:精神生活质量的新向度[J]. 齐鲁学刊,2012(2):79—82.
② 中华人民共和国教育部. 义务教育语文课程标准(2022 年版)[M]. 北京:北京师范大学出版社,2022:4.
③ 刘林涛. 文化自信的概念、本质特征及其当代价值[J]. 思想教育研究,2016(04):21—24.

表 2-1 不同理论研究的视域比较

理论 视角	哲学	心理学	社会学	文化学
核心概念	人存在和发展的价值	个体心理发展	社会控制	文化选择
基本命题	中小学教育是达到至善目的的手段	中小学教育是影响个体心理发展的基本材料	中小学教育作为一种法定知识，是社会控制的中介	中小学教育是一种文化现象
关键问题	1. 中小学教育有何价值 2. 怎样组织、形成的学生知识更有价值	1. 中小学教育与学生心理发展的关系如何 2. 中小学传授的知识深度、组织结构及呈现方式是否适应学生现有的心理水平	1. 中小学传授的知识代表了谁的知识：显现或内隐的阶级、种族、性别倾向及价值特性怎样 2. 中小学传授的知识由谁选择和组织 3. 为何用这种方式授受，这对特定群体是否有益	1. 什么知识是中小学教育阶段最重要的知识 2. 谁的知识是最有价值的

这些理论研究视域的差异，极大丰富了我国中小学语文教育研究的理据，也为中小学语文课程文化研究拓宽了视野。

(一) 哲学

在哲学方面，中小学语文课程研究吸收了现代哲学的价值论成果，自我审视课程设置和设计——反映了什么样的价值观和知识观，蕴含了怎样的教育理念。从而确立了本学科知识观基础，并借助哲学的实践、活动、生活范畴，探究课程的实践特性。

(二) 心理学

在心理学方面，中小学语文课程研究吸收了现代心理学的学习理论成果，探索教育与学生个体学习心理发展关系，确立了学习观。并借助心理学行为、认知、情境、个性等范畴，探究中小学语文教育的心理机制、规律，审视中小学语文课程内容的知识深度、心理逻辑结构和呈现方式。

(三) 社会学

在社会学方面，中小学语文课程吸收现代社会学的互动理论与交往理论，探讨教育与社会环境之间的交互作用,以及教育的交往观和交往特性、形式。并开始关注中小学语文教育如何受社会、政治、经济的影响,以及自身在社会转型期的社会文化职能。

(四)文化学

在文化学方面,中小学语文课程借鉴教育过程也是一种历史文化过程的观点,探讨教育的文化使命、学校生活的文化分析。开始关注语文课程的内容选择、课程知识的来源和择取标准的文化特征。

二、社会学和文化学的研究侧重

随着全球化时代的来到,文化发展在社会发展和人的发展过程中的地位日益凸显,引起了哲学、人类学、社会学、文化学等众多学科对文化现象的关注。其中,社会学和文化学对文化现象的研究各有侧重。

(一)社会学的研究

借助社会学的慧眼,我们视语文课程传授的知识为法定基本形式(包括课程设置计划、课程标准、教材、评价方案),分析其社会文化特征——知识的定义、价值取向、权力基础;阐明其社会建构过程的基本特征;并揭示其社会解读的过程——师生如何在社会角色和传统文化的影响下,在互动的情境中理解、接受、重构和排斥语文知识。需回答中小学语文教育是如何受社会、政治、经济影响的;中小学语文课程应承担的社会职能是什么。

(二)文化学的研究

借助文化学的慧眼,我们视语文课程既是文化的一个组成部分,又从一个特殊的角度反映着文化的整体。我们要从语文课程知识选择入手,揭示课程知识的来源和择取标准的文化特征。需回答所开设的中小学语文课程与社会文化之间的相互关系怎样,课程知识的来源是什么,选择的文化标准是什么。这些问题涵盖了社会各界对当下中小学语文教育的质疑。诸如:中小学课程中传统文化教育内容的比重;教科书中鲁迅作品、狼牙山五壮士等革命英雄人物故事的去留,外国文学作品、文言文量的配比;课堂上师生、生生间的关系;中高考评价设计和实施的科学性、客观性和公平性,以及如何增加中华优秀传统文化内容的比重等。

社会学和文化学有关文化研究的成果及其对中小学语文国家课程、地方课程和校本课程发展的启示,还有待系统梳理。

三、语文课程的文化研究

中小学语文课程的文化研究,旨在运用社会学、文化学等领域的理论成果审视语文课程,揭示我国中小学语文课程的文化发展轨迹;直面课程的文化传统与现代化、科学文化与人文文化、多民族文化与主流文化之间的矛盾所带来的课程目标与内容的调整问题;开发语文教科书文化学习资源,设计有效学习活动的路径;探寻融入学科的中华文化教学策略和方法。

第三节　社会学和文化学视域的文化研究

文化先于个人存在。每个人生于特定的文化环境,并从周遭的文化环境中学习,同时又被文化环境所塑造。这个过程称为"文化化"。

一、文化的界定和特性

甲骨文中"文"的字形是一个文身的人。本义为:花纹或纹理,后来引申为包括语言文字在内的各种象征符号,后又具体化为文物典籍、礼乐制度、文采装饰、人文修养等。甲骨文中"化"的字形是两个背对背、上下颠倒的人。本义为改易、生成、造化。见图 2-1。

"文"与"化"的结合最早见于《易》的"贲"卦中。解释此卦的"彖传"说:"刚柔交错,天文也。文明以止,人文也。观乎天文,以察时变;观乎人文,以化成天下。"主要意思是治国者需观察天文以明时序;观察人文,使百姓遵从文明教化。唐人孔颖达在《周易正义·疏》中解释"观乎人文,以化成天下"句子时说:"圣人观察人文,则诗书礼乐之谓,当法此教而化成天下也。"

图 2-1 "文""化"的字源图①

"文化"一词最早出现于西汉刘向的《说苑·指武》:凡武之兴,为不服也,文化不改,然后加诛。意思是:圣人治理国家,先利用文化和道德(使众人服),然后才运用武力(使众人服)。可见,在古汉语里,"文化"是一个动词,意思是对人实行"文治教化"——用一定的道理和规矩来教育和感化人们,使之安分守己,服从统治。

在西方,"文化"一词源于拉丁语"Cultura",原指土地的开垦和植物的栽培,后指人的身体和精神的发展与培养,特别是艺术和道德方面的能力、精神的培养。

(一) 广义与狭义文化

文化的概念有 100 多种。② 有关文化的定义可分为如下五类。第一,描述性的定义,如下文英国文化人类学家泰勒(Taylor)的定义。第二,历史性的定义,如林顿的定义:文化是一种社会性的遗产。第三,规范性的定义,如索洛金等人的定义:文化是生活方式的整体,包括意识、价值、规范,此三者的互动与关联。第四,心理性的定义,如福德(Fuld)的定义:文化是一种学习过程,学习对象包括传统的谋生方式和反应方式,以其有效性而为社会成员所普遍接受。第五,结构性的定义,如克罗伯(Kroeber)的定义:文化是概括各种外显或内隐行为模式的概念。文化通过符号学习和传授,文化的基本内核来自传统,其中以价值观念最为重要。文化既是人类的创造产物,但又是制约、限制人类活动的重要因素。③ 一般认为文化(culture)有广、狭义之分。前者关注人与动物、社会与自然的本质区别;后者指向与人类社会经济基础相对应的精神

---

① 陈建宪. 文化学教程(第二版)[M]. 武汉:华中师范大学出版社,2011:21.
② 黄兴涛. 中国文化通史(共 10 卷)[M]. 北京:北京师范大学出版社,2009:2.
③ 杨镜江. 文化学引论[M]. 北京:北京师范大学出版社,1992:79.

层面。

1. 广义的文化

广义的文化是指人类社会历史实践过程中所创造的物质财富和精神财富的总和。[①] 广义的文化可分为物质、制度和精神三个层面：物质层面的文化是指人类创造的种种物质文明，包括建筑、服饰、器皿等；制度文化和精神文化是指生活制度、家庭制度、社会制度以及思维方式、宗教信仰、审美情趣等。

2. 狭义的文化

狭义的文化是指一定人群中人们所共享的价值观、态度倾向以及与之相对应的行为方式。[②] 英国文化人类学家泰勒在《原始文化》一书中说："文化或文明，就其广泛的民族学意义来说，是包括知识、信仰、艺术、道德、法律、风俗以及作为社会成员的人所掌握和接受的任何其他才能和习惯的复合体。"[③]可见，狭义文化指向精神文化层面，是文化形态中最具活力的部分。其包括了人们的思想、观念、意识、情感、意志、价值、信仰、风俗等，并以典籍、语言、文字、科技、文学、艺术、哲学、宗教等形式表现出来。[④] 尤以价值观念为最重要，是文化的核心。

比较广义与狭义文化的概念，前者突出文化源于自然又高于自然，凝结着人类的智力和能力，具有极强的继承性；后者强调文化是一种后天的、人为的行为规范体系或价值观念体系，揭示文化差异或文化冲突的根源。在中华优秀传统文化教育中，编制教材或审视各学科教材中的文化现象时，我们偏向引入广义文化的概念，以便概览教科书所呈现的中华文化的全貌；在提炼和认识中华优秀传统文化本体时，更多地从狭义文化的视角出发，以获取中华优秀传统文化的精髓。

（二）文化的特性

文化不是自然界所固有的，而是人为的。它是人类在共同生活过程中衍生或创造出来的，凡人类有意无意创造出来的都是文化。[⑤] 例如，泰山是自然界鬼斧神工之作，

[①] 夏征农.辞海（1989年版）缩印本[M].上海：上海辞书出版社.1990：1731.
[②] 杨光伟.数学教学文化研究[M].北京：教育科学出版社，2009：31.
[③] [英]爱德华·泰勒.原始文化——神话、哲学、宗教、寓言、艺术和习俗发展之研究[M].连树声，译.上海：上海文艺出版社，1992：1.
[④] 韩喜平，吴宏政.国家核心价值与公民文化研究[M].长春：吉林大学出版社，2010：31.
[⑤] 李宁.社会学概论[M].合肥：安徽人民出版社，2007：227.

是自然物而不是文化。但是,泰山石壁上的篆刻、碑文及图画,是人类精神投射其上,因此具有了文化的意味。

社会学视域的文化具有几大特性:创造性、传递性、共享性、特殊性与普通性、功能性、象征性。文化学视域的文化也包含一些相对的特性:人为性、继承性与变异性、群体性、多样性与普通性、功能性、系统性①,见图2-2。

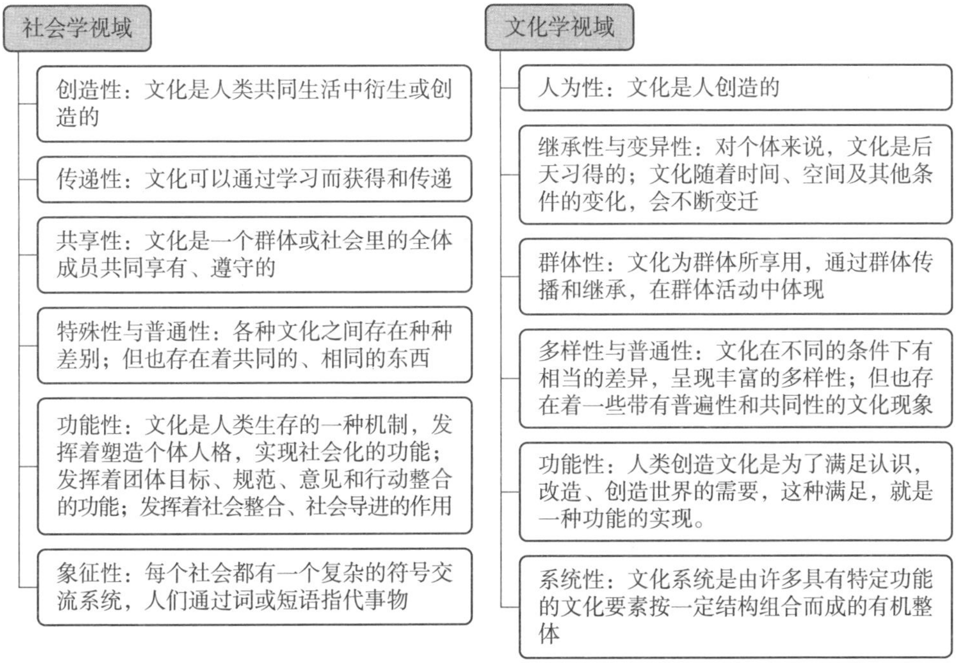

社会学视域
- 创造性:文化是人类共同生活中衍生或创造的
- 传递性:文化可以通过学习而获得和传递
- 共享性:文化是一个群体或社会里的全体成员共同享有、遵守的
- 特殊性与普通性:各种文化之间存在种种差别;但也存在着共同的、相同的东西
- 功能性:文化是人类生存的一种机制,发挥着塑造个体人格,实现社会化的功能;发挥着团体目标、规范、意见和行动整合的功能;发挥着社会整合、社会导进的作用
- 象征性:每个社会都有一个复杂的符号交流系统,人们通过词或短语指代事物

文化学视域
- 人为性:文化是人创造的
- 继承性与变异性:对个体来说,文化是后天习得的;文化随着时间、空间及其他条件的变化,会不断变迁
- 群体性:文化为群体所享用,通过群体传播和继承,在群体活动中体现
- 多样性与普通性:文化在不同的条件下有相当的差异,呈现丰富的多样性;但也存在着一些带有普遍性和共同性的文化现象
- 功能性:人类创造文化是为了满足认识、改造、创造世界的需要,这种满足,就是一种功能的实现。
- 系统性:文化系统是由许多具有特定功能的文化要素按一定结构组合而成的有机整体

图2-2 社会学和文化学对文化特性的认识

比较两种学术视域对文化特性的审视,我们可以发现诸多共识:

(1) 文化具有人为创造性、群体共享性、普通性和特殊性。

(2) 文化具有满足人类认识、改造世界需求的功能特性。这一特性,在社会学视域中可从个人、团体和整个社会三个层面来理解。

(3) 文化可以通过学习来获得和传递,因而又具有传递性(承继性)。文化学者强

---

① 根据彭华民,杨心恒.社会学概论[M].北京:高等教育出版社,2006:65—70.陈建宪.文化学教程[M].武汉:华中师范大学出版社,2011:24—29 改编.

调,人们为了顺应当时的历史处境和社会信念,会调整已有经验和知识来改造和创新文化,因而文化并非一成不变,而是不断发生变迁,即具有变异性。

两大学术阵营对文化的特性也有各自的不同认识。

社会学者强调文化的象征性,人类社会拥有自身复杂的符号交流系统。在特定的语言或文化中,符号与所指代的事物之间没有明显的、必然的联系。但是,象征物与象征所指代的寓意之间的联系却是约定俗成的,是人类所赋予的。比如,家中有人去世,家族成员手臂上佩戴黑纱,以示哀悼。黑纱与丧事本不相关,无天然联系。在中国文化中,黑纱作为象征物与丧事之间的联系和寓意就是我们所赋予的。这样,黑纱与丧事有了联系,也具有了象征意义。

文化学者强调文化的系统性。首先,认为文化要素是构成文化系统的单位,是不可再分割的文化元素,如毛笔;其次,认为它是同一类型的文化元素按一定结构组成的文化子系统,如文学、教育;再次,文化的系统性影响到文化现象的发生、发展和演变,影响到文化交流的排斥、冲突和协调。

二、文化的结构

若从类型学和系统论考察文化,文化结构就是指文化系统内部诸多要素相互联系、相互作用的方法与秩序。我们一般可从横向、纵向和空间三个层面来认识。文化结构的差异决定了文化系统的类型、性质和功能的不同。

(一) 文化要素

文化要素是文化的基本表现形式,按广义文化的界定,是数不胜数、难以穷尽的。社会学者运用类型学分组归类的方法,提出符号、价值观、规范、制约、物质文化是文化的构成要素[1]。也有学者主张:物质与精神、语言与符号、行为规范与文化模式、社会关系与组织是文化的要素[2]。以下对符号和规范作出详细讨论。

(1) 符号。符号是指一群人所认可的,所有能有意义地表达其自身除外的事物的东西。如语言文字、数字、身体姿势、表情动作、图形标志、颜色等,符号所代表的意义

---

[1] [美]戴维·波普诺.社会学[M].李强,等译.北京:中国人民大学出版社,2007:75—86.
[2] 彭华民,杨心恒.社会学概论[M].北京:高等教育出版社,2006:63—65.

是超出事物本身的。语言是重要的文化符号,如英语、法语、汉语、日语,语言的不同是文化差异的显著特征。有的符号被赋予了象征意义,如国徽象征着特定国家,队旗、红领巾代表某个组织;有的符号是用形象的符号表示特定的意思,如禁停标志、图书馆标志等。

(2) 规范。规范是一个社会引导其成员做出反应的标准或通则,如规矩、准则、条例。社会规范有三种形式:民俗/习俗,如男性通常留短发;民德,如关心老弱病残;法律,如《中华人民共和国义务教育法》。

美国多元文化教育创始人之一詹姆斯·班克斯(James Banks)提出了文化的六个要素,见图2-3。

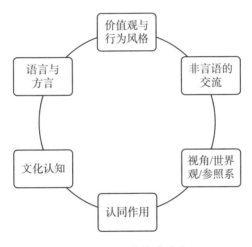

图2-3 文化构成成分

- 价值观与行为风格:特定的文化所看重的行为原理。
- 语言与方言:特定的文化或亚文化群体所采用的语言及言语方式。
- 非言语的交流:手势、姿态以及眼神交流等方面的文化指导。
- 文化认知:人对自身文化的了解与认知。
- 视角、世界观、参照系:看待与解释经验、社会世界及物质世界等的方式。
- 认同作用:个体对自身文化群体的标准及期待的认同程度。①

---

① [美]托马斯·费兹科,约翰·麦克卢尔. 教育心理学:课堂决策的整合之路[M]. 吴庆麟,等译. 上海:上海人民出版社,2008:465.

这些分类虽有出入,但学者都确信价值观念是文化要素中的核心要素。所谓的价值观念是一个社会中的人们共同持有的,对各种事物、现象的价值进行评价,决定取舍时所持的基本观点和态度,又称价值观。价值观念主要表现为时间观、消费观、空间地域观、竞争意识、物质利益观、效能感等。

(二)文化的横向结构

横向、纵向和空间是文化结构考察的三个视角。无论从哪个视角看文化结构各系统划分,学术界都存在不同的意见。所谓的横向结构是指从文化要素及其相互关系来探讨文化构成。有关文化的横向结构的认识可谓众说纷纭。

1. 社会学视域的文化类别

有的社会学者认为,文化是由多种因素构成的,包括知识、信仰、艺术、道德、法律、风俗、技能、社会组织、价值观念、行为规范和模式及各种物质产品等,它们可以分为三类:观念文化、规范文化、物质文化。①(见图2-4)

观念文化	·就是通常说的精神文化,它以人们的文化观念、文化心理为主 ·文学作品中包含的语言文字,文学作品抒发的感情,文学艺术呈现的音乐、舞蹈、美术等艺术活动均属于观念文化层面
规范文化	·又称制度文化,是为调整社会中人们之间的社会关系而确立的准则 ·包括民俗风情、宗教禁忌、岁时节令等传统规范
物质文化	·人们所创造并使用的东西都是物质文化,生产工具是最重要的物质文化 ·包括衣、食、住、行、用所需的多种物品以及制造这些物品的工具,如食物、服装、日用品、交通工具、建筑物、道路桥梁、通讯设备、劳动工具等

图2-4 社会学视域的三类文化

2. 文化学视域的文化类别

通过归类复杂的文化现象,有的文化学者持二分法,即文化由物质和精神构成;有的持三分法,即文化由物质、精神、制度构成;还有学者持四层次说,即将文化分为物质、精神、制度、信息,或物质、思想和价值、制度、风俗习惯四个层次;更有学者提出了六大系统说,即文化由物质、精神、社会关系、语言符号、艺术、风俗习惯六大子系统

---

① 李宁.社会学概论[M].合肥:安徽人民出版社,2007:231.

构成。

其中,文化结构四层次说,具体内容如下图2-5。

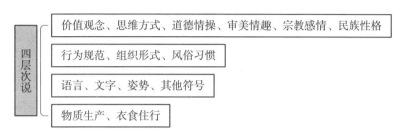

图2-5 文化结构四层次说

● 观察和分析文学、艺术、宗教、哲学所反映的价值观念、思维方式、道德情操、审美情趣、宗教感情、民族性格,判断精神文化。

● 观察和分析最基本的婚姻、家庭和氏族、民族、国家制度,判断制度文化。

● 观察和分析语言、文字、大众传播媒介,如期刊报纸、电视广播、手机网络等,判断信息文化。

● 观察和分析物质生产和生活方式,判断其归属物质生产文化的类别:采集—狩猎文化、游牧文化、农耕文化、工业文化。观察和分析饮食文化、服饰文化、建筑文化、交通文化,判断其物质消费文化。

可见,物质文化处于整个系统的表层,是整个文化的基础,也是文化发展程度的外在标志;制度文化处于中层,反映了人与人之间的关系,制约着群体中人们的行为,以实现社会进步的稳定性和有序性。精神文化处于里层,是整个文化系统的核心,是一个民族在特定环境中长期积淀而成的,带有鲜明的民族特点,也是文化变迁中最难改变的。贯穿其间的信息文化是人类创造、保存、积累和传播文化的媒介①。

3. 文化社会学视域的文化形态类别

文化社会学(cultural sociology)是社会学的一个分支学科,侧重研究文化产生、发展的特殊规律与社会作用。中国社会科学院学者司马云杰在《文化社会学》一书中参考了历史科学将科学划分为自然科学史和人类科学史两个方面,将纷繁复杂的文化现

---

① 根据陈建宪.文化学教程(第二版)[M].武汉:华中师范大学出版社,2011:24 编制.

象也划分为两大类别,见图2-6。

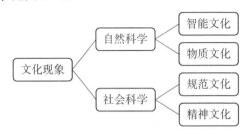

图 2-6　文化社会学视域的文化现象分类

司马云杰认为,自然科学史是人类在认识、改造、适应和控制自然界的过程中所取得的成果,表现为自然科学、技术、知识等智能文化以及由此创造出来的工具、房屋、器皿、机械等物质文化。① 该领域所产生的文化称之为"第一类文化"——为人类生活提供了最基本的条件。社会科学史是人类在创造物质文化和智能文化的过程中,认识、改造、适应、控制社会环境所取得的成果,表现为组织、制度、政治和法律形式,以及风俗、习惯、伦理、道德、语言、教育等规范文化,宗教、信仰、审美意识、文学、艺术等精神文化。② 该领域产生的文化称之为"第二类文化"——是人类生存的样式和自我完善的方式。这两类文化可进一步细化,共形成四个亚类,见表2-2。

表 2-2　文化现象分类表③

文化形态类别		文 化 范 畴
第一类文化	智能文化	自然科学、技术、知识等
	物质文化	工具、房屋、器皿、机械等
第二类文化	规范文化	社会组织、制度、政治和法律形式、伦理、道德、风俗、习惯、语言、教育等
	精神文化	宗教、信仰、审美意识、文学、艺术等

该分类较全面地涵盖了文化诸现象,且解释了各种文化现象的内在联系。因此,

---

① 司马云杰.文化社会学(第5版)[M].北京:华夏出版社,2011:13.
② 司马云杰.文化社会学(第5版)[M].北京:华夏出版社,2011:13—14.
③ 司马云杰.文化社会学(第5版)[M].北京:华夏出版社,2011:14.

也是本书探讨语文课程文化的重要理据,尤其是有关语文教科书文化现象的分析研究。

(三) 文化的纵向结构

文化的纵向结构是从文化的各个层次,以及各层次间的关系看文化的内部结构。社会学视域的文化系统,从纵向而言可分为三个层次:文化元素、文化集丛(文化丛)和文化模式(见图 2-7)。

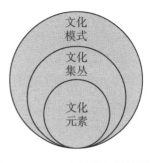

图 2-7 文化的纵向结构图

1. 文化元素

在纵向结构中,文化系统最小的单位是文化元素——能独立发挥一定文化功能的单位。罗马教堂用十字形平面象征耶稣钉死的十字架,有宗教意义,是一种文化元素,但一堆普通的砖块则不能成为文化元素。类似地,一只北京烤鸭可以反映中国的饮食文化,是一种文化元素,但一只普通的鸭子就不是文化元素。

2. 文化集丛

一组在功能上相互关联的文化元素,组成的一个更大的功能化单元,称为文化集丛(文化丛)。它通常是以一个最主要的文化元素为中心。如茶集丛,围绕核心元素——茶,由茶具、茶的类别、沏茶的方法、饮茶的习惯、敬茶的规矩和动作等文化元素构成。

3. 文化模式

一个社会中的文化元素、文化集丛按照一定的关系组合在一起,形成的稳定的形式和结构,即为文化模式(cultural pattern)。简单、明显的模式可以在劳动习惯、服装和饮食上表现出来。比较复杂的模式可以在社会制度、政治制度或经济制度层面看到。如东西方文化中,西方人的主食是面包,餐具以刀叉为主;东方人则以大米、面食为主食,餐具以筷勺为主。西方人的伦理观念是建立于自由竞争的法则上的,东方人的伦理观念是建立在人际关系之上的。

文化模式可以是一个国家、民族的文化模式,如中国文化、美国文化;也可以是地域性的文化模式,如上海的海派文化。有学者提出中国文化模式有五大特色:开放包容、多元一体、独立自主、融合创新、和谐和合。①

---

① 张立文,杜凤娇.中国文化模式的五大特色——专访中国人民大学孔子学院院长张立文[J].人民论坛,2008(24):54—55.

(四) 文化的空间结构

文化的空间结构是指文化的空间分布,即文化的各部分在空间上是怎样结合在一起而形成一个文化区域的,以及不同文化区域之间的关系。①(见图2-8)

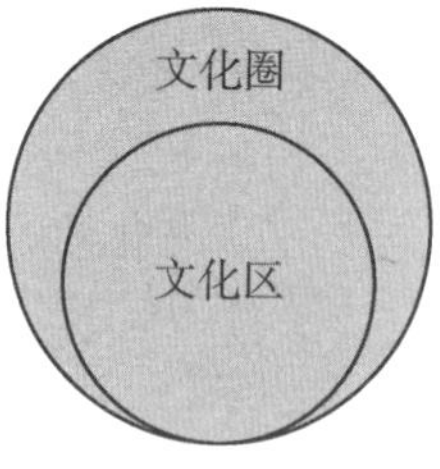

1. 文化区

文化区是文化空间分布的最小单位,是指在同一社会经济体系和文化中,生活方式较为一致的地区。② 如吴越文化区就是以太湖流域为中心,包括上海、江苏南部、浙江、安徽南部、江西东北部,以钱塘江为界的江浙地域所形成的文化地带。这个地区以丝绸纺织、手工艺为主要物产,语言、风俗、习惯、服饰均相近。

图 2-8 文化的空间结构图

2. 文化圈

文化圈是指在地域上比文化区更广,在文化上(主要包括生活、艺术、道德、经济、政治和宗教等)有着联系的一个空间范围。在这个大的地域范围内,分布着不同的文化模式。但这些模式有着或多或少的相同、相通的地方,具有某些共同的文化特征,就构成了一个文化圈,如东亚文化圈、欧洲文化圈。东亚文化圈就是指历史上受中国及中华文化(或汉文化)影响、过去或现在使用汉字,并且曾经使用文言文(日、韩、越称之为"汉文")作为书面语,受中华法系影响的东亚及东南亚部分地区等文化、地域相近区域。

三、文化的类型

1936年,美国学者拉尔夫·林顿在《人的研究》一书中提出了"文化类型"(culture type)一词,如今已成为文化分类学中一个被广泛运用的重要概念,常用于对历史上形成的不同区域、民族或国家的文化共同体的研究。简单地说,文化类型就是不同人种或种族生活在不同的地理生态环境(空间)之中,并在很长的历史(时间)里形成的不同

---

① 彭华民,杨心恒. 社会学概论[M]. 北京:高等教育出版社,2006:71.
② 吴泽霖. 人类学词典[M]. 上海:上海辞书出版社,1991:47.

文化体系的生活、行为、思维方式的形态特征。① 它指向文化形态特征中最有特色、最能显示该文化本质属性的特征。具体而言,它更多指涉不同文化精神及价值体系。

(一) 斯宾格勒的分类

1918年,德国哲学家斯宾格勒(Oswald Spengler)提出:任何一种文化都有该文化所特有的"基本象征符号"和灵魂。并据此将世界文化分为九大类型,见图2-10。有关类别的解释见表2-3。

图2-9 斯宾格勒

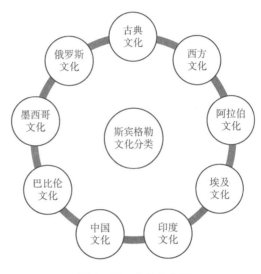

图2-10 文化分类图

表2-3 斯宾格勒的文化分类

类别	象征	崇尚理念
古典文化 指古希腊文化	阿波罗精神	接近实在、永恒的现在
西方文化 指中世纪以后的西欧文化	浮士德精神	无穷与玄远
阿拉伯文化		光明与黑暗、善与恶相对的二元论、道德灵魂

---

① 陈建宪.文化学教程(第二版)[M].武汉:华中师范大学出版社,2011:96.

续　表

类别	象征	崇尚理念
埃及文化	金字塔	石头灵魂
印度文化		否定人生、追求永恒的宗教灵魂
中国文化	礼	道德灵魂
巴比伦文化	已经夭折的文化	
墨西哥文化	中途暴卒的文化	
俄罗斯文化	平板的灵魂	

(二) 亨廷顿的分类

美国哈佛大学教授亨廷顿(Huntington)以"文明冲突论"闻名于世(见图2-11)。他提出:21世纪国际政治角力的核心单位不再是国家,而是不同文明间的冲突,并将世界文明分为七大类,见图2-12。

图2-11　亨廷顿

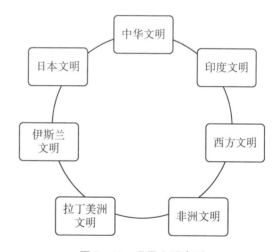

图2-12　世界文明类别

在这里,亨廷顿用了"文明"一词。相当一部分理论家将"文化"视为导向某种成果的累进运动,将"文明"视作成果本身。前者侧重精神财富,如文学、艺术、教育、科学等;后者侧重物质。

上述社会学和文化学有关文化要素,文化结构——横向结构、纵向结构、空间结构,以及文化类型的研究成果,有助于我们借助跨领域的研究视角,全方位地认知语文课程的文化现象,并能通晓这些跨领域的术语,解读语文学科的文化教育问题。

四、文化学理论的发展

文化学作为一门当代人文科学,是语文课程文化研究的重要理论依据。我们可以通过梳理其历史发展路径,以期获得整体感知。

(一)文化理论发展的历史轨迹

1. 中国文化发展

文化学研究归纳中国文化理论发展路径如图2-13。

图2-13 中国文化理论演进图①

2. 西方文化学发展

文化学研究归纳西方文化理论发展历经了三个阶段,如图2-14。

---

① 根据陈建宪.文化学教程(第二版)[M].武汉:华中师范大学出版社,2011:190—249编制。

图2‑14 西方文化理论发展阶段

西方文化理论的演进轨迹如图2‑15。

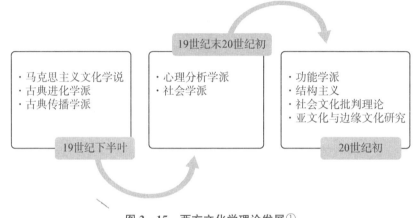

图2‑15 西方文化学理论发展①

(二) 主流文化与亚文化

1. 主流文化

文化学认为,所谓的主流文化就是贯彻了主流意识形态和主流价值观的文化,一般是指一个社会、一个时代所倡导的、起着主要影响的文化形态。② 社会学视域中的主流文化是指一个社会、一个时代的主体文化取向,具有一定的向导作用,对人们的思维方式、价值观念、思想信仰、生活习俗、行为规范等具有很强的约束力。③ 主流文化由特定时期占主导地位的生产方式决定,中国社会主流文化是以"马克思主义为指导,以培育有理想、有道德、有文化、有纪律的公民为目标,发展面向现代化、面向世界、面

---

① 根据陈建宪.文化学教程(第二版)[M].武汉:华中师范大学出版社,2011:251—298 编制。
② 上海市社会科学界联合会.中国文化现代性与主体性——上海市社会科学界第九届学术年会文集(2011年度)[C].上海:上海人民出版社,2011:28.
③ 彭华民,杨心恒.社会学概论[M].北京:高等教育出版社,2006:72.

向未来的,民族的科学的大众的中国特色社会主义文化,是凝聚我国各族人民重要力量,是综合国力的重要组成部分"。①

2012年11月,党的十八大报告明确界定社会主义核心价值观:倡导富强、民主、文明、和谐,倡导自由、平等、公正、法治,倡导爱国、敬业、诚信、友善。

这24个字从三个层面概述了我国社会主义核心价值观:从国家层面看,是富强、民主、文明、和谐;从社会层面看,是自由、平等、公正、法治;从公民个人层面看,是爱国、敬业、诚信、友善。学校教育如何传递这个核心价值观念?语文课程与社会主义核心价值观的内在联系与互动路径又是怎样的?这是融入中小学语文学科的文化教育必须直面、不可回避的时代之问。

2. 亚文化

文化学认为:亚文化(subculture)是相对于主流文化而言的,是某一群体所持有的、有别于其他群体或整个社会的文化,是由于阶级、种族、宗教、地域、年龄、性别、职业等不同而产生的。② 如教师亚文化、美国黑人亚文化、新上海人亚文化、青年亚文化。在社会学视域中,亚文化是一个社会中次一级群体的文化。它既具有其所属文化的基本价值观念,也具有其本身独特的风俗习惯、道德规范和世界观。③

例如,青年亚文化是在青年这一特定群体中存在的亚文化,它有独特的风格、行为和兴趣指向,推崇标新立异,在时尚、信仰等方面都独树一帜。青年亚文化与主流文化存在差异,甚至互相对立,居于边缘地位。几乎所有青年亚文化都体现了青年对父母、教师和其他权威角色的反叛。论坛、游戏、聊天、社交、网红、网购、微信、博客、自拍、恶搞是青年亚文化习以为常的社会参与和表达方式。他们专注于自我感性和个性的表达,对自我的关注替代了对现实社会的参与;在自我表达的世界中追求自治和认同。他们很可能因此丧失对主流文化的理解和认同兴趣。中小学语文课程文化教育对象正是青少年、青年,教师需认识这个年龄段学生的反叛和逆反心理,理解他们对网络游戏、虚拟现实的热衷,对偶像的崇拜和"追星"的盲动,从而把握当下青年亚文化的热点、特性,重塑语文课程主流文化价值引领和文化认同的功能。

---

① 上海市社会科学界联合会.中国文化现代性与主体性——上海市社会科学界第九届学术年会文集(2011年度)[C].上海:上海人民出版社,2011:28—29.
② 陆扬.文化研究导论[M].北京:高等教育出版社,2012:86.
③ 彭华民,杨心恒.社会学概论[M].北京:高等教育出版社,2006:72.

(三) 文化全球化与文化认同

1. 文化全球化

文化全球化是从全球化派生来的,是相对于经济、政治的全球化而言的,是狭义上的文化,主要指价值、观念、伦理的全球化。① 如全球意识、网络文化、生态文化、消费文化、大众文化、现代化理念,这些是现实中已存在着的文化观念和文化现象,是全球性的,并能引起世界各民族、国家的关注和共识,这种文化的内容和认同表现出的一致性就是文化全球化。尤其是消费文化,其负面影响是不同文化主体都认识到的,消费文化就是文化全球化的内容之一。

文化全球化并非指全球各地区、各民族人民共享一种无差异的文化。而是强调要跳出地域界限、超越族群视野,拥有全人类的立足根基以及环视世界的目光,有全球意识和全球观念。如环境、艾滋病、毒品等日益严峻的问题是全球性问题,各国孤军作战无济于事,具有全球性意识的行动才有助于问题的解决。文化全球化的实质是全球文化的整合——不同文化之间的共处以及整体和谐。文化整合是文化全球化的重要内容和表现形式,是一种全方位、多层次的整合,见图2-16。

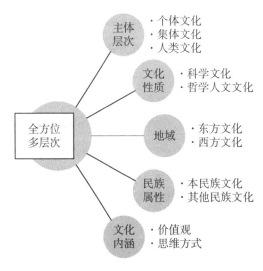

图2-16 全方位、多层次文化整合②

---

① 孙洪斌.文化全球化研究[M].成都:四川大学出版社,2009:15—16.
② 根据孙洪斌.文化全球化研究[M].成都:四川大学出版社,2009:12编制。

从主体层次看,包括个体文化、集体文化和人类文化的整合;从文化性质看,包括科学文化与哲学人文文化的整合;从地域看,包括东方文化与西方文化的整合;从民族属性看,包括本民族文化和其他民族文化的整合;从文化内涵看,包括各个国家与民族在价值观、思维方式等方面的整合。

西方倡导的文化全球化以保障欧美发达国家在世界文化的支配地位为目的。美国等经济发达的西方国家一直主张用西方价值观来改变世界,把非西方文化纳入自己的文化体系。它们凭借在经济、技术、科学和规范等方面的先发优势,在文化全球化进程中建构以自己为中心的文化霸权。其文化霸权必然对各民族文化产生很大的冲击和威胁。随着网络技术的突飞猛进,信息传播突破时空限制、无所不达,当今的中国传统文化面临外来文化,尤其是以美国为代表的西方文化的严峻挑战。美国大片、圣诞节、情人节、苹果手机、谷歌眼镜等西方节日和产品越来越多地充斥中小学生的生活。文化全球化导致的直接后果就是文化认同危机。

中小学语文课程文化教育是我国直面文化全球化浪潮的一个有效对策。中华文化源远流长,在五千多年文明发展中孕育的中华优秀传统文化,积淀着中华民族最深沉的精神追求,代表着中华民族独特的精神标识,是中华民族生生不息、发展壮大的丰厚滋养,是中国特色社会主义植根的文化沃土,是当代中国发展的突出优势,对延续和发展中华文明、促进人类文明进步,发挥着重要作用。

2. 文化认同

文化认同是指一群人由于分享了共同的历史传统、习惯规范以及无数的集体记忆,所产生出来的认同感。[①] 如思想的统一、价值观的认同、行动的一致,或者思维方式、行为习惯、价值取向上的相互认可,强调的是他们在认识上的共同性、心理上的归属感、文化上的依赖性和归一性。[②] 政治认同和文化认同是国家认同的两个层面,它们构成了公民对国家忠诚的感情。其中,文化认同是国家认同的起始与结果。

文化全球化和文化认同原理启示我们:语文课程文化教育就是形塑学生的文化认同,并从中形塑"他们是谁""他们的国家""传统归属"等。融入语文课程的文化教育,

---

① Anthony D. Smith. National Identity[M]. University of Nevada Press. 1993:52.
② 陆扬.文化研究导论[M].北京:高等教育出版社,2012:107.

需改变自上而下、简单粗暴的灌输方式。如何在多元文化、多元价值理念被广泛接受、个人自由选择得到推崇的时代,在培养独立判断、独立人格的同时,传承优秀的民族文化? 其途径和方略尤为重要!

五、社会学理论的发展

社会学理论研究视角主要有五大学说,现代化与全球化是社会变迁与发展的一个重要主题,全球文化则是其中的一个重要方面。

(一) 社会理论发展轨迹

社会学起源于19世纪,是通过社会关系和社会行为来研究社会的结构、功能、发生和发展规律。社会学主要有五大学说,如图2-17所示。

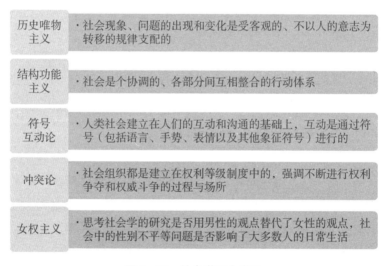

图2-17 社会学五大学说

(二) 个体社会化

社会学家认为:人的成长和发育可分为两个过程,即自然成长和社会化过程。前者的结果是为社会提供了一个可塑造的生命有机体;后者的目的是把自然人塑造成为一个社会人。文化认同的过程,在社会学视域中就是社会化(socialization)——社会将一个自然人转化成一个能够适应一定的社会文化,参与社会生活,履行一定社会行为的人的过程。即学习和传递一定的社会文化,学习做人的过程。①

1. 社会化的类型

社会化是个体与社会互动的过程,且贯穿于个体生命的全过程。按照内容、发展阶段、阶段顺序和社会教化方向四种标准,可分为多种类别,见图 2-18。

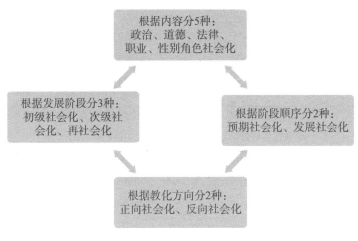

图 2-18 个体社会化类型

例如,按内容不同作为划分标准,个体社会化可分为政治社会化、道德社会化、法律社会化、职业社会化、性别角色社会化五种。

● 政治社会化——指个体接受社会政治文化教化,学习政治知识、掌握政治技能、内化政治规范、形成政治态度、完善政治人格的过程。

● 道德社会化——指个体接受社会伦理文化的基本准则,遵循特定文化背景下的道德规范,以获得社会认可和参与资格的过程。

● 法律社会化——指个体学习掌握法律知识、形成法律意识的过程。

● 职业社会化——指个体按社会需要选择职业、掌握从事某种职业的知识和技能,以及从事某种职业后进行知识、技能更新的再训练过程。

● 性别角色社会化——指个体根据社会对不同性别的期望,把性别角色的标准内化,形成与社会对不同性别的期望、规范相符的行为的过程。②

---

① 彭华民,杨心恒.社会学概论[M].北京:高等教育出版社,2006:88—89.
② 徐瑞,刘慧珍.教育社会学[M].北京:北京师范大学出版社,2010:85—87.

2. 社会化的内容

个体社会化具体包括两个方面的内容。一方面,它包括个体通过加入社会环境、社会联系系统的途径掌握社会经验;另一方面,它是个体对社会联系系统再生产的过程,这是个体积极活动和积极进入社会环境的结果。①

人从出生到青年阶段的社会化内容主要如图2-19。

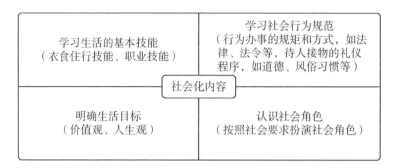

图2-19 个体社会化的内容

社会化内容非常广泛,概括起来主要是如下四个方面的内容。

- 学习生活的基本技能——学习与一定的文化模式联系在一起的吃饭、穿衣、走路、起居等技能,如中国人用筷子进食。学习科学知识和专门的职业技术,这主要由学校来承担。随着知识更新周期的缩短,学生要学会学习,以便及时自我更新知识。

- 学习社会行为规范——认同社会文化,尤其是价值观念的内化;学习一定群体和社会成员的行为准则。办事的规矩和方式,待人接物的礼仪程序。如国家的政治、法律法令、社会的道德、风俗和习惯等。

- 明确生活目标——每个人都有一定的生活目标,即通过自己的努力争取实现的具体目标。这类生活目标的核心是一个人的价值观和态度。明确生活目标的过程总是和培养价值观、人生观同步的。

- 认识社会角色——认识自己的地位和角色,学习、扮演并成为社会认可的合格角色。如学生认识到自己在班级的地位,与老师同学的关系;认识到自己在家庭的地位,与家长、兄弟姐妹的关系,并知道这些角色应有的行为。

---

① 徐瑞,刘慧珍. 教育社会学[M]. 北京:北京师范大学出版社,2010:85.

3. 道德社会化

所谓的道德,就是一个社会中调整人与人、人与社会之间相互关系的行为准则和规范总和。道德社会化是将上述社会化内容按一定的标准加以分类,而提出的一种类型——社会通过各种力量使其倡导的道德观念和规范为人们所接受,并具体贯彻到实际行为上的过程。① 学生个体道德社会化养成一般经历三个阶段,见图 2-20。

初级阶段:社会规范的依从
- 因对规范的必要性缺乏认识,甚至内心有抵触,只是迫于权威或压力,盲目地、被动地表面上接受规范

深入阶段:社会规范的认同
- 因在思想、情感和态度上主动接受了规范,从而遵从,模仿所认可的、仰慕的榜样,试图与他们保持一致

最高阶段:社会规范的信奉
- 因深刻理解并有积极的情感体验,已将社会规范内化为自己的一种信念,与自己已有价值观合为一体,从而在自己的信念驱动下,表现出规范行为

图 2-20 个体社会化养成阶段

【专栏 2-1】

道德发展的心理学研究

美国当代著名心理学家和教育家、现代道德认知发展理论的创立者劳伦斯·科尔伯格(Lawrence Kohlberg)认为,按照个体道德判断结果,个体道德发展可以划分为三种水平六个阶段。

1. 前习俗水平

大约出现在幼儿园到小学低中年级,特征是儿童遵守规范,但并未形成自己的主见,只从个人需要和感觉出发进行判断。这个时期又可分为两个阶段。

---

① 彭华民,杨心恒.社会学概论[M].北京:高等教育出版社,2006:92.

- 处罚和服从定向阶段。这个阶段的儿童缺乏是非善恶观念,遵守规则只是为了避免惩罚。判断行为好坏,是由行为结果来定的。认为免受处罚的行为都是好的,遭到批评指责的行为都是坏的。

- 工具性的相对主义定向阶段。这个阶段的儿童没有主观的是非标准,根据自己的需要来判断事情的正误。如果道德推理遵循互利原则(你为我抓背,我就为你挠痒),就表示赞同。

2. 习俗水平

大约出现在小学中年级以上,一直到青年、成年,特征是通过他人的赞许、家庭的期望、传统价值观、社会行为规范、法律规定和对国家的忠诚来做评判。这个时期又可分为两个阶段。

- 人际协调定向阶段,这个阶段个体按照人们所说的"好孩子"的要求去做,以得到别人的称赞。

- 法律和秩序定向阶段,这个阶段个体服从规范,认为尊重法律权威、维持社会秩序最重要,判断是非已有了法治观念。

3. 后习俗水平

大约出现在青年期人格成熟之后,特征是个体超越现实道德规范的约束,达到完全自律的境界。这是理想境界,只有少数成人能做到。这个时期也可以分为两个阶段。

- 社会契约定向阶段。这个阶段个体有强烈的责任心和义务感要尊重法制,但又相信法制是人订的,不适用时理应修订。

● 普遍的道德原则定向阶段。这个阶段个体对是非善恶有独立的价值判断标准和人生哲学,不受现实规范的制约。往往能超越规章制度、具体的原则,更多考虑道德的本质。

(摘编自:陈琦,刘儒德.当代教育心理学[M].北京:北京师范大学出版社,2007:410—415.)

(三) 社会学研究启示

社会学原理启迪我们,人在生命的各个阶段,需面对不同的任务和责任。但任何一个人都不可能自然而然就具备完成任务、承担责任的技能。所以社会化是每个中小学生成为社会人的必经之路,家庭和学校是社会化的主要场所。当下,迅速普及的互联网挤兑着社会化的主要场所——学校和家庭,它超越了传统人际网络,冲击着传统社会化的外在环境。一方面,互联网造就了全新、便捷的自我学习场所,为学生提供了扮演多种社会角色的实践空间。网络时代的社会化具有开放性、多元性、虚拟性、符号性的特点。语文教师不仅要与时俱进,认识其特性和利弊,而且要了解网络空间的符号,具有运用这些抽象符号的技能。另一方面,随着社会转型,学生并非被动学习和遵从既定的社会行为规范,学生挑战已有的社会行为规范,其实质往往是两种不同文化之间的互动。而道德水准下降、精神文化与物质文化发展的失调,则是社会文化问题对社会危害的具体表现。

语文课程中华文化教育,需有别于各学科的知识教育,应摒弃单纯的教育灌输。教师要建构形成良好的环境和氛围,引导学生从社会规范依从走向内化。诸如教科书后面的主题理解类、思考性问题等学习活动设计,需审视是否与学生年龄特征、道德发展阶段吻合。

第四节 文化心理学视域的文化研究

文化心理学认为,文化是人的本质特征。它依附于人、内化于人,人通过种种方式创造文化。这些文化反过来又影响人的心理构建,如此反复以至永久。①

一、态度的含义

语文课程文化教育,重在学生文化态度的形成与改变。该过程遵从态度的养成规律。

态度(attitude)是个体习得的,影响个体对特定对象作出行为选择的、有组织的内部反应倾向。② 它决定了人们是否愿意做这个动作、期待这项任务,还是避之不及,想远远逃离某个人、事、物。它融入了情感因素,是一个人对任何事物的倾向、感情、观念等的总和。我们通常用喜欢/不喜欢、好/不好、亲近/回避等词汇来表达态度。

态度不是天生的,是学习的结果——学生通过和周围环境相互作用后形成和改变的。加涅认为,态度和个人行为之间不存在必然的因果关系,态度和行为之间往往存在差异。换言之,一个学生在40分钟的书法课上,按时完成了临摹柳公权的书法作业,并不等同于该生对书法有积极的态度。但是,一旦学生对书法艺术形成了积极的态度,就会选择并接受那些有利于自己学书法的信息;当学生完成了一幅优质的书法作品,就会产生满足感。即使他知道高考语文没有书法这一项,但他业余时间还是会抽空研习书法。因为他练书法不是为了回应高考试卷的内容要求,而是基于自身对书法的固有态度,也就是对中国传统文化——书法艺术的态度。

二、态度的特性

(一) 态度的特点

态度具有对象性、间接性、社会性、稳定性、系统性的特点。

1. 对象性

这是指学生的态度往往是针对某一个对象的,不存在没有对象的态度。这个对象可以是具体形象的人、事、物,如对科幻小说《三体》的态度;也可以是代表人、事、物的

---

① 陈红.人格与文化[M].合肥:安徽教育出版社,2009:14.
② 卢家楣.学习心理与教学的理论和实践[M].上海:上海教育出版社,2009:228.

比较抽象的对象,如对中国传统文化"中庸"的态度。

2. 间接性

这是指学生的态度只是针对某一个对象的一种行为倾向,并不是行为本身。比如学生对中国传统节日充满好奇,很有兴趣了解典故渊源。甚至缠着家里的老人学包粽子、学做灯谜。这里的"学包粽子、学做灯谜"是具体的行为,不属于态度。而"充满好奇、很有兴趣"就是该生对中国传统习俗的行为倾向,是他/她的态度。

3. 社会性

这是指学生对某一个对象的态度并非与生俱来的,而是他在学习和生活中逐渐形成的。比如甲学生对春节给长辈拜年、拿红包乐在其中;乙学生对整个家族的除夕团圆聚餐、走亲访友不感兴趣,宁愿宅在家里看手机。甲乙两人对中国传统习俗的不同态度,是和他们长期以来各自的家庭生活相关的。

4. 稳定性

这是指学生一旦形成了对某一对象的态度后,就比较难改变。我们往往可以从他对这类对象的反应中,发现一定的规律性。就如同上面甲乙两个学生对春节习俗的反应,一般短时间内难以改变。

5. 系统性

从系统论的观点来看,学生对一类事物对象的态度构成了一个态度群,即态度系统。态度系统的要素就是学生对同类事物不同对象的态度。各要素之间存在紧密相关的有机联系。这种较为固定的有机联系,可以帮助我们从学生对一类事物中某一个对象的态度,推测其对同类事物另外一个对象的态度。就如同上面甲学生对给长辈拜年、拿红包乐在其中,那么可以推测其对清明扫墓、祭拜祖先的习俗也不会很拒绝。

(二) 态度的结构

态度由三种成分构成:认知、情感和行为倾向(见图2-21)。态度可以通过关于态度对象的知识和观念表现出来;能通过对态度对象的情感显示出来;还可以通过和态度对象发生相互作用的行动计划以及实际行动表现出来。

(三) 态度的五个维度

态度是外界环境刺激与学生个体反应之间的一个中介因素。外界环境是可观察、可测量的。学生的个体反应也是可观察、可测量的。但连接这两者的中介——态度却是既难以观察,又不好测量的。只能借助外界环境刺激后个体作出反应的变化进行学生对态度对象的知识和观念。如一名高中生认识到"熟练掌握实用文写作很重要，因为日常工作生活中的应聘、写通知等场景会用到"。

学生对态度对象的内心情感体验。如尊重/轻视，喜爱/讨厌，接纳/拒绝。

即意向——行为的准备状态。是学生对态度对象想表现出来的行为。如"我想"。

图 2-21　态度的构成要素

推测。

态度是行为反应的决定因素，是行为的基础。个别学者研究认为，可以通过行为反应间接评价态度，有如下五个维度。

1. 指向

指个体对态度对象是肯定还是否定，如赞同"春节收红包的习俗"是肯定指向；反对"春节收红包的习俗"是否定指向。

2. 强度

指个体对态度对象指向的牢固程度，如喜欢过年的时候在家门上贴迎新春联；非常喜欢过年的时候在家门上贴迎新春联；每次过年必在家门上贴迎新春联。三者对"贴春联"肯定指向的强度是不同的。

3. 深度

指个体对态度对象的卷入程度，即所谓或者无所谓。如每年过年的时候必在门上贴迎新春联；或不在意过年门上是否贴迎新春联，认为可贴也可不贴。

4. 向中度

指对某一对象的态度在个体态度系统中所处的位置，接近核心价值系统的程度。如语文课代表极其冷漠地对待班上语文成绩滞后的同学。若这一态度和该生与人相处的态度系统与歧视弱者的价值观非常吻合，那么向中度就高。

5. 外显度

指个体对某一对象表现出的态度的明显程度。我们可以通过观察个体的行为指向和行为方式来获悉。

三、态度的学习

态度是学生与周围环境相互作用而形成和改变的,是可以训练的。影响学生态度学习的客观因素有社会、家庭、学校、班集体、同伴小组以及榜样和偶像。其中榜样和偶像是影响学生态度形成和改变的重要因素。智力水平、教育程度、认知水平是影响学生态度学习的主观因素。

态度包括对人、对事、对物、对己的态度。其中学生对社会道德规范的态度,就是我们所说的品德。所以科尔伯格有关道德发展水平和阶段的研究成果(见专栏2-1),同样可用于对学生态度与学习认知水平的认识。

(一) 态度学习的形式

从美国心理学家班杜拉的社会学习理论来看,学生能通过观察和模仿他人(榜样)来学习态度。

1. 观察学习

观察学习(observational learning)是指个体以旁观者的身份,观察他人(榜样)的行为表现,并不亲身经历和体验就能形成相应的态度和行为方式。如甲学生发现:在公共场合,每次进入电梯后,大人总会按住开门键,直到最后一人进入电梯为止。他在放学回家进入电梯后,就会有按电梯开门键的想法。甲学生的这种欲望和行为倾向,是通过观察学习获得的。

2. 模仿学习

模仿学习(imitation learning)是指个体通过仿照他人(榜样)的态度和行为方式,使自己的态度和行为方式与之相同。同样是在公共场合坐电梯,乙学生从能够到电梯按钮开始,就学着大人的样子:先按楼层键再按住开门键,直到最后一人进入电梯为止。乙学生的这种冲动和行为倾向,则是通过从小模仿大人行为的学习方式获得的。

模仿学习共有四种类型:直接模仿、象征模仿、创造模仿和延迟模仿(见图2-22)。

(二) 态度学习的顺序

加涅认为,学生的榜样学习,一般按以下的顺序进行。

(1) 塑造榜样的感染力和可信度。

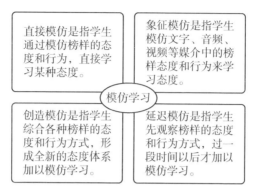

图 2-22 模仿学习的四种类型

（2）引导学生回忆态度的对象、态度对象出现的情境，以唤起学生所学态度的心理意义。

（3）榜样人物的态度示范或符合态度的个人行为示范。

（4）介绍或呈现榜样人物受到的正面强化的结果，激发学生形成替代性强化。

(三) 态度学习的三个阶段

态度的学习即社会规范的学习，是从外到内的转化过程，要经历不同的阶段。科尔曼认为态度的形成和改变需要经历三个阶段：顺从、认同和内化。

1. 顺从

顺从也称之为"依从"，是指个体为了获得物质与精神的奖励，或者是为了避免惩罚而采取的表面上的服从行为。这种服从的行为并不是个体发自内心的愿望，而是迫于权威或情境的压力，不得已而为之。因此，顺从具有一定的盲目性和被动性。一旦某些奖惩条件不复存在，外部监控和压力消失了，顺从的行为也可能同时消失。如一些小学生对背诵古诗文的态度，一开始很有可能是因为父母在学前阶段的要求，加上糖果的奖励；后来可能是背不出怕受到老师的批评。虽然态度学习的第一阶段"顺从"是被迫进行的，但它是态度形成和改变的必由之路，不能被忽略。

2. 认同

认同是指个体主动地接受某种观点、信念，使自己在思想、情感和态度上，与他人的要求相一致。认同可以是对具体的榜样的认同，也可以是对抽象的观念的认同。虽然在这个阶段，个体对态度必要性的认识还存在不足，但是已有明确的行为意图。

2017年央视《中国诗词大会》上,上海复旦大学附属中学16岁的武亦姝凭借惊人的诗词储备量,在"飞花令"环节表现出众,满足了电视观众对中国古代才女的所有幻想。武亦姝从小就喜欢读诗词,还把陆游、苏轼、李白作为自己的"三大偶像"。这就是典型的对中国古代诗文的认同。认同是态度学习的深入阶段。

3. 内化

内化是指当一种观念和行为与个体自身的价值体系相一致的时候,个体就会接受这种观念和行为,并将它和自己已有的价值体系融为一体。到了内化阶段,个体从内心深处相信并接受他人(榜样)的观点,并主动把它纳入自己的价值体系之中,成为自己态度的一个有机组成部分。对规范的信奉具有高度的自觉性和主动性,而不再是屈从外界的压力和控制。一旦进入内化阶段,态度即社会规范就会持久并难以改变。夺得《中国诗词大会》总冠军的武亦姝曾在赛后感言:"我觉得古诗词里面有很多现代人给不了我的感觉。比赛结果都无所谓,只要我还喜欢诗词,只要我还享受诗词带给我的快乐,就够了。"显见,武亦姝高度认同古诗词所蕴含的精神力量。

可见,培育学生对中华文化的态度,不能仅仅停留在表面顺从的阶段。要引导学生对中华文化进行思考、分析和判断,促进其对文化的认同并走向内化。

四、文化自信的养成

文化自信是人对身处其中作为客体的文化,通过对象性活动所形成的对自身文化确信和肯定的稳定性心理特征。[①] 就质而言,它是人在文化选择过程中的一种价值诉求;就学生个体而言,它是学生对中华人民共和国、中华文化的积极态度和充分肯定,标志着他对国家和文化的价值取向认同和身份认同。文化自信是核心素养时代学生的一种深度发展——在文化上增进自我、扩展自我。

(一) 文化自信的养成过程

文化心理学研究指出,文化自信的养成需经历"文化认知、批判、反思、比较及认同等系列过程,形成对自身文化价值和文化生命力的确信和肯定的稳定性心理特征"[②]。

[①] 廖小琴.文化自信:精神生活质量的新向度[J].齐鲁学刊,2012(2):79—82.
[②] 刘林涛.文化自信的概念、本质特征及其当代价值[J].思想教育研究,2016(4):21—24.

文化自信的形成主要包含三个阶段:第一是对文化的认知,即在当下,跨越时空去感知和理解文化的本源;第二是对文化的比较、反思和批判的过程,即在时代背景下实现对文化的筛选;第三是对文化的认同,即将筛选过的文化与时代现象融合,形成新的稳定的文化。这样新生的文化既有传统的"根",又符合时代的需求。

显然,语文学科文化自信素养的培育,是从学生对中华文化的认知起步走向文化认同,从而实现中华文化自信。

(二) 文化认同的相近概念

文化认同是指一群人由于分享了共同的历史传统、习惯规范及无数的集体记忆,所产生的认同感。[①] 文化认同、国家认同是"认同"研究谱系中的相近概念。文化身份是理解"文化认同"的关键概念。

1. 国家认同

指人们认同自己属于某个政治实体,虽然有些国家抵触外来成员,但当人们成为某个国家的合法公民或居民时,他们便可获得国家认同。[②]

2. 文化身份

指某一个体或族群在特定的语言、文化以及社会环境和成长中依据某种标准、尺度、参照物,去确定某种共同文化属性、文化特征、文化标志、文化记忆。

(三) 文化认同的内涵

认同是态度学习的深入阶段,表示承认、赞同、认可的意思。它既是一种社会心理过程,也是过程的结果。认同的实现需要遵循社会心理规律。影响认同的因素是多样的、动态的和复杂的。它和认同对象本身有关,当代中国社会的政治、经济、文化、科技、教育、社会等因素,深刻影响学生自身需求的满足和利益诉求的实现。此外,世代传袭、不断累积的文化传统,如价值观念、风俗禁忌、集体无意识、社会心理等也对学生的认同产生深刻的影响。

文化认同是人类对于文化的倾向性共识与认可,这种共识与认可是人类对自然认知的升华,并形成支配人类行为的思维准则与价值取向。[③] 政治认同和文化认同是国

[①] Anthony D. Smith. National Identity [M]. University of Nevada Press. 1993:52.
[②] [美]琳恩·阿奈特·詹森. 跨文化发展心理学[M]. 段鑫星,等译. 北京:科学出版社,2018:162—166.
[③] 郑晓云. 文化认同论[M]. 北京:中国社会科学院出版社,1992:4.

家认同的两个层面,它们构成了公民对国家忠诚的感情。其中,文化认同是国家认同的起始与结果。

1. 文化认同的内容

文化认同包括两个层面。一是对主流文化的价值观念认同。学生要在理性、自觉的层面实现对价值观念的认同,要借助抽象思维,开展深入学习和思考。只有这样才能在思想意识和心理层面实现对价值观念的认同。二是对主流文化价值观念的外化形式的认同。这主要表现为人们对特定伦理道德规范的遵守;对政治法律制度的尊重;对政策措施的认可与支持;对体制机制的肯定与依赖。最终表现为个体在日常学习生活和社会交往中的各种行为。

2. 文化认同的特征

文化认同是学生传承或习得社会主流价值观和社会准则的过程,是社会濡化的结果,具有社会建构的色彩。学生在学校感知、体悟、学习主流文化的核心价值理念;在社会环境中受到主流文化的约束、陶冶、规训和指导,进而逐步建立起文化认同。

文化认同是理念认知和行为方式的统一。学生的文化认同总是从感性认识开始的,通过感知、辨认和理解,逐渐认识价值理念。随着认识的不断深入,学生在生活和学习实践中不断修正、调整自己对主流文化的认识,并以此来指导自己的实践和日常行为。因此文化认同具有知行合一的特性。

(四) 文化认同的建构

1. 遵循社会发展心理

文化认同是学生对主流文化认可、赞成和同意的精神性过程。其建构和实现过程,是学生思维活动持续不断开展的过程和结果。在这个过程中,学生自身的需求及其需求满足状态,对文化认同的实现有着极为重要的作用。因此学校文化认同教育要关注不同年龄段的学生需求,引导学生开展深入的思维活动。

学生的文化认同实现也遵循社会心理的规律。比如从众效应、汇聚效应、社会情绪传染等。尤其是当今网络社会,信息秒传,我们不可能为学生屏蔽各类非主流文化。因此,在文化认同过程中,学生同样会受到社会心理效应的影响。

2. 理念认知与行为方式相统一

从文化认同形成的认识与实践规律来看,文化认同是理念认知与行为方式的统一。从认识的规律来看,学生总是从文化观念的外化形式及其实践状况的感性认识开始的,如对道德规范、行为范式等的感知、辨认和理解,逐步认识到蕴藏于这些现象背后的价值观。即经历由感性体悟到理性认知这样一个过程。随着认识的不断深入,学生在自己的社会实践活动中开始不断修正和调整自己对文化的认识,并以此指导自己的生活实践和日常行为。

综上,文化自信的培育需遵循从文化认知到文化认同的发展过程,文化认同是文化自信养成的最后发展阶段,文化自信是文化认同达成的标志。这个过程对语文课程而言,就是学生基于语言运用获得语言发展的过程。概而言之,语文课程的文化自信教育应融于学生语言文字的运用之中,该运用包括学生课堂学习和生活实践中的听、说、读、写活动以及文学活动。它们如影随形、相伴相生,在学生语言发展的同时,达成文化自信的目标。

第五节 中华文化教育的教师信念

中华文化是语文课程铸魂育人的源泉,中小学语文教师是文化教育融入学科课程、教材,落地课堂的践行者。因此,教师对中华文化的信念不可或缺。

一、教师信念概述

教师教育中文化素养的培养研究相对滞后,诸如《小学教师专业标准(试行)》《中学教师专业标准(试行)》《中小学幼儿园教师培训课程指导标准(义务教育语文学科教学)》中,文化教育教学内容和能力指标尚未明晰。

(一) 信念

"信念"一词最早由罗克奇(Rokeach)提出:信念是简单的有意识的或下意识的主张,可以通过一个人的言行推断出来,常常表现为一种"我相信……"的表述。[1] 他认

---

[1] Milton Rokeach. Beliefs, Attitudes, and Values [M]. California: Jossy-Bass Inc. Publishers, 1968:1-2.

为态度和价值观是与信念密切相关的概念。态度是"围绕一个物体或情境的相对持久的信念组织",使人倾向于以某种偏爱的方式做出反应;价值观则是一种单一的信念,引导行动与判断,跨越具体的对象和情况,并超越眼前的目标,趋向最终的"目的——存在"的状态。

(二) 教师信念

教师信念即教师在教学情境与教学历程中,对教学工作、教师角色、课程、学生、学习等相关因素所持有的信以为真的观点。① 其范围涵盖教师的教学实践经验与生活经验,构成一个相互关联的系统,从而指引着教师的思考与行为;②支配着教师在课堂上的选择、组织和评价等教学活动。

在基础教育课程教学改革深化行动中,教师不会不假思索、无条件、全盘接受新的教育理念。教师信念是教师"课程意图的过滤器、解释器和转换器",在中小学语文学科文化教育中发挥着课程实施的中介作用。因为由文化现象、文化知识、文化精神和文化价值等组成的感知材料,必须被教师个体确证为"正确的"或者"正当的"才能被其接纳,并转化为自己的文化教学行为。从这个层面看,教师信念在中华文化教育过程中,起着决定性的作用。

二、教师信念的特性

教师信念具有稳定性和层级差别,包含认知因素和情感因素,其形成有六大来源。

(一) 具有稳定性

这是指中华文化已经成为中华民族的基因,植根在中国人内心,潜移默化中国人的思想方式和行为方式。我们既需要唤醒和激活教师日用而不觉的文化,又需要警惕其中不合时代价值需要、被批判和淘汰的部分。教师意识中的、不合现代情理或法理的价值观念的改变,需要其长期努力、审思和批判。

---

① 董琪. 核心素养时代语文学科教育硕士的教师信念研究[D]. 上海:华东师范大学,2022:7.
② Pajares F. Teachers' beliefs and educational research: Cleaning up a Messy Construct [J]. Review of Educational Research, 1992,62(3):307-332.

(二) 具有层级差别

教师信念是有层级差别的。福尔曼(Fuhrmann)、汉森(Hansson)、涅别尔(Nebel)等人提出了"信念集合的基础""知识的基础"等概念。与价值相关的信念偏向内核,与物质相关的信念趋于外层。当信念层级从内核走向外层时,会降低规范性的解释力度。可见,信念状态的改变受到经验描述的影响,信念修正理论研究有从规范性走向描述性的层级区分。这意味着,愈是处于核心位置的教师信念,愈具有意志促动性,也愈难改变。

对于诸如中国传统文化中笔墨纸砚、亭台楼阁类物质文化,主要隶属于客观的自然的逻辑空间,价值无涉、客观统一、易于接纳。在中华文化教育中,以确定性信息的获取为主,教师教学的过程只需授业解惑即可。对于民惟邦本、修身齐家治国平天下、天人合一等为内核的规范文化和精神文化,内隐性价值需要教师结合时代意义加以形象阐释,需要辩护和说服。对于后者,教师需要先自觉自主接受,才可能有的放矢地传播。而且一旦形成,会将零散的文化信息或知识结构化、系统化,甚至超越具体的知识点,形成教师看世界的棱镜。

(三) 包含认知因素和情感因素

教师信念包含认知因素和情感因素。戈尔丁(Goldin)指出,当涉及文化和社会背景时,情感对认知能力会产生抑制或增强的作用,从而影响对信息的编码和表征。这种个体的感受性并不排斥理性的逻辑,情感对知识的选择和意义赋予。若仅从量的角度给教师提供各种文化知识,没有教师个体的感受性经验来保障,那么教师所汲取的文化知识就成为一种外在的、没有被赋值的物资,能否被教师带走,能带多远,值得怀疑。

一方面,不能只从传递的角度、把中华文化仅仅理解成传统的知识和技能,而应关注中华文化的价值。文化记忆这种凝聚性力量尤其能激发教师对于中华文化的认同感和归属感,甚至促使教师肩负起赓续文化血脉的职责。另一方面,教师可能对传统文化有着个人的审美偏向、情趣品位和价值评判,这可能会出现限制或不利于教师对文化的内容选择、意义阐释和实践运用的情形。所以,在接触文化时,教师有必要审视自己是否带有偏见、误解,抑或观点是否过时落后。

(四) 六大来源

教师信念的形成主要有六个来源(见图 2-23):正规教育、规范的知识体系、观察

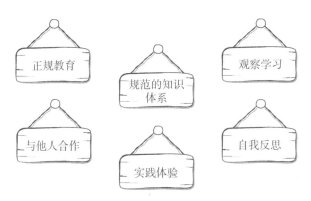

图 2‐23 教师信念的六大来源

学习、与他人合作、实践体验和自我反思。①

1. 正规教育

教师在高校求学期间,或在职培训中接受的、有组织的、结构化的课程学习是教师信念的来源。比如师范大学开设的中华文化选修课程、地方教育部门组织的优秀传统文化的培训课程。

2. 规范的知识体系

教师接触到的各种中华文化知识载体,是教师有关文化信念的来源。如四书五经、二十四史类书籍;钱穆、章太炎、辜鸿铭等学者的著作;互联网上专家讲坛传播的信息等。正规教育和规范的知识体系是高度可信的信息来源的两个渠道,直接影响着教师信念的形成。

3. 观察学习

教师观摩他人开发和有效运用教学资源,以及课堂实施的过程,是教师信念的来源之一。如学校骨干教师开发的优秀传统文化校本课程或网络上的名师共享课。如果教师能将语文学科文化教学公开课上的观察习得,转换成表象或以概念的形式存储于自己的记忆之中,将有助于提升教师对中华文化资源的敏感性和捕捉力。

---

① Michelle M. Buehl, Helenrose Fives. Exploring Teachers' Beliefs About Teaching Knowledge: Where Does It Come From? Does It Change? [J]. The Journal of Experimental Education, 2009,77(4):367‐408.

4. 与他人合作

教师通过分享、协作、研讨等途径进行意义解读、资源开发、课例分析等,如同年级备课组、同校教师团队或者同区域教研团队关于中华文化的共建行为,是教师文化信念的来源之一。

5. 实践体验

教师的语文教学行为选择是基于他们之前的经历,这些亲历的实践体验包括从新手到步入工作岗位之间多年的教育积淀。他们的某些教学行为被证实是成功的,其他的则没有明显的效果,还有一些行为产生了不良的后果。基于上述信息的反馈,选择自身成功的行为,摒弃无效的行为。这也是教师信念的来源之一。一旦教师在课堂上取得成功,在教学中发现学生对中华文化有了深厚的兴趣,就会自发地、更积极地探索文化教学路径和策略。教师文化育人的信念会因收到积极反馈而愈发坚定。

6. 自我反思

教师个体的自我主导能力是教师文化信念的来源之一。比尔(Buehl)和法孚(Fives)提出,自我反思重在四个方面:过程的完整性;综合信息和经验的能力;审视自己缺点的意愿与能力;直觉或意志力等先天因素。[①] 所以,在文化育人过程中,因自我反思的能力和意愿强度不同带来的信念差异,会表现出一蹶不振、凑合应付、愈挫愈勇等各种不同类型的教学行为。

三、教师信念的影响因素

帕贾雷斯(Pajares)认为,教师信念不能直接观察或测量,必须从他们说什么、想要什么和做什么来推断……必须通过关注教师与情境相关的信念及其与其他信念和行为之间的相互联系,来整合和验证。[②] 所谓的情境是指教师关于教与学的知识受到语境因素的影响。关注情境对理解教师信念是至关重要的,因为教师的信念和行动不能

---

① Michelle M. Buehl, Helenrose Fives. Exploring Teachers' Beliefs About Teaching Knowledge: Where Does It Come From? Does It Change? [J]. The Journal of Experimental Education, 2009,77(4):367-408.

② Pajares F. Teachers' Beliefs and Educational Research: Cleaning up a Messy Construct [J]. Review of Educational Research, 1992,62(3),307-332.

脱离他们所处的情境,包括更大的社会、政治和经济环境以及直接的学校环境。"教师能否按照自己的信念来进行课程决策,要看教师信念与实践情境之间的内部张力,不同的张力决定了教师如何在信念与实践情境之间做出选择。内部张力受到情境中其他因素的限制。"①具体而言,教师信念的改变会受文化与传统、社会背景、个人经历因素的影响。

(一) 文化与传统

布鲁纳(Bruner)指出,文化塑造了思想。教师持有的传统观念反映了根深蒂固的文化价值观。如在东亚国家,教师被认为是知识的权威,值得高度尊重;优秀教师应该知识渊博,能有效地传授知识。在当下的中国,这种关于教师传播角色的经典陈述,仍然广为流传并让大家信以为真。

罗克奇(Rokeach)认为价值观是与信念密切相关的概念。价值观是一种单一的信念,引导行动与判断,跨越具体的对象和情况,并超越眼前的目标,趋向最终的目的。信仰作为最核心的价值观,更多指向超越现实的理想追求,主要受外在影响的引导;而信念则指向当下所持有的倾向,是个体在教育和生活经历中形成的。贝尔本(Belbase)建构了有关信念、知识、知觉、价值的交叉关系图(见图2-24)。当个体接收到新的知识,其原有的经验和信念会基于个体的价值观发生顺应或者同化。

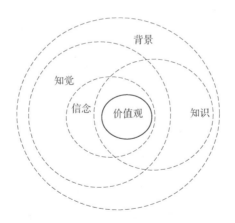

图 2-24 信念、知识、知觉、价值的交叉关系图②

---

① 李岩.普通高中信息技术教师信念研究[D].长春:东北师范大学,2012:36.
② 董琪.核心素养时代语文学科教育硕士的教师信念研究[D].上海:华东师范大学,2022:31.

(二) 社会背景

努南(Nunan)等研究发现,教育体制和资源等社会背景影响教师信念。本轮课程改革伊始,当西方提倡的小组合作学习这种新的教学组织形式刚进入上海等沿海发达城市的学校时,往往面临教师的冷眼旁观,认为小组合作学习不适应中国 50 多人的大班额教学,课堂上的小组讨论嘈杂不堪,不如自己一人讲授来得高效。而 1997 年上海开始实施 30 人以下的"小班化教育",教师看到学生全员参与、互助合作,在学习语文知识的同时,提升了人际交往能力,对该教学策略有了全新的认识和很高的接纳度。

(三) 个人经历

教师的个人经历塑造了教师信念。个人经历包括教育背景,如职前的学校教育、在职培训、非正式的家庭生活和日常生活经历。所有这些都强化了教师的个人价值观。教师可能有"以学习者为中心"的信念,但如果班级规模、升学制度、教科书、校长等不支持,就难以实践信念。教师可能有"以学习者为中心"的信念,但如果缺失专业自主权、专业基础知识或技能,也会影响教学实践。此外,教师个人背景如年龄、性别、教龄等也是重要的影响因素,如经验丰富的教师拥有高度杂糅的教学信念——这些信念按照学术理论来划分,属于截然不同的理论流派。"实践本身可以促成信念的变化:一旦教师在课堂上取得成功,并发现学生学得更好或更喜欢学习,这也可能有助于她的信念改变。"[①]

教师置身的社会文化与传统,任职学校地区的教育体制、教育资源等社会背景,学习和工作的个人经历是影响教师信念的三大因素。

四、教师信念的结构模型

在生态学看来,教育是人类伴随着生产力和劳动工具发展过程中的产物,所以既隶属于大的生物圈——社会生态系统,同时又兼具内部的精神生态圈,学校生态系统、课堂生态系统,且从价值观、认识论到外在行为层层互通。见图 2-25。

---

① Brinkmann S. Learner-centred Education Reforms in India: The Missing Piece of Teachers' Beliefs [J]. Policy Futures in Education, 2015,13(3):342-359.

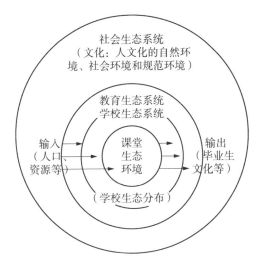

图 2-25 教育生态系统

(一) 教育生态系统的层级结构

教育生态系统可粗分为宏观教育生态系统与微观教育生态系统；可细分为教育的个体生态、教育的群体生态和教育的生态系统。后者包括三种生态体系，一是以教育为中心，结合外部的自然环境、社会环境和规范环境组成单个的或复合的教育生态系统；二是以某个学校、某一教育层次或类型为中轴所构成的教育系统，它反映了教育体系内部的群体关系；三是以人的个体发展为主线，研究外部环境，包括教育在内的自然、社会和精神的因素组成的系统，还要研究个人的生理和心理。总体而言，教育的客观环境往往是自然因素和社会因素相互渗透交织，物质因素与精神因素相互融通的复合生态环境。

(二) 教师信念系统结构

以教育生态系统作为宏观理论框架与层次划分的依据，教师信念系统像其他任何教育生态系统一样，受不同生态系统之间物质流、能量流、知识流、信息流的影响。多种教育生态环境相互交叉，组成多维复合的生态环境，其中包含着各种生态因素，分别满足教师物质的(如经济资源的获取)、社会的(如被他人尊重和认可)和精神的(如自我能力和价值的确认等)生活需要，协同进化，使教师信念的内部和外部、个体价值取向和社会主流价值之间保持平衡。

教师信念系统结构由三个部分组成：研究视域、结构要素、形成和影响因素，见图

2-26。该模型有助于我们理解教师信念与教师践行融入语文学科的中华文化教学行为的内在有机联系,以及形塑教师信念的基本途径。

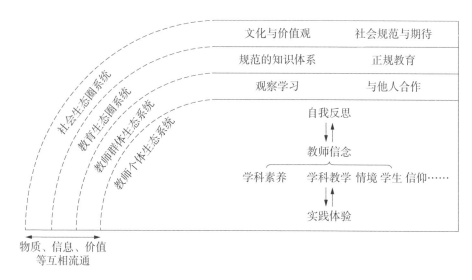

图 2-26 教师信念的结构模型及理论依据示意图①

1. 研究视域

遵循人类发展生态学及教育生态学相关理论,将教师信念作为一种精神生态,调节着教师个体的内部生态和外部环境之间的平衡。教师个体与教师群体以及整个社会进行互动和交互时,每一个生态系统都在不断进行能量流、物质流、信息流(主要包括知识、价值)的流动、调节、平衡,导致教师信念时刻处于新旧更替的过程中。语文教师信念既由内心出发向外发挥主观能动性,层层推动;同时又兼具内部的精神生态圈,层层嵌套,彼此流通,趋向平衡。但是,需要注意的是,不同层级之间物质流、信息流等的流动,也会发生偏差、消解和变异。比如,作为一种前沿的理论,教师的接纳过程是新旧信念交锋后趋于一个相对稳定的状态,不是作为一张白纸被动接受他人的形塑。即可能存在教师所持有的、语文学科核心素养信念和其实际在语文课堂践行的读写教学信念并不一致。当语文教师所持有的各层级的信念趋于一致时,将产生整体大于部

---

① 改编自董琪. 核心素养时代语文学科教育硕士的教师信念研究[D]. 上海:华东师范大学,2022:86.

分之和的效果。

2. 结构要素

教师信念是教师在教学情境与教学历程中,对教学工作、教师角色、课程、学生、学习等因素所持有的信以为真的观点。该系统要素包括教师的学科素养信念、学科教学信念、教育情境信念、自我信念、学生信念、信仰等。

3. 形成和影响因素

正规教育、规范的知识体系、与他人合作、观察学习、自我反思和实践体验是教师信念的主要来源。基于生态学视角,六大来源和影响因素属于不同的生态圈。比如,"观察学习"和"与他人合作"这两个影响因素隶属于"教师群体生态系统",也即受"教师共同体"建设的影响。教师规范的知识体系,所受的正规教育隶属于"教育生态圈系统"。教师的文化与价值观、社会规范与期待属于"社会生态圈系统"。

五、教师信念的形成阶段

教师信念的形成可分为四个发展阶段:无意识阶段、信息阶段、感受性加工阶段和建构阶段。

(一) 无意识阶段

这是新课程理念推行前的常态,也是课程理念推行的起点。文化的公共性知识和亲历性知识普遍存在于各种感知材料中,如教科书、课程标准、行动方案等。但是教师因缺乏文化教学视域,熟视无睹,没有发现教科书中这些材料的文化教学价值。

(二) 信息阶段

进入信息阶段后,教师关注、意识到这些感知材料。如公共性知识主要来自于正规教育和规范的课程知识体系。以国家或地方行政结构审查过的教科书、教学辅助用书、校本课程等为载体,以教师培训等正规的传播方式加以推广。这类知识直接进入教师信念体系之中。

(三) 感受性加工阶段

感知材料中的亲历性知识,包括具有程序性的语文教学实践知识和具有倾向性的文化价值观。只有经过感受性加工,经过"经验法庭的审判",确证其正当性,才能进入教师的信念体系之中。这里所谓的"经验法庭的审判"就是指教学实践知识和文化价值观需要经过验证、观摩和反思三种感受性机制中的一种机制,并符合"有效"和"可行"的判断标准,方能进入教师的信念体系中。

(四) 建构阶段

在建构阶段,教师考察文化的实践性知识和价值观,若认为其有合理性、正当性并可行,则被纳入既有的教师信念系统之中。反之,若与既有的教师信念系统相悖,但能观摩或亲历其因果发生过程从而确认其合乎理性,则归置为新的知识点,并暂且被搁置。这个新的知识点将会在新的知识纳入过程中,被新一轮的感受性处理机制再次加工。如若与既有信念体系相悖,并且没有切实、有说服力的证据,此类信息会被拒斥。

综合以上教师信念形成的四个阶段可见,"感受性加工阶段"是关键阶段:既是教师对中华文化教育价值和意义的确认阶段,也是教师个人对国家融入语文课程的文化教学政策理念的接受与采纳的具体过程。这个阶段关系到教师能否认同中华文化,并将其融入语文学科的教学活动中。

六、教师信念的培育路径

在文化全球化的浪潮中,中华文化面临着西方强势文化的挑战。教师肩负着铸魂育人的使命,为了强化中华文化铸魂育人功能,需从教师信念的对象——"感知材料"出发,开发和利用中华文化教学的可信资源,呵护教师的执行意愿。

(一) 开发和利用可信资源

1. 可信资源的现状

开发和利用中华文化教学的可信资源,是指教师能够拥有系统的中华文化知识储备。教师教育作为一种正规教育,其规范性的知识体系对教师而言具有令人信服的权威性。现代教师教育主要以显性知识传授为主,而中华文化蕴含了大量个体修养的价值观和缄默知识,是"器—技—象—道"的融合。充实教师教育中的中华文化课程体系,不仅要求在现有的课程体系中发展教师的文化知识和技能,还需补充内容以培育文化精神,涵养文化品性。

目前,职前教师教育课程设置较为相似,主要包括学位基础课程、专业必修与选修课程和实践教学。其中,专业课程主要围绕课程、教材、教学、测量与评价等展开。师范类高校的师范类本科生和学科教育硕士培养方案中,语文教师会设置经史子集类精神文化的选修课程,但如何在语文学科中融入中华文化教育的课程是欠缺的,其系统性有待完善。在各高校公布的培养计划、课程方案中,在师范生毕业须达标的能力指标中,虽有未来教师要"树立文化自信"之类的表述,但是具体细则未见。

2. 可信资源的开发路径

发展文史哲等学科和中华文化知识之间的互补关系,关照职前、在职教师和中小学生当下的文化环境,可以通过以下路径将中华文化融入教师教育和在职培训课程中。

● 加强中华文化素养的要素、内容和层级结构等研究,确立文化学的研究范式和行为逻辑,建立相关文化知识与实践课程。

● 在现有的课程中开发中华文化教育资源,如兼顾文学文本和文化文本的双重考量,利用现有的、语文教科书中的文学文本开展文化教育,即"那些在表达民族成员的生活规则、理想信念的同时也为民族共同体建立了形成性价值和规范性价值,为民族成员厘清'我们是谁'和'我们应该做什么'的文本"。①

● 增设文化实践课程,分析中华文化在现实社会中的境遇,审思其精神的内核与外在现象,发展语文教师对教科书文本、当地场馆资源、表演艺术、社会风俗、手艺技能等文化资源的开发和应用能力,激发教师融于语文学科的中华文化教育的执行力。

(二) 呵护教师的执行意愿

教师中华文化教学的执行意愿就是教师中华文化信念的感受性机制。无论是职前的师范教育还是职后的教师培训,教师教育注入的文化意识、培养的文化性情、寄予的文化承诺离不开教师已有的信念和生活经验。只有教师对中华文化教育信念发生改变,教师才会有真正的行为改变,才会持久地在课堂上融入中华文化教育教学。

呵护教师的执行意愿,要从验证、观摩、反思三种感受性机制入手,帮助教师确证中华文化"有用""可行",从而发展教师对中华文化育人价值的"执行意愿"。

1. 验证

验证指的是教师切身体悟其文化实践的效果,包括教师自身成长中所经历的文化实践在后续开展的、以文化为主题的职业培训中得到证实。在教师教育中,常采用"以身体之,以心验之"的体验式教学,让教师切身会到文化意义的感召力,则有助于教师

---

① 翟志峰,董蓓菲. 文化记忆视角下语文教科书融入中华优秀传统文化的路径[J]. 中国教育学刊,2021(4):80—84.

认可此类文化实践或价值,并在语文教学中予以凸显。例如在教《湖心亭看雪》时,王老师随手在黑板上用简笔画勾勒"与云与山与水,上下一白。湖上影子,惟长堤一痕、湖心亭一点、与余舟一芥,舟中人两三粒而已"的画面,引领学生感受张岱写景散文的意境美和情理美;围绕清明、重阳、冬至等人文意蕴深厚的传统节日与节气,开展传统文化主题工作坊;借助器物、仪式、语言符号等载体,让学生感受中国人独特的生活方式及背后不变的尊亲敬老、兄友弟恭等情义。出色的教学效果提升了王老师文化教学的自信心。

2. 观摩

观摩指的是教师通过观摩名师文化教学的典型课例,因其课堂上产生的效果而认同文化育人。比如针对《核舟记》《安塞腰鼓》《苏州园林》等以物质文化为重要内容的篇目,可以观摩王崧舟、余映潮和王君等老师的解读视角和课堂教学影像资料。借助教学观摩带来的感官体验和冲击,激发教师对文化育人的认同。

班杜拉(Bandura)提出,观摩学习可以分为四个阶段:注意过程、保持过程、生成过程、动机过程。

- 注意过程——教师调动感觉通道、知觉活动关注示范教学。观察名师是如何选择文化资源,如何与语文篇目内容相结合的等细节。
- 保持过程——教师经过一定时间的持续关注,会逐步形成完整的课堂架构。
- 生成过程——教师在持续的观摩过程中,确认该示范教学会生成行为效果。
- 动机过程——教师在观摩过程中理解并认同了中华文化教学价值及其教学方式,就会自我驱动在自己的课堂上进行尝试。

3. 反思

反思指的是教师对文化本体、资源开发及其文化教学的反思。教师审视自己对中华文化和价值的认知,审视教学行为和教学效果之间的因果关系。可靠的文化教育信念是基于知觉、推理、比较等过程来建构的,通过内部释义和互证这两种反思行为展开。

"释义"主要从描述性、批判性两个角度入手进行反思。描述性反思是教师思考自己对文化知识的了解;批判性反思则是思考传统文化中精华和糟粕的取舍,以及与学科核心素养的要求、育人的需求、社会的传承机制之间是否契合。描述性反思具体包括"是什么""为什么""怎么样"的问题思考与回答;批判性反思具体包括"应该是什么""为什么应该""应该怎么样"的问题思考与回答。对中华文化教学反思则是教师对文化教学的行为目标和行为效果及其中介效应的反思,具体包括"做了什么""为什么"

"怎么样"的问题思考与回答,具体见表2-4。若这九种认知性反思的问题结果之间的关系能互相佐证,若教师关于中华文化的描述性反思、批判性反思与文化教学的反思能互相佐证,那么就可促进教师关于文化教育意义的确认。

表2-4 教师中华文化教学反思框架

类型		问题	举 例
文化	描述性	是什么	有怎样的基本内涵、特征、现象?
		为什么	有何凝聚性?
		怎么样	有哪些相应的行为或风俗习惯?
	批判性	应该是什么	是否符合核心素养要求?是否契合时代价值?与其他文化相比如何?
		为什么应该	是否有利于学生的全面发展?是否符合个体的社会性需求?
		应该怎么样	是否符合文化教学的行为逻辑?
文化教学		做了什么	选取了什么文化内容,采取什么教学策略?如何与学科教学内容契合?能否跨学科整合?
		为什么	文化教学内容目标的依据为何,文化教学的依据为何?
		怎么样	学生的文化认知、文化情感和文化实践表现如何?

【专栏2-2】

私塾

故乡在解放前没有小学,世世代代多少年,孩子要读书就进本村私塾。我是9岁那年春天开蒙的。一天早饭后,我父亲拎着礼盒带我走进设在本族祠堂的私塾。在孔圣人的牌位前点燃香烛,要我先给孔圣人磕头,再给教书先生磕头。这样三跪九叩之后,坐在自家预备的桌凳前,这一生的读书生涯就开始了。

读私塾并无统一课本,全凭家长自选。先读的大凡是三字经、百家姓、千字文、杂字、尺牍之类。我父亲还赶时髦,给我选购的是当时新编的语文,开头几句是:"大羊跑,小羊跑,跑跑跑,跑上桥,黑狗跑来咬……"

那时私塾里的孩子从刚开始启蒙的到已经读了八九年的，无论大小、男女，全在一个课堂，只是所读书本不同而已。课堂上也无讲台、黑板之类，而是由学生逐个到先生桌前听教。先生根据各个学生接受能力、学习进程、教授长短、深浅不同的文字。先识别、再背诵。学生将先生所教的文字，认真朗读，自觉能熟背了，便到先生跟前递上书，自己背对先生，把所教的文章背出来。接下去，先生再教一段，让学生继续识字、背诵。对背不出的学生，先生会责罚，比如用板子（长40—50厘米，宽4—5厘米，厚约2厘米，经精心油漆）打手心，是较重的责罚。少则1—2下，多则5—6下。被打者有时会跳脚求饶，或又哭又叫。也有被打油了的，常挨打也无所谓。如此这般一本书读完，就由浅而深再换一本。

由于天资有别，勤惰不一，同时开蒙的学生，进步快慢也有差异。有些后入学的可以超过先入学的。在私塾读了4—5年的学生，便要读古文，像《论语》《孟子》《幼学琼林》《古文观止》《诗经》《史记》等。先生逐个向学生读、讲一段一章的内容，学生回到座位上反复诵读领会。第二天到先生面前去复讲，如有错误，先生指正。之后若是再错，可能受到责罚。

由于不用统一课本，不分科，也无所谓升留级。先生对学习差的学生虽有责罚，但也不过分强逼。读私塾无毕业与否的概念，只讲读了哪些书。在取消科举制度后，私塾里读书的孩子，到了17—18岁，要么随大人外出做工、经商，要么在家务农，别无他途。前人所说的"十年寒窗"即从7—8岁开蒙到17—18岁的实情。

私塾先生以私塾为家，除了春节前后和农忙期间难得回家。当先生偶尔外出或回家时，学堂里往往会"造反"，发生许多趣事，如捉迷藏、搭台唱戏（乱呼乱叫）等，甚至打架斗殴。当先生一出现，在门口望风的小伙伴迅速报信，大家便如老鼠见到猫，鸦雀无声，或装模作样地哼读课文。

在私塾读书也很苦，早上天刚蒙蒙亮，便要到学堂早读，琅琅读书声在百米之外就能听到。除了早餐、午饭各约一小时，其余时间都在认字、读书、讲书、写字。下午约有半小时可回家吃"晚茶"，之后仍旧是读书、背书，直到天色昏暗，快要看不清书本了才放学回家。在解放前后，我读了四年私塾。

> 1950年,村上办起了小学,私塾停办了。
>
> 　　私塾的特点是:学生年龄、程度参差不齐;学习内容、学习进度因人而异;学习年限、所学书籍也没有统一规定。采用个别教学的形式,教学效率很低。其优点是教师可以充分照顾学生的个别差异,因材施教。
>
> (改编自基口淮.私塾之忆[N].新华每日电讯,2010-10-08.)

(三) 培育教师的文化教学能力

当教师掌握并拥有系统的文化知识储备,有了主宰行为和动机的关键因素——文化信念,还需具有传承、传播中华文化的能力。即能够将文化育人的愿景在语文教学中现实化。所以,为了赓续中华文化基因,在职前、职后教育中培养教师文化教学能力是不可缺少的。

教师实施文化教学,需掌握系统的文化知识;具备观察、评估、关联文化等技能;发展尊重、探索、包容的文化态度;拥有理解文化差异并认同中华文化的意识;文化教学行为须有效、合乎情境、合乎规范。

文化育人理念最后落实于课堂,是教师高度个人化的行为。作为信息源的教师中华文化素养及其文化教学知识,作为感受性加工的教师信念,以及文化教学能力,三者是相互影响的动态关系,决定了教师最终是否真的愿意并且有能力做到以文化人。

第三章

语文课程的文化属性

物质文化由于积累性的发展而变化快,非物质文化的变化则相对缓慢。这就造成了后者在建立适应技术理念的制度时,相对滞后。这在美国社会学家奥格本(Ogburn)的文化失调论中被称为"文化堕距"。在急剧转型的当代中国社会,我们就面临这样的一种文化堕距。

第一节 课程文化研究演进

从20世纪70年代至今,国际课程文化研究大体经历了这样的研究过程:关注阶级、种族关系与课程改革的关系——关注学校文化对课程改革质量和效率的影响——关注多元文化对课程改革的影响。

一、我国课程文化研究

我国学者开展课程文化研究是近20年的事情。

顾明远从宏观上提出了要"正确对待教育现代化与中国传统文化的关系"[①]和"正确对待外国的教育思想和经验"[②]。

靳玉乐和陈妙娥从文化哲学的角度分析了课程建设的文化基础,提出在新课程改革的历史条件下应致力于"营建一种合作、对话与探究的课程文化,实现课程文化模式的转型"[③]。

裴娣娜肯定了课程文化研究的积极意义,认为"学校课程文化是指按照一定社会对下一代获得社会生存能力的要求,对人类文化的选择、整理和提炼而形成的一种课程观念和课程活动形态"。她认为对课程的文化学研究既能拓展课程理论研究的视野,又能引导我国基础教育课程开发与建设。她主张在我国多元一体的文化背

[①] 顾明远. 民族文化传统与教育现代化[M]. 北京:北京师范大学出版社,2004:20.
[②] 顾明远. 中国教育的文化基础[M]. 太原:山西教育出版社,2004:310.
[③] 靳玉乐,陈妙娥. 新课程改革的文化哲学探讨[J]. 教育研究,2003(3):67—71.

景下进行基础教育课程改革,要积极倡导科学与人文相结合的课程理念和课程新文化。①

钟启泉发表了《"学校知识"与课程标准》《研究性学习:"课程文化"的革命》等论文,倡导适应我国基础教育课程改革的需要,建设新的课程文化。他认为,学校知识是从具有一定历史背景的文化体系中,根据某种价值判断做出选择并赋予教育价值的,"课程可以界定为教育价值的组织",包括价值观、态度、技能、知识等在内的教育价值在社会中占有一定的地位,维持着一定的社会关系。在"应试教育"背景下,学校知识被商品化,学生"掌握知识的过程始终处于与他人为敌的竞争之中"。素质教育区别于"应试教育"的一个标尺就是关注"方法论知识"和"价值性知识"。② 素质教育改革必须转变学生的学习方式,因此他努力倡导一场以研究性学习实施为主题的课程文化革命。③

郑金洲在《教育文化学》中明确提出了课程文化的概念,认为课程文化有两个方面的含义:一是课程体现一定社会群体的文化;二是课程本身的文化特征。它揭示了课程作为一种文化载体和文化形式的两个方面的文化特质。这是课程文化研究的一种突破,指出了课程作为文化本体的意义。但他认为狭义的课程文化主要指教材文化,并只对教材进行了文化分析,未涉及课程文化本体和课程亚文化。在归纳了国内外教材文化研究的基础上,他认为课程是主流文化的体现者,通过教材的编制、出版、发行、审查和教师对教材内容的选择,"课程的主流文化特征就从根本上得到了保证"。④ 以主流文化为中心的课程受到了批评,因为它有伤非主流文化族群学生的自尊,不利于他们从其他族群文化中获益,也因为它造成了主流族群学生的优越感,加深了各民族和文化之间的误解。

另外,还有一些学者从不同角度相继开展了课程文化的研究。如范兆雄研究了课程文化发展的标准问题;⑤郑家福对新中国基础教育课程改革进行了文化

---

① 裴娣娜.多元文化与基础教育课程文化建设的几点思考[J].教育发展研究,2002(4):5—8.
② 钟启泉."学校知识"与课程标准[J].教育研究,2000(11):50—54,68.
③ 钟启泉.研究性学习:"课程文化"的革命[J].教育研究,2003(5):71—76.
④ 郑金洲.教育文化学[M].北京:人民教育出版社,2000:288—314.
⑤ 范兆雄.课程文化发展研究[M].广州:广东高等教育出版社,2005:42—58.

检讨。①

郝德永曾把课程与文化作为他的博士后研究课题,主要研究课程与文化的关系,而且从后现代的视角来观照课程与文化的互动。他认为,现代课程作为传承文化的工具品性致使"课程发展呈现出了清一色的文化驱控与锁定机制"。② 这种以传承文化为旨归的现代课程应该被彻底批判。他们运用后现代主义的理论和思维逻辑,将现代课程称为"茧式文化"和"单向度课程",其附庸于社会文化的品性使课程改革的实践陷入不断失败的恶性循环之中。这种状况不能再继续下去了,"课程面临着一场深刻的文化革命,那种旨在一劳永逸地传授某种文化的教育,那种完全受现实文化驱控与锁定的毫无批判与创新性的课程必将被超越"。③ 按照后现代理论否定真理性、普遍性等观点,他预言随着时代的变化,"昔日那种价值无涉的认同性课程无论是从逻辑上还是从现实性上都已不具备充分的合理依据"。在他看来,后现代课程必将彻底摒弃现代性的工具意识与机制,以一种崭新的文化主体形态,"融入未来的文化发展与建设中"。④

胡定荣从价值文化、制度文化和行为文化三个方面对课程文化进行了比较深入的研究,提出了现实社会历史文化对国家课程改革、课程决策的影响,指出了文化对课程改革影响的特点、原因、途径和条件,课程改革应如何进行文化的变革等。⑤

黄忠敬针对课程文化具有"两个方面涵义"的现象,进行了更为深入的分析,这种分析框架也体现在他的著作《知识·权力·控制:基础教育课程文化研究》中。该研究以基础教育课程文化作为对象,围绕知识、权力与控制这条主线研究了课程文化本体的特征、课程与文化的关系和基础教育实践中课程文化的具体表现问题。他认为,从本体论上看意识形态控制、课程管理的权力结构、课程内容的学科地位等反映了社会的权力结构,是价值负载的,"有必要对课程进行批判与反思";从关系论上来看,课程体现着主流文化,存在着阶级阶层偏见、种族民族偏见和性别偏见,课程建设应该克服

---

① 郑家福.新中国基础教育课程改革的文化检讨[M].重庆:重庆出版社,2004:102—160.
② 郝德永.课程与文化:一个后现代的检视[M].北京:教育科学出版社,2002:6.
③ 郝德永.课程与文化:一个后现代的检视[M].北京:教育科学出版社,2002:10.
④ 郝德永.课程与文化:一个后现代的检视[M].北京:教育科学出版社,2002:6.
⑤ 胡定荣.课程改革的文化研究[M].北京:教育科学出版社,2005:34.

这些偏见,"走向多元的课程文化"。①

吴永军从课程文化选择入手,主张在一个社会中,课程"既要考虑共同文化,又要考虑亚文化",要坚持"双元文化观念"。②

黄甫全从文化哲学的视角切入,揭示:"特定的伦理意识结构是每一时代和民族赖以做出具体的课程价值判断的基础",他认为现代课程文化中的伦理意识应包括"热爱学习,崇尚学习生命和形成学习自律"。③

综上所述,我国课程文化研究大体经历了如下发展过程:关注传统文化与课程现代化发展——关注市场经济带来的文化变革与课程改革的关系——关注市场经济体制初步确立带来的文化分化和经济全球化带来的多元化对课程改革的影响。④

二、语文课程文化研究现状

我国语文课程文化研究起步晚,积淀薄。已有探索还无法满足中国学生发展核心素养、文化理解与传承、文化自信素养培育的社会需求。

(一) 研究内容

我们若以"语文 and 文化""语文 and 价值取向""语文 and 价值观"为主题词,在中国期刊全文数据库(CNKI)中检索 1988—2016 年期间在《教育研究》《课程·教材·教法》《全球教育展望》《语文建设》《语文学习》五本刊物(以下简称"五刊")上发表的文章,能搜索到论文 923 篇。运用内容分析法,筛选出针对小学到高中语文教育的论文共 172 篇。平均每本刊物每一年发文不到 2 篇。然后以论文作为分析单位,根据语文课程性质与目标文化、语文教材文化、语文教学文化、语文课程评价文化和海外语文课程文化这五个研究主题对论文进行分类(涉及多主题论文,则依据其核心议题归入其中一类)。例如将《从我国三种小学语文课本看儿童性别角色的社会化——兼与美国一种阅读课本的比较》归入"语文教材文化"主题下,而不归入"海外语文课程文化"主

---

① 黄忠敬.知识·权力·控制:基础教育课程文化研究[M].上海:复旦大学出版社,2003:40.
② 吴永军.课程社会学[M].南京:南京师范大学出版社,1999:133.
③ 黄甫全.当代教学环境的实质与类型新探:文化哲学的分析[J].西北师大学报(社会科学版),2002(5):31—36.
④ 王德如.课程文化自觉论[M].北京:人民出版社,2007:31—32.

题,以保证五个主题在统计上相互排斥(见表3-1)。

表3-1 1988—2016年"五刊"语文课程文化研究主题发文统计

研究主题	研究内容	篇数	百分比(%)
语文课程性质与目标文化	1.课程性质:工具性、思想性和人文性三个角度;2.课程目标:传统文化和多样文化两方面	30	17.44
语文教材文化	1.内涵;2.研究路径;3.内容构成;4.呈现方式	59	34.30
语文教学文化	1.教学环境;2.师生关系;3.教学过程;4.教学目标、教学原则、教学策略和教学资源	63	36.63
语文课程评价文化	1.语文高考试题;2.语文教科书练习题	12	6.98
海外语文课程文化	1.欧洲语文课程;2.美国语文课程;3.亚洲语文课程	8	4.65
合计		172	100.00

数据显示(见图3-1):语文教学文化(63篇,占36.63%)主题篇数最多,其次为语文教材文化(59篇,占34.30%),海外语文课程文化研究最稀缺(8篇,占4.65%)。但是有关教学文化的论文绝大部分都偏离"文化",只是从教学论视域泛泛而谈。

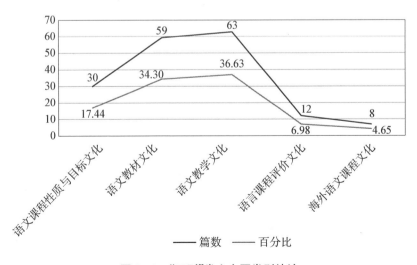

图3-1 "五刊"发文主题类别统计

(二) 研究方法

以 59 篇语文教材文化研究为例,从研究方法看,其中有 51 篇主要运用思辨研究,即理论思辨、历史研究、经验总结等方法,剖析理论、解读历史、阐述观点,另外只有 8 篇运用实证研究的方法(见表 3-2),可见运用实证研究方法的占比较低。

表 3-2 语文教材文化研究方法统计表

研究方法	篇数	百分比(%)
实证研究	8	13.56
思辨研究	51	86.44

(三) 研究归因

物质文化由于积累性的发展而变化快,非物质文化的变化则相对缓慢。这就造成了后者在建立适应技术理念的制度时,相对滞后。这在美国社会学家奥格本的文化失调论中被称为"文化堕距"。在急剧转型的当代中国社会,我们就面临这样的一种文化堕距。由于文化学、社会学研究相较于其他传统学科,还是准学科、新兴学科。在中国,文化研究更是处于投石问路的探索阶段。[①] 语文课程虽有 110 多年的历史,但现代语文课程理论研究积淀不厚。两门学科自身的理论建构尚待完善,其交界处的语文课程文化研究恰似雾里看花、尤为艰难。

由于学界对"语文课程文化"的定义未有共识,且拘于课程论视域研究课程文化,限于语文课程论讨论课程标准、教材、教学和评价文化。这类研究往往管中窥豹、裹足于语文课程与文化的关系,无法深究。上述主、客观因素造成了现有研究成果呈散点式、浅层状,无法应对社会转型期语文课程文化自觉和创新的理论与实践需求。这也是社会各界质疑语文课程、学生难爱语文的症结所在。

一个概念或定义的产生和发展,一方面取决于所反映的现象的存在,另一方面取决于对概念或定义的认识、把握。社会转型期,"语文课程文化"现象已然凸显,那么语文课程文化研究就显得极为重要。已有成果尚需充实文化学、社会学、心理学、教育和

---

① 陆扬,王毅. 文化研究导论(第 2 版)[M]. 上海:复旦大学出版社,2015:19.

课程理论、语言学等多维视域融合的、有关语文课程文化的整体研究。尤其是社会转型期,语文课程对文化自觉和创新的探索更是稀缺。

第二节 语文课程文化特性

中小学语文课程既是我国主流文化传播的载体,也是我国主流文化的构成部分。语文课程文化研究是中小学语文学科中华文化教育研究的基础。

一、语言和文字

语文一词通常指"语言"和"文字"。语文教育就是关于语言文字的教育,一般包括了本国语文(母语)和他国语文(如英语)的教育。"语文即语言的意思,包括口头语言和书面语言两个方面,口头为语,书面为文,故合言之,称为语文。"[1]在我国,"语文"是课程的名称,专指母语教育。通常母语是指一个人最初学会的本民族标准语或某一种方言。相应的母语教育就是本国或本民族标准语的教育,隶属语文教育的一种。因此,我国有关"语文"一词的用法是比较特殊的。

（一）语言

不同理论视域对语言和文字的界定各有侧重,见图 3-2。语言学从语言的本质功能出发,认为语言是人类最重要的交际工具。这个工具是以语音为物质外壳、以词汇为建筑材料、以语法结构规律而构成的体系。[2] 蜜蜂用圆圈舞、摇摆舞、短距离直线飞行三种不同的舞蹈动作传达食物的位置、离蜂巢的距离;鸟类通过啼鸣表示领地的所有权,通过尖叫警告捕食者;蚂蚁死后体内释放一种化学成分,同伴嗅到就会将它拖到坟堆上。动作、气味等是动物交际的方式,只有人类独有语言这种交际方式。

---

[1] 叶圣陶.叶圣陶语文教育论集(下)[M].北京:教育科学出版社,1980:730.
[2] 胡裕树.现代汉语[M].上海:上海教育出版社,1979:1.

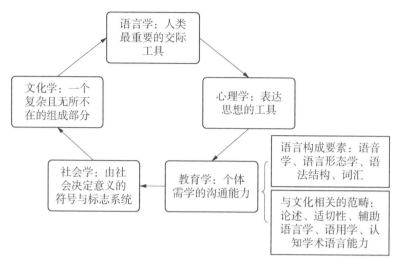

图3-2 有关语言和文字的界定

文化学认为,语言是人类创造、习得、传承的一种非物质文化现象,它是非物质文化遗产的主要内容之一,也是非物质文化的构成部分。[①] 早先人们因为对同一个事物的认识无法统一而使得相关概念显得模糊不清。比如,人们创造了"绿"并且对其进行广泛认同后,凡被称为"绿色"的东西就被固定下来,于是约定俗成的语言符号也就诞生了。同时,语言本身是文化的一个组成部分,也是分享文化、知识、技能、价值观和态度最基本的桥梁。如英语的"marry"表示"嫁、娶、与某人结婚",男、女通用,无性别差异。但是在汉语中,女子结婚须称"嫁",意谓婚龄女子离开父母家到自己新婚的家;男子结婚须称"娶",本意指的是远古时代劫女为妻的抢亲风俗。可见,同一事物在不同语言符号系统中,呈现出不同的文化特征:英语国家崇尚平等、自由,中国古人往往从礼教、伦理的角度看待婚姻关系。

(二) 文字

随着人类文明的发展,突破口语交际时空局限的文字应运而生。从此,人类告别了蛮荒时代、弃用绳结记事,开启了文明的历史。

世界上的文字可以分成三类:一类是音素文字,一个字母代表一个音素(音位),英

[①] 张公瑾,丁石庆.文化语言学教程[M].北京:教育科学出版社,2004:173.

文、法文、俄文、保加利亚文都是音素文字。第二类是音节文字,一个字母代表一个音节,就是辅音和元音的结合体。日文的字母、阿拉伯文的字母都属于这一类。第三类文字是语素文字,它的单位是字,不是字母,字是有意义的。汉字就是这种文字的代表,也是唯一的代表。汉字以外的文字都只是形和音的结合,只有汉字是形、音、义的结合。① 音素和音节文字,只要掌握了字母和拼音规则,一般听到一个词就可以写下来,看到一个字就可以念出来。

1. 汉字"六书"

汉字是目前仍在大量使用的仅有的象形文字。象形文字是纯粹利用图形来作文字使用,这些文字与所代表的事物、形状相像。中国最初的甲骨文、石刻文和金文字,如图3-3左起第二个就是象形文字"月"。经过数千年的字体演变,已跟原来的形象相去甚远。东汉学者许慎继承并发展了前人"六书"的造字理论:象形、指事、会意、形声、转注、假借(见图3-4),编写了我国第一部字典《说文解字》。书中记曰:《周礼》,八岁入小学,保氏教国子,先以六书。一曰指事。指事者,视而可识,察而见意,上下是也。二曰象形。象形者,画成其物,随体诘诎,日月是也。三曰形声。形声者,以事为名,取譬相成,江河是也。四曰会意。会意者,比类合谊,以见指撝,武信是也。五曰转注。转注者,建类一首,同意相受,考老是也。六曰假借。假借者,本无其字,依声托事,令长是也。

图3-3 汉字"月"的演变

2. 汉字的文化功能

汉字是世界上唯一的表意文字,用表意体系的符号来表示汉语的词或词素。如"臣"字,本义就是"奴隶"。甲骨文"臣"字,其形象是一只竖立的眼睛,见图3-5。因为人在低头时,眼睛看起来就是竖立的样子,古人就描摹眼睛的状态创造了"臣"这个字。"臣"的字形就赋予直观表意——俯首屈从。汉字作为音形义的统一体,特有的象形性和平面结构赋予汉字极强的表意性,其所蕴含的深层意念,体现了其文化功能,也反映了中华民族精神风貌和审美情趣,成为汉族文化发展的活化石。

---

① 吕叔湘.汉语文的特点和当前的语文问题[J].语文学习,1985(5).

- 象形：用线条描摹事物的形状。属于独体造字法。
- 马

- 指事：由抽象的符号组成，或者在象形符号上加指示性的抽象符号。属于独体造字法。
- 上

- 会意：用两个或两个以上的偏旁或字组合而成。
- 明

江
- 形声：由形旁和声旁两部分组成，形旁表示字的意思或类属，声旁表示字的相同或相近的发音。属于合体造字法。
- 江

考/老
- 转注：两个字用来表达相同的东西，词义一样时，它们会有相同的部首或部件，读音上也是有音转的关系。属于用字法。
- "考""老"二字，本义都是长者

自/鼻
- 假借：就是同意替代。口语里有的词，没有相应的文字对应。于是就找一个和它发音相同的同音字来表示它的含义。
- "自"本是"鼻"的象形字，后借作"自己"的"己"

图 3-4　六书造字法

图 3-5　甲骨文"臣"字

(三) 汉语言文字

1. 汉语言文字与文化价值取向

汉语的俗语、谚语、谜语及诗词中,有许多典型的中华文化价值取向。如体现注重社会与家庭和睦的:和为贵、家和万事兴等;体现祖先崇拜、固守家园的:落叶归根、子孙满堂、慎终追远等。汉语中也有明显的等级观念和内外有别意识:汉语中将人际关系按辈分、年龄、性别三个依照顺序进行区分。同时明确内亲外戚,如堂、表、娶、嫁、内人、外子等,在这个明确的区别中,亲亲、尊尊,也就是规定了要亲近该亲的人,尊敬该尊的人。长幼有序、里外有别。①

如今,网络时代的表情包也折射了一个国家的文化。

【专栏3-1】

中国网民的表情包文化

自1982年9月19日上午11时44分,美国卡耐基·梅隆大学的教师斯科特·法尔曼在网络论坛上输入人类历史上第一个互联网表情符号":-)"起,开启了网络表情时代。

在我国,网络表情大致经历三个发展阶段:颜文字、绘文字和图片表情包。

1. 颜文字(kaomoji)就是字符表情,是用标点符号及英文字母等组合而成的比较简单的面部图案。如:@_@表示疑惑、(┬_┬)表示流泪,与早期的表情符号相比,颜文字种类更为丰富,表达的情感更为细腻,横排的表情图案也变为更容易理解的竖排的图案。

2. 绘文字是颜文字的进一步图像化,也就是"emoji"(日语假名为"えもじ",读音即emoji)表情,由日本人栗田穰崇于1999年发明。emoji表情库目前已收录超过800个表情。

3. 图片表情包带有创意色彩,没有固定的特质和风格,但有两个特征:

---

① 潘一禾.超越文化差异——跨文化交流的案例与探讨[M].杭州:浙江大学出版社,2011:176.

夸张化,甚至有一些是浮夸的,目的在于抓人眼球;极端化,表情包原型的言行、性格都是极致的典型。

网络表情的盛行,反映人们强烈的交际需求和示情需求。由于网络语言的示情要求和示情手段之间存在巨大的矛盾,所以"表情包"就成为一种特有的虚拟示情方式——将创作对象的表情、身姿、动作等图像化以后,令使用者产生身临其境、感同身受的想法。文字是概括的、理性的语言符号,表情是直观的、附加的图像符号。有时候,表情对文字是一种补充,用于澄清或加重语气;有时候表情对文字是一种替代,为双方留有开玩笑的余地,使表达更含蓄。如向不太熟的人表达谢意,只写"谢谢"两字,可能感觉太官方了,那就再加枝"花"。

(改编自:朱颖婕.当你发表情时发的是什么——沪上语言学家解读网络表情[N].文汇报,第6版 2016-08-10.)

2. 汉语言文字与思维方式

中国人的思维方式关注事物间的关系、追求对事物的整体把握。如,所有带轮子的交通工具都称为"车":人力驱动的自行车、三轮车;电油驱动的汽车、出租车、助动车、有轨电车、无人驾驶车、公共汽车;基于网络技术预订的车称快车、专车、顺风车。这种横向思维方式体现在构词上可见一斑,而西方的纵向思维方式则关注对事物的分析,表现在构词上就是各有各的名词:bike(自行车)、car(小汽车)、taxi(出租车)、bus(公共汽车)、truck(货车)。

可见,汉语言文字属于符号系统,是文化的一个重要组成部分,也是文化传播的重要手段。汉语言文字作为交际工具和文化载体,传达的是思想与情感,承载的是文化精神、价值观念和人类的文化成果。

社会学强调语言文字这个符号系统的意义是由社会约定俗成的;心理学强调思维与语言文字表达的关系。教育学课程理论认为:这是学生个体需学习提升的沟通能力,其中语音(phonology)、字形(morphology)、句式(syntax)、词汇(lexicon)是其构成要素;论述(discourse)、适切性(appropriateness)、辅助语言学(paralinguistics)、语用学(pragmatics)、认知学术语言能力(cognitive-academic language proficiency)是与社会文化相关、需学习的五个范畴。

论述是指语言如何组成言论、写作如何超越句子层面，如会话或段落是如何构成的。适切性指需根据社会环境使用语言。辅助语言学指说话者之间的距离、语调、音量与说话的音高、手势、脸部表情，以及肢体语言。语用学指论述、适切性和辅助语言学的综合运用。认知学术语言能力指语言技巧的精熟需要学习、发展抽象的概念。[1]

每一种语言都包含着一种独特的世界观，民族的语言即民族的精神，民族的精神即民族的语言，二者的同一程度超过了人们的任何想象。[2] 文字是文化最集中的体现，是对经验世界的情绪表达。它将世间悲欢离合、喜怒哀乐浓缩于纸间，在潜移默化中传播文化。

二、语文课程的文化功能

（一）语文课程和文化

从历史渊源看，语文是以学习言语为主要活动的语言课程；从存在价值看，语文是以学习本民族文化为主要目的的人文课程。语文课程作为一门学习语言文字运用的综合性、实践性课程，其学科定位决定了课程的文化特性，决定了工具性与人文性统一是语文课程的基本特点。

首先，语文是表达文化现实的。语文作为讯码，反映了文化对语文使用者的思维方式的规限，也反映了语境对理解语文的重要性。[3] 我们在聆听和阅读的过程中，准确理解语义必然需要文化背景的参与。名著《西游记》因瑞典中学生的误读，浓缩为"冒险"和"宠物猪"（见专栏3-2）。造成这类严重偏差的根本原因不是学生阅读理解能力的强弱，而是其对中国文化的陌生感。

---

[1] [美]詹姆斯·班克斯. 多元文化教育：议题与观点[M]. 陈枝烈，等译. 台北：心理出版社股份有限公司，2008：346—347.
[2] [德]威廉·冯·洪堡特. 论人类语言结构的差异及其对人类精神发展的影响[M]. 姚小平，译. 北京：商务印书馆，1999：52.
[3] Claire Kramsch. Language and Culture [M]. Oxford University Press, 1998：3.

【专栏3-2】

《西游记》(*Journey to the West*)

在瑞典一所中学,教师正在上外国文学课,介绍中国的《西游记》。老师是这样说的:

故事是讲一个中国和尚去西方旅游的经历,这种旅游实质是一种探险。他骑着一匹白色的马,带着一位名叫沙僧的仆人。为了打发旅途的寂寞,他还带了一只宠物猴和一头宠物猪上路。

一路上,这个和尚经过许多高山,渡过一些大河大川,受到许多惊吓。他走过名叫火焰山的火山口,在一个只有女孩的国度——女儿国有过艳遇。据说他带的猴子本领很大,一路上替他扫除许多障碍,譬如一只蝎子、两条蜈蚣、五只黄鼠狼、七个蜘蛛等,大的动物有一头牛、两只狮子和三匹狼。猴子还有一些让人不解的行为,比如一发怒就放火烧东西,一路上烧了几个山洞、一棵柳树、几座漂亮的宫殿,还对一堆白骨狠打多遍才罢手。

和尚带着的宠物猪看起来没有什么用,只是充当旅途的解闷工具罢了。据说它曾一口气吃了四个西瓜,把和尚、仆人、猴子的那一份都吃了。

那个仆人也没什么大用处,整天挑着一副破行李,听任摆布。

和尚花了13年才到达印度,寻了一些印度佛经,像得了宝贝一样回国了。

学生们听罢非常惊讶:一是想不到中国人这么热衷于冒险,二是想不到一千多年前中国人就喜欢宠物猪了。

[改编自:佚名.瑞典学生眼中的《西游记》[J].教师博览,2003(12).]

其次,文化会影响语言表达,影响学生说话和写作的内容和形式。中国学生在表达上善于总结,但不擅长批评、分析和提出自己的观点。因为他们从小被灌输一种思想:有了正确答案再讲出来,没想清楚就说是浅薄、不慎重的表现。以至于我们学生发现自己的答案与众不同时,直觉就是自我否定,不敢说出来。欧美国家的语文教师则不以为然,从不指望学生说出一个尽善尽美、毫无瑕疵的观点或看法;他们认为每个学生说出自己的想法,会极大丰富学生的视野和头脑。在表达的形式上,美国SAT作文的结构和我们高考作文的思路是有很大差异的。

最后,判断语言行为是否适当,也离不开文化因素。语文教师判断学生言语行为的适切与否,就渗透着文化因素。中国文化不鼓励学生主动发言、质疑长者、长篇大论地发表己见。学生认为:学习就是认真听、尽可能多地记住老师传递的知识、获取正确答案。我们语文课程目标、内容和实施方法以及课程自身的学术研究,都弱视人际交往和言语沟通能力的养成。这是当下在西方的中国留学生"讨论课程恐惧症"的根源。他们甚至质疑:整堂课都是听一帮同学谈他们自己个人的看法,最终都没有从顶尖教授那里得到一个想要的答案,这是浪费时间和金钱。美国课堂里充满讨论、辩论和自由提问。欧美国家的教授鼓励学生根据提前布置的阅读材料自由提问、深入分析、批判性思考和吸收前人的观点,这种教学方式蔚然成风的文化机理是:学生不仅向老师学习,而且也应该尽可能多地与同学交流并互相学习,教授绝不是学生汲取知识的唯一途径;同学拥有和老师同等的提问与质疑的权利。

(二) 课程的文化功能

语文课程隶属文化系统的一个组成部分,受文化的制约;语文课程又从一个特殊的角度反映、传播文化。因此,它必然具有传递、传播、更新文化的功能。

1. 传递文化的功能

中小学语文课程通过系统设置,使学生在限定的时间里掌握语言文字,感受和学习中华文化,适应社会发展,使个体从"自然人"变成社会人、文化人。

2. 传播文化的功能

语文教科书筛选、取舍、传播积极文化,通过课程学习活动影响学生的价值观、思维方式、生活态度来传播文化。

3. 创造更新文化的功能

年轻一代通过接受语文等课程学习和学校教育活动,迅速获取人类文化精华,然后站在前辈巨人的肩上进行反思、创新文化。

可见,语文课程具有传递、传播文化和创造更新文化的功能。改革开放40年来,围绕语文课程的种种讨论:语文性质、"大语文观"、语文课的"语文味"、"真"语文、读经班……无一不是语文课程的文化现象。

(三) 语文课程的文化内涵

课程文化具有两方面的含义:一是课程中体现一定社会传统和特征的文化;二是课程本身的文化特征。前者主要就课程是文化的载体而言,后者主要就课程是一种文化形式而言。① 据此,语文课程文化包括两方面的涵义:一是语文课程所体现的我国社会主流文化,如中华优秀传统文化、革命文化、社会主义先进文化的特征;二是语文课程在传播主流文化,如课程标准编制、教材设计、教学实施时所表现出的文化特征。其涉及的是语文课程对文化的选择问题:传承什么和怎样传承。前者是语文课程文化的核心问题,蕴含着课程的文化特质,标志着语文课程文化发展的方向。

三、课程文化要素

文化要素是指文化的基本表现形式。课程文化要素是指课程作为一种独立的文化形态所必须具备的基本组成部分。② 有学者提出人类文化由价值观、符号、规范、传统和物质设施五大基本要素构成,并从课程这一具体文化中找出与五大要素一一对应的内容,组成课程文化系统要素。具体如表3-3。

表3-3 课程文化要素解读

文化系统要素	含 义
价值观	一定社会文化中的人类群体总是会拥有某些共同的、区分事物好与坏、对与错、符合或违背人的愿望以及可行或不可行的观念。这是文化的核心要素,包括宗教信仰、道德观念、伦理思想等,可分三个层次: 1. 信念价值(宏观的,评判、统摄整个教育活动) 2. 领域价值(中观的,指导具体课程与教学活动) 3. 材料价值(微观的,决定材料的取舍和处理)
	课程价值观指课程传递的特定文化的价值观,以及课程自身的文化价值观
符号	一定社会文化中的人群通常会拥有一个共同意义体系,如语言、图像、文字及各种象征物等,文化符号是文化系统的工具,是人类文化的外在表现
	课程符号: 1. 是蕴含着社会文化价值和思想的意义体系,是课程的重要任务,学校课程所要传递的符号主要有语言符号、科学符号、价值符号、道德符号、信仰符号、音乐符号、美术符号、形体符号等 2. 课程本身的符号系统指课程理论、教学语言、其他象征符号等

---

① 袁振国. 当代教育论[M]. 北京:教育科学出版社,2004:398.
② 范兆雄. 课程文化发展论[M]. 广州:广东高等教育出版社,2005:63.

续 表

文化系统要素	含 义
规范	一定社会会有一套标准化的行为模式,这种对人们在特定情况下应该怎样行动、思想和感受的期待即是规范。规范是文化价值观的具体化和外在化,包括宗教仪式、伦理道德规范、行为准则等
	课程规范主要指课程操作规范,它是有效开展课程活动的保障系统
传统	一定社会会形成一些虽不具有强制约束力,却是群体中绝大多数人习惯的行为方式,包括流行的习惯、风俗等,统称为传统。传统是在某一活动领域人们延续相承的行为、思想和想象的模式,它是一种具有规范作用和道德感召力的社会文化力量
	课程传统是人类在教育活动中,尤其是在正规的学校教育实践中积累起来的经验集合,也是人类教育理性思维的成果,包括: 1. 社会文化与知识传统既是构成课程传统的环境,又是课程的核心组成部分——课程内容 2. 教育与课程政策传统 3. 学校管理与学校发展 4. 教师的教学与学生的学习 5. 师生习俗
物质设施	一定社会的人群要维持其生存和人种的繁衍,表达思想和感情,必然会创造一定形式的物质设施,这些人类生产和生活中使用过的物质设施,保留人类生活、创造、行为方面的丰富信息,被称为物质文化
	课程物质设施是课程思想的载体,它是在一定课程思想指导下设计和创造的建筑物(如教学楼、图书馆、操场)、课程媒体(如教材、课桌椅、iPad、VR眼镜、实验仪器)、学校校园文化的物质形式(如校刊、墙报、电子显示屏)

(参考来源:范兆雄.课程文化发展论[M].广州:广东高等教育出版社,2005:63—89.)

四、语文课程文化要素

语文课程学习中的每一件事、每一个现象都是语文课程文化要素的具体表现,无法计数。通常我们用合并和归类的方法来研究。有关语文课程文化的结构与要素,学者们从不同的角度予以认识:从对象看,语文课程文化有教师文化、学生文化、语文知识文化;从课程视角看,有课程目标文化、课程内容文化、课程实施文化;从表现方式看,有显性文化、隐性文化;从表现性质看,有积极文化、消极文化;从存在方式看,有物质文化、制度文化和精神文化,见图3-6。

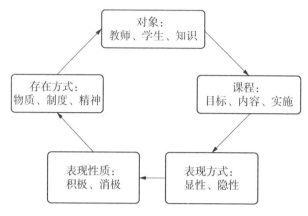

图3-6 有关语文课程文化结构和要素的认识

借鉴上述课程文化结构要素研究成果,语文课程文化构成要素如下。

(1)语文课程价值观——指语文课程所传播的中华文化价值观,以及语文课程在传播中所表现出的自身的价值观。

(2)语文课程符号——一是指语文课程蕴含着文化价值和思想的意义体系,如语言符号、人类文化符号;二是指语文课程本身的符号系统:课程理论、学科知识、教学语言、其他象征符号(如教科书课文中指意的气泡图、学习伙伴图像等)。

(3)语文课程规范——主要指语文课程指导标准、实施规范,是有效开展课程活动的保障系统。如语文课程标准、语文课堂教学评价标准。

(4)语文课程传统——指语文课程实施中积累的经验集合,也是语文课程理性思维的成果。如对语文课程性质的认知、课程内容的构成、教科书的设计特点、教与学的常规、师生关系习俗等。

(5)语文课程物质设施——这是学校里语文课程实施的载体,如教室里的图书角、上阅读课的电子阅览室等内部设施和布置;语文教材、iPad学具、与纳米黑板链接的写作板等课程实施媒体。

语文课程文化诸要素间是相互联系、相互作用的,且是以课程价值观要素为核心的。无论是语文课程符号、规范、传统或物质设施都是语文课程价值观的不同形式、层次、角度的体现。结构与要素的分析有助于我们从一个视角来认识和理解语文课程文化,但是,这样的解读并不等同于语文课程文化。

五、语文课程与文化传统

文化传统以"遗传基因"的方式渗透于民族心理素质、民族思维方式及行为方式、民族所持有的价值观、民族创造力的表现形态等,作用于当下的语文课程,并形成了一股强大的现实力量。中国文化传统铸就了中国教育传统。

(一) 中国传统文化

在人类社会发展的历史进程中,自然环境与社会环境的发展差异,导致了多种文化或文明类型的产生。美国哈佛大学教授亨廷顿曾罗列出冷战后世界存在的七种人类文明:中华文明、日本文明、印度文明、伊斯兰文明、西方文明、拉丁美洲文明以及可能的非洲文明。若东方主要以中国为代表,西方主要以欧美国家为代表,东西方文化的差异可谓大矣,见表3—4。

表3-4　东西方文化差异比较①

主题	中国文化	欧美文化
人与自然	十分重视人与自然的和谐;形成天人协调、天人合一说;人既要改造自然,更应适应自然,人类活动的目标不是统治自然,而是把自然调整、改造得更符合人类需要	强调自然与人的对立;表现出强烈的征服自然、战胜自然的特性;形成近代西方文化新的"力的崇拜"和对自然科学与技术的热烈追求
家庭关系	以家族为本位,注重个人的职责和义务;形成了家国一体的宗法制度和以"亲亲""尊尊"为核心的伦理和道德规范;形成了将个人利益置于家庭、家族和国家利益之下的价值取向	以个体小家庭和个人为本位;在政治、法律、宗教和哲学体系中,充分体现个人本位的思想;形成在个体家庭基础上产生的追求个体自由和权利的价值取向

①　高宁.教育的嬗变和文化传承[M].长沙:湖南大学出版社,2008:7—20.

续表

主题	中国文化	欧美文化
民族关系	通过道德的教化"协和万邦";主张维护自己民族的独立而不主张对外扩张,主张道德教化而不主张武力征服	主张竞争和斗争;一方面主张保持自己民族的独立和自由,另一方面又主张政府压迫别的民族
宗教关系	非宗教的理性主义和人文主义精神色彩突出,如认为生死乃自然规律,主张以理智达观的态度顺应之	很长一段时间宗教神学独断,如将理想和希望寄托于来世和彼岸

中国的儒、佛、道三家撑起了中国文化的骨架,它们的学说深深地影响着中华民族的民族品格、道德观念和价值准则,可谓民族精神的渊源。儒家倡导天下大同、治国平天下、舍生取义、精忠报国、天下兴亡匹夫有责等观念,激励人们的爱国主义情怀。

美国学者西特朗等曾对东西方文化价值观念影响下的学校课程进行了分类比较,见表3-5。

表3-5 文化价值分类比较①

价值	首要的	第二等的	第三等的	可忽略的
个性	W		E	
感恩戴德	E		W	
和睦	E		W	
谦逊	E			W
争先	W			E
集体责任感	E			W
人的尊严	W	E		
效率	W		E	
爱国主义	E	W		
权威主义	E	W		
教育	W	E		

* W表示西方文化;E表示东方文化

---

① 薛国凤.突变与和谐[M].保定:河北大学出版社,2009:79—81.

由表 3-5 可见,东西方文化价值观差异明显。

第一,西方文化传统与价值观念中,个人主义是第一价值观。东方文化传统与价值观念中,重视人际关系、重视集体以及重视权威是第一价值观。"谦逊"与"集体责任感"等不是西方社会所追求的文化传统美德;东方文化中最重视的是集体利益。

第二,就"效率"而言,西方文化重视人对自然的征服、重视个人享受和物质扩张。东方文化整体上具有和谐精神,重视人际关系以及人与自然之间的关系;致力于人格的完善与精神的追求,因此旨在尽可能扩大物质财富总量的"效率",并没有被提到相当重要的位置。

文化具有巨大的滞后性,这种滞后性往往使它成为社会转型时期的一种拖累。如人的个性日益受到重视的今天,我国传统文化强调群体价值而忽视个体价值,忽视个体生命存在的独立价值和意义,显然需斟酌。这种文化影响下的中国语文教育对个性差异的忽视等教育习俗,都不利于培养社会发展需要的创新人才。

不同的文化传统导致各国不同的课程价值择取,产生不同的理念,从某种程度上也制约着课程理念的更新。

(二) 文化对教育的影响

教育与文化是相互作用、相互制约的。文化对教育的影响主要表现在如下三个方面。

1. 文化制约着学校培养人的规格

如美国教育努力培养"民主社会"中能适应生活需要的理想公民。1996 年,美国第一份国家《英语语言艺术标准》,就编制目的提出:确保所有的学生成为知识丰富的、熟练的语言运用者,从而在学校生活中获得成功;确保所有的学生成为有知识的公民,分享美国民主,找到富有挑战性的、有价值的工作;确保所有的学生欣赏美国文化,并为此作出贡献;确保所有的学生成为独立的学习者,终生追寻自己的目标和兴趣。

2. 文化影响学校教育内容

学校教育中向学生传授的各种学科知识和技能,都是人类文化的遗产,但具体内容的取舍、比重都反映了社会文化传统的制约。

3. 文化影响社会大众对教育的重视程度

中国老百姓是世界上最重视教育的,这和中国传统文化"万般皆下品,惟有读书高""学而优则仕"的影响有着千丝万缕的联系。

此外,文化还对教育体制、对受教育者的态度和方法、教育的组织形式等方面存在着一定的影响。

图3-7 甲骨文中的"教"字

以甲骨文"教"为例,见图3-7。"教"字左下是个"🧒",即小孩;右边的"🤚"即手持鞭子、棍子;左上的"✕"表示被鞭子、棍子抽打。该造字本义是"用体罚手段训练学生做算术"。虽然"教"字字形、含义不断演变,但其具有的"灌输性"内涵却一直延续至今,并成为一种根深蒂固的中国教育观念。

(三) 中国传统文化对教育的影响

中国是世界上唯一历史悠久而文明又没有中断过的国家,悠久的历史和稳定的社会形态,是形成特色鲜明、内涵丰富的中国传统文化的基础。中国传统文化从本质上说是一种伦理型文化。中国浓郁的文化传统,对教育影响非常深刻。

1. 伦理型文化制约教育目标

中国自古以来强调道德完善,强调"文以载道""士志于道",中国几千年的教育就是教人做人,教育的唯一目的是追求做"君子"。

2. "悟"出道理的方法决定教学方式

中国传统文化强调认识事物的方式是内省或者是"悟",不是通过揭示本质真谛,而是通过幡然醒悟得出。导致了教育上"师傅引进门,修行在个人"的教育教学方式。教师不是讲清事物的本来面目,而只是做一般性提示,或通过事理说明事物。至于学生能否明白、掌握,就只有靠学生自己去悟了。哪些学生能有所悟呢? 伦理型文化认为:德高者能悟,德低者难悟。所以,在中小学课堂上,语文教师惜时如金,滔滔不绝地讲授最关键的知识,却不屑留点时间给学生质疑、讨论、操作实践;教师精心备课以求在最短的时间里传递最多的信息,却无心关注学生接受信息、理解信息的实效。

3. 强调事物间的联系,忽略揭示本质

中国传统文化强调事物间的联系,忽略揭示本质,在教学中表现在两个方面:一是在教学中强调事物的关系,注重统一性、整体性,忽视对事物的本质、结构的认识;二是注重群体性的发展,讲求人际关系的和睦,但更多地关注忍让、从众,而忽略学生个性发展。

4. 唯上思想严重,忽视民意

这种传统文化反映在教学管理过程中,形成了唯上、唯师现象,使得民众和学生不善质疑。所以,在我国中小学课堂上,甚至高校的课堂上,听不到学生的质疑、师生的争论。

第三节 语文课程文化自觉

文化具有巨大的滞后性,这种滞后性往往使它成为社会转型时期的一种拖累。在人的个性日益受到重视的今天,我国传统文化片面强调群体价值而忽视个体价值,忽视个体生命存在的独立价值和意义,显然不合时宜。这种文化影响下的中小学语文课堂对个性差异的忽视等教育习俗,都不利于语文学科必备品格和关键能力的养成。

一、语文课程文化创新

语文课程文化变迁遵循社会文化发展的逻辑。它以社会文化的矛盾冲突为起点,由冲突而引起语文课程范畴各种类型的文化相互了解、相互吸收,通过争夺、控制、妥协而达到暂时的平衡。从而改变了旧的语文课程文化内容、规范,动摇了旧的传统,形成新的课程文化结构,实现语文课程文化的创新。其经历冲突—改革—融合—创新的发展过程。

二、语文课程文化创新的内涵

随着人类社会的发展,文化积淀日益厚重,代际间的文化传承——个体社会化的过程就由学校教育和课程来承担。语文课程变革的成功,需要课程文化的重建,其过程是漫长而艰巨的。语文课程的文化研究侧重以文化学、社会学为理论基础,以文化学、社会学、心理学跨学科方法论为参照坐标,以语文课程为方法论的具体应用领域,构建我国语文课程文化。立足语文课程改革实践,探索语文课程改革的价值文化、制度文化和行为文化的整体研究,探索社会转型的历史文化背景下,语文课程文化发展的动因、趋势和文化创新的条件和路径。

语文课程文化创新的内涵有如下两点。

第一,通过对现有语文课程文化局限性的突破和新的课程文化模式的探索,促进旧文化形态向新文化形态转换的过程。它包括课程文化价值观念创新、课程文化知识体系创新、课程文化思维方式创新、课程文化管理体制创新等方面。

第二,通过语文课程文化创新,引发旧课程观的解构和新课程观的建构,促使传统惯性的消解和传统精华的重铸,推动课程的重大变革和一代课程新人的涌现。

语文课程文化创新是受社会文化冲突大环境的影响而形成的,不是在本土文化或异域文化之间做出选择,也不是对本土文化进行修改或调整,更不是对引进的异域文化进行改造以适应本土文化,而是根据我国社会转型期的发展需求,对本土文化和全球文化的合理资源,进行内容和形式革新的创造性活动。具体而言,中华民族传统文化是文化创新的起点和源泉;要有选择地学习和吸纳外来文化,尤其是西方文化的优秀成果;通过创新,超越中国传统教育文化,创造性地继承中国传统教育文化和全球教育文化的精华。

三、语文课程文化创新的路径

"文化自觉"是中国人类学、社会学教授费孝通先生1997年在北京大学举办的第二届社会文化人类学高级研讨班上首次提出的。文化自觉是指生活在一定文化中的人对其文化有"自知之明",明白它的来历、形成过程、所具的特色和它发展的趋向。[①] 费老用"文化自觉"一词,指明了中国文化研究和创新的路径。

(一)语文课程文化自觉

就语文课程文化自觉而言,首先,要自觉我国语文课程文化的优势和弱点,并发扬优势规避弱点;其次,要对传统语文课程文化进行现代诠释,使之得到更新和发展;再次,须了解教育发达国家母语课程文化语境,参与国际母语课程文化的研究和交流,使中国语文课程文化成为世界母语课程文化发展趋势不可或缺的要素。而实现语文课

---

① 费孝通.反思·对话·文化自觉[J].北京大学学报(哲学社会科学版),1997(3):9.

程文化自觉的基本途径就是:传统课程文化寻根,国际课程文化理解,本土课程文化生成。这三条途径既各自独立,又相互联系,都朝着课程文化自觉的目标迈进。①

(二) 语文课程文化创新

语文课程文化创新起步于课程文化自觉。具体而言,包括以下三条途径。

1. 传统语文课程文化寻根

我国语文课程有着120多年的历史,它根植于中国的土壤,与古老文明、传统教育有着天然的联系。语文课程传播中华民族上下五千年形成的文化积淀,必然会夹杂着一些陈腐的旧质。有必要厘正显现民族特质的文化精髓。同时,我国语文课程设置、课程内容和实施都由中央政府统一制定。其名称的更迭:读经、国文、国语、语文;领域的分合:近代识字、写字、听说、阅读、写作;课程标准、教材、教学和评估无不投射着自身的文化特征。梳理我国语文课程文化发展的脉络,取舍并达成文化认同,从而为当下语文课程文化建设提供根基性的支撑。

2. 国际母语课程文化理解

语文课程文化建设必须认识、理解不同国家母语课程的文化差异,诸如课程标准的文化目标和内容、教科书选文的文化构成等,以及这种文化差异所体现的不同思维方式,蕴含着的不同国家、民族的价值观念;认识、理解他国母语课程自身的文化特色以及归因,树立多元认同课程文化意识和本土化研究意识,借鉴国外母语课程文化内容和实施路径,从而保证当下语文课程文化创新的科学性和先进性。

3. 本土语文课程文化生成

遵循语文课程文化发展的规律进行传统课程文化与现代课程文化、外来母语课程文化与本国语文课程文化的整合。通过本土化的反思和实践探索,最终生成满足时代发展需求、适应社会转型环境的本土语文课程文化——既内含中华文化,又具有现代课程水平。

民族传统文化寻根和国际文化理解与借鉴,都需依托文化学、社会学、语言学、心理学和教育课程理论的学理依据。通过文化自觉,形成内涵中华文化,又具有现代课程水平的语文课程文化特色。该特色渗透于语文课程设置、课程目标、教材、教学和评估文化之中。其理论研究模型详见图3-8。可见,正确认识本国语文课程文化发展规

---

① 王德如.课程文化自觉论[M].北京:人民出版社,2007:166—172.

律、前瞻性地把握国际母语课程文化发展趋势,是我国语文课程文化转型和创生的必要条件。结合学科特点,有机融入相应的中华优秀传统文化内容,开展中华优秀传统文化教育,是学科本土课程文化生成的前提和基础。

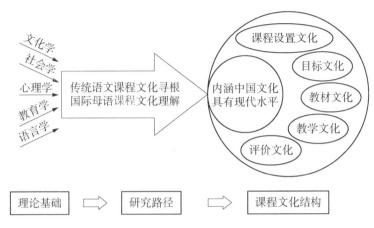

图 3-8 语文课程文化研究理论模型

第四章

语文课程文化教育目标和内容

课程方案是有关课程改革总纲、课程育人的蓝图,也是各学科课程编制与实施的依据。

第一节 课程方案、课程标准的文化教育目标

2022年4月颁布的《义务教育课程方案和课程标准(2022年版)》(以下简称《新课程方案》),确立义务教育阶段学生的培养目标为:培养有理想、有本领、有担当的时代新人;全面落实习近平新时代中国特色社会主义思想,将中华优秀传统文化、革命文化、社会主义先进文化等重大主题教育有机融入课程;体现聚焦学生发展、聚焦培育实践能力、聚焦内容结构改革的研制理念。

一、《新课程方案》的突破

《新课程方案》为了全面落实习近平总书记关于培养担当民族复兴大任时代新人的要求,依据义务教育阶段的教育性质以及课程定位,聚焦面向未来的关键能力、必备品格与价值观念,[①]明确了义务教育阶段培养时代新人的目标与要求。

(一) 确立义务教育培养目标

《新课程方案》以核心素养为导向,从"有理想、有本领、有担当"三个方面明确了义务教育阶段培养时代新人的具体要求。

(二) 明确基本原则、总体要求

《新课程方案》聚焦中小学课程育人本质和义务教育阶段学生特点,从方向、对象、内容、实施机制、方式等5个方面,明确了义务教育课程设置的原则。

(三) 优化课程设置,健全五育并举的教育体系

《新课程方案》依据义务教育性质和要求,将课程分为国家课程、地方课程和校本课程三类。要求突出国家课程的主体地位,兼顾地方课程、校本课程的拓展性、选择性

---

① 崔允漷,王涛.培根铸魂 启智润心——《义务教育课程方案(2022年版)解读》[J].全球教育展望,2022(04):6.

功能;独立设置劳动、信息科技课程;强化课程的综合化、实践性,重视培养创新精神、实践能力与真实情境下的问题解决能力。明确规定每门课程应安排10%的课时,来设计跨学科的综合学习。

1. 增强时代性、整体性、指导性

《新课程方案》注重体现马克思主义中国化最新成果,反映经济社会发展新变化、科学技术进步新成果,增强了时代性;注重学段纵向衔接、学科横向配合,增强了整体性;注重加强课程实施指导,做到好用管用,增强了指导性;从而为义务教育优质均衡、高质量发展提供了有力支撑。

2. 厘清相关概念和术语

《新课程方案》秉承立德树人的愿景与使命,引领我国中小学课程跨入核心素养时代。其中出现了一些课程层面的高频术语。

(1) 核心素养是指学生通过课程学习逐步形成的正确价值观、必备品格和关键能力。学科核心素养是指学生在特定课程或特定学科领域学习中所表现出来的较稳定的心理特征和行为特征,是学生通过课程或学科学习应达到的必备的知识基础、基本思想、关键能力和学科经验等方面的总和。[1]

(2) 课程目标是核心素养的目标表述,即用课程目标的技术规范描述该课程所要培育的核心素养,代表该课程预期且应该具有的育人价值和终极性目标。

(3) 内容要求是指基于具体内容或知识点描述的预期学习结果,是过程性的目标,是从核心素养的高度,审视具体内容或知识点的育人价值。

(4) 学业质量是指学生完成课程阶段性学习后的学业成就综合表现,应发展学生核心素养的要求,代表可测评的成就目标。学业质量标准则是以核心素养为主要维度,结合课程内容对学生学业成就表现的总体刻画。[2]

二、文化教育目标的学科图景

《新课程方案》明确新时代的培养目标:义务教育要在坚定理想信念、厚植爱国主

---

[1] 郭元祥. 以学科育人的逻辑起点、内在条件与实践诉求[J]. 教育研究,2020(04):10.
[2] 崔允漷. 义务教育课程标准的两大突破[J]. 中小学数字化教学,2022(10):3.

义情怀、加强品德修养、增长知识见识、培养奋斗精神、增强综合素质上下功夫,使学生有理想、有本领、有担当(以下简称"三有"),培养德智体美劳全面发展的社会主义建设者和接班人。《新课程方案》对目标内涵作了深刻而富有逻辑的阐述,体现了国家意志,回应了立德树人的时代要求。如坚持以核心素养为纲,全面落实习近平新时代中国特色社会主义思想,将中华优秀传统文化、革命文化、社会主义先进文化等重大主题教育有机融入课程。

(一) 核心素养、课程方案及学科课标

与《新课程方案》同步颁发的还有语文等16门学科义务教育课程标准。各学科课程都从学科特点出发,提出了育人价值目标,其中包括融入学科课程的文化教育目标。其纵向关系结构见表4-1。

表4-1 核心素养、课程方案及学科目标

一级目标 (核心素养三个方面)	二级目标 (《新课程方案》"三有")	三级目标 (学科核心素养)
正确价值观	有理想	16门学科新课程标准中有关"三类文化"的教育目标
关键能力	有本领	
必备品格	有担当	

2016年9月,教育部颁布的《中国学生发展核心素养》指出:学生发展核心素养指学生应具备的,能够适应终身发展和社会发展需要的必备品格和关键能力,是关于学生知识、技能、情感、态度、价值观等多方面要求的综合表现。核心素养以培育"全面发展的人"为核心,分为文化基础、自主发展、社会参与3个方面,综合表现为人文底蕴、科学精神、学会学习、健康生活、责任担当、实践创新六大素养,具体细化为国家认同等18个基本要点。[①]

《新课程方案》以《中国学生发展核心素养》为导向,提出"三有"培养总目标。二级目标"有理想",既回应一级目标——核心素养的"正确价值观",又落实于三级目

---

① 中华人民共和国国务院新闻办公室.中国学生发展核心素养[EB/OL].(2016-09-14)[2022-10-22]. http://www.scio.gov.cn/37236/37262/Document/1602754/1602754.htm.

标——16 门学科的新课程标准的总目标之中。中华优秀传统文化、革命文化、社会主义先进文化"三类文化"教育目标也包含其间。换言之,学科核心素养是国家育人目标在 16 门课程中的具体表现,也是 16 门课程育人价值的集中体现。

(二) 道德与法治课程目标

《义务教育道德与法治课程标准(2022 年版)》(以下简称《道法课标》)明确道德与法治课程是义务教育阶段落实立德树人根本任务的关键课程,具有政治性、思想性、综合性和实践性。道德与法治课程旨在提升学生思想政治素质、道德修养、法治素养和人格修养等,增强学生做中国人的志气、骨气、底气,为培养以实现中华民族伟大复兴为己任的有理想、有本领、有担当的时代新人打下牢固的思想根基。

政治认同、道德修养、法治观念、健全人格、责任意识是道德与法治学科核心素养的五个方面。其中"政治认同"是道德与法治课程要培养的首要核心素养,新课标解释了其内涵和要求。

1. 政治认同

政治认同是指具备热爱伟大祖国、中华民族、中华文化、中国共产党、中国特色社会主义的情感,以及为中华民族伟大复兴而奋斗的志向,能够自觉践行和弘扬社会主义核心价值观。[1]

2. "政治认同"核心素养的内涵

政治认同主要表现在政治方向、价值取向和家国情怀三个方面。一到六年级学生政治认同的培养重在启蒙道德情感,引导他们形成爱党、爱国、爱社会主义、爱人民、爱集体的情感,使他们具有做社会主义建设者和接班人的美好愿望。七到九年级学生政治认同的培养,重在打牢思想基础,引导学生把党、祖国、人民装在心中,强化他们做社会主义建设者和接班人的思想意识,使他们在认知和情感认同基础上树立理想信念,并自觉践行。

3. 政治认同的学段目标

政治认同核心素养中,依据学生的成长规律,有关"中华优秀传统文化"的学段目标是不同的,具有进阶性,见表 4-2。

---

[1] 中华人民共和国教育部. 义务教育道德与法治课程标准(2022 年版)[EB/OL]. (2022-03-25)[2023-10-22]. http://www.moe.gov.cn/srcsite/A2b/s8001/202204/wo202204205823434758.pdf.

表 4-2 "中华优秀传统文化"目标的学段进阶描述①

学段	学段目标表述
第一学段 （1—2年级）	感知中华优秀传统文化的主要文化符号，对中华优秀传统文化具有亲切感
第二学段 （3—4年级）	初步了解中华优秀传统文化的主要代表性成果，感受中华优秀传统文化的魅力
第三学段 （5—6年级）	了解中华优秀传统文化的主要代表性成果及其意义，为中华民族创造的文明成就感到自豪
第四学段 （7—9年级）	体会中华文化的源远流长与博大精深；理解中华优秀传统文化的核心思想理念、人文精神和传统美德，弘扬民族精神，具有强烈的中华民族自豪感；学习和理解社会主义先进文化和革命文化，坚定文化自信

4. 课程内容

《道法课标》明确以主题组织课程内容。具体学习主题有：入学教育（第一学段）、国情教育、道德教育、法治教育、中华优秀传统文化与革命传统教育、生命安全与健康教育等。新课标还围绕各教学主题提供了教学提示。见表 4-3。

表 4-3 各学段中华优秀传统文化与革命传统教育主题内容②

学段	主题内容要求	教学提示
第一学段	1. 了解中华民族勤俭节约的传统美德，养成不浪费的习惯 2. 尊敬父母长辈，体贴家人，承担力所能及的家务劳动 3. 感受中华民族自强不息的传统美德 4. 认识国旗、国徽，学唱国歌，知道自己是中国人 5. 知道我们国家的全称是中华人民共和国，认识中国版图，了解全民国家安全教育日 6. 知道我国是一个统一的多民族国家，有 56 个民族	1. 讲述故事 2. 手绘 3. 听歌、学唱歌 4. 看视频 5. 利用新闻资料 6. 参观纪念展馆 7. 调查访问

---

① 周增为,杨兰.基于核心素养的课程目标一体化设计[J].课程·教材·教法,2022(9):4—10+78.
② 中华人民共和国教育部.义务教育道德与法治课程标准（2022年版）[M].北京:北京师范大学出版社,2022:17—41.

续　表

学段	主题内容要求	教学提示
	7. 认识党旗,热爱中国共产党,拥护中国共产党的领导,感受党的百年奋斗取得的重大成就,了解党和国家主要领导人 8. 了解中国少年先锋队是中国少年儿童的群团组织,是少年儿童学习中国特色社会主义和共产主义的学校,是建设社会主义和共产主义的预备队 9. 了解在民族独立、人民解放斗争中涌现出的革命领袖和英雄人物 10. 了解当代社会生活中的英雄模范人物,见贤思齐,学习他们高尚的道德情操	
第二学段	1. 感受父母长辈的养育之恩,以恰当的方式表达对他们的感激、尊敬和关心 2. 了解自己家庭的历史,知道弘扬优秀家风的意义,初步体会中国人的家庭观念 3. 理解中华民族传统美德,如仁爱、诚信、谦逊等 4. 知道我们辽阔的疆域是各民族共同开拓的,悠久的历史是各民族共同书写的,灿烂的文化是各民族共同创造的,伟大的精神是各民族共同培育的 5. 知道中华优秀传统文化的主要代表性成果,初步感受中华优秀传统文化的魅力 6. 了解革命英雄人物的故事,体会"没有共产党就没有新中国" 7. 从衣、食、住、行等方面,感受中华人民共和国成立以来的伟大成就	1. 收集格言、故事、文艺作品、图片 2. 写信 3. 举行主题报告会
第三学段	1. 了解中华文化的悠久历史和博大精深,体会中华优秀传统文化的精髓 2. 了解中华民族对人类文明的贡献,为中华民族创造的文明成就感到自豪,坚定文化自信 3. 了解不同文明之间交流互鉴的重要性,尊重不同文化的差异性,以包容的态度看待不同文明之间的交流对话 4. 了解人民军队在不同时期称谓的演变,了解人民军队的革命历史、英雄人物,感受人民军队英勇顽强、不怕牺牲的革命精神 5. 了解中国共产党的成立以及中国共产党带领中国人民取得革命胜利的历史,初步了解马克思主义中国化的发展进程,知道全心全意为人民服务是中国共产党的根本宗旨,激发热爱中国共产党的情感 6. 初步了解中华人民共和国成立实现了从几千年封建专制政治向人民民主的伟大飞跃,知道中国人民从此站起来了。明确只有社会主义才能救中国,只有社会主义才能发展中国	1. 查阅资料、收集资料 2. 参观纪念馆、博物馆、革命圣地、烈士陵园 3. 讲故事 4. 讨论

续 表

学段		主题内容要求	教学提示
第四学段	中华优秀传统文化教育	1. 弘扬中华优秀传统文化讲仁爱、重民本、守诚信、崇正义、尚和合、求大同的核心理念 2. 理解中华民族孝悌忠信、礼义廉耻的荣辱观念,崇德向善、见贤思齐的社会风尚 3. 践行中华民族自强不息、敬业乐群、脚踏实地、实事求是的思想 4. 了解中华优秀传统文化修齐治平的理想追求,锤炼高尚人格 5. 感悟天下兴亡、匹夫有责的担当意识,厚植爱国主义情怀	1. 收集神话传说、经典故事、嘉言金句 2. 讨论
	革命传统教育	1. 了解中国产生了共产党,这是开天辟地的大事,理解伟大建党精神的内涵,领悟伟大建党精神是中国共产党的精神之源 2. 了解中国共产党领导人民浴血奋战、百折不挠,创造了新民主主义革命的伟大成就,实现了从几千年封建专制政治向人民民主的伟大飞跃,理解中国人民从此站起来了,中国发展从此开启了新纪元 3. 了解中国共产党领导人民自力更生、发愤图强,创造了社会主义革命和建设的伟大成就,实现了一穷二白、人口众多的东方大国大步迈进社会主义社会的伟大飞跃,理解只有社会主义才能救中国,只有社会主义才能发展中国 4. 了解中国共产党领导人民解放思想、锐意进取,创造了改革开放和社会主义现代化建设的伟大成就,实现了人民生活从温饱不足到总体小康、奔向全面小康的历史性跨越,推进了中华民族从站起来到富起来的伟大飞跃,理解中国特色社会主义道路是指引中国发展繁荣的正确道路 5. 了解中国共产党领导人民自信自强、守正创新,创造了新时代中国特色社会主义的伟大成就,中华民族迎来了从富起来到强起来的伟大飞跃,理解确立习近平新时代中国特色社会主义思想的指导地位,对新时代党和国家事业发展、推进中华民族伟大复兴历史进程具有决定性意义	1. 观看影视剧或专题片 2. 查找资料 3. 举办主题班会或展览 4. 开展团队会活动

可见,新课标在第一至第三学段,有关中华优秀传统文化、社会主义先进文化和革命文化主题内容和要求,是综合表述的;第四学段是分中华优秀传统文化、革命传统两个方面表述的,后者包含了社会主义先进文化和革命文化主题。

(三) 英语课程目标

《义务教育英语课程标准(2022年版)》(以下简称《英语课标》)明确英语课程是培养学生的家国情怀、国际视野和跨文化沟通能力的重要课程;旨在培养立足中国国情、具有世界眼光、了解国际社会和英语国家文化的双语人才。语言能力、文化意识、思维品质和学习能力是英语学科核心素养。其中文化意识体现了核心素养的价值取向。

1. 文化意识

文化意识指对中外文化的理解和对优秀文化的鉴赏,是学生在新时代表现出的跨文化认知、态度和行为选择。文化意识的培育,有助于学生增强家国情怀和人类命运共同体意识,涵养品格,提升文明素养和社会责任感。

2. 文化意识的学段目标

《英语课标》明确"文化意识"素养的培育目标是:能够了解不同国家的优秀文明成果,比较中外文化的异同,发展跨文化沟通与交流的能力,形成健康向上的审美情趣和正确的价值观;加深对中华文化的理解和认同,树立国际视野,坚定文化自信。

义务教育英语课程分为三个学段,每个学段的目标有相应的级别:三到四年级学段应达到一级;五到六年级学段应达到二级;七到九年级学段应达到三级。在各学段结束时,学生应达到学业成就的预设和期待。其中"文化意识"学段目标详见表4-4。各学段目标之间具有连续性、顺序性和阶段性。

表4-4 "文化意识"学段目标①

表现	3~4年级/一级	5~6年级/二级	7~9年级/三级
比较与判断	有主动了解中外文化的愿望;能在教师指导下,通过图片、配图故事、歌曲、韵文	对学习、探索中外文化有兴趣;能在教师引导下,通过故事、介绍、对话、动画等	能初步理解人类命运共同体和全人类共同价值的概念;能通过简短语篇获取、

---

① 中华人民共和国教育部. 义务教育英语课程标准(2022年版)[EB/OL]. (2022-03-25)[2023-10-22]. http://www.moe.gov.cn/srcsite/A2b/s8001/202204/wo20220420582349487953.pdf.

续 表

表现	3~4年级/一级	5~6年级/二级	7~9年级/三级
	等获取简单的中外文化信息；观察、辨识中外典型文化标志物、饮食及重大节日；能用简单的单词、短语和句子描述与中外文化有关的图片和熟悉的具体事物；初步具有观察、识别、比较中外文化的意识	获取中外文化的简单信息；感知与体验文化多样性，能在理解的基础上进行初步的比较；能用简短的句子描述所学的与中外文化有关的具体事物；初步具有观察、识别、比较中外文化异同的能力	归纳中外文化信息，认识不同文化，尊重文化的多样性和差异性，并在理解和比较的基础上作出自己的判断；能用所学语言描述文化现象与文化差异，表达自己的价值取向，认同中华文化；树立国际视野，具有比较、判断文化异同的基本能力
调适与沟通	有与人交流沟通的愿望；能大方地与人接触，主动问候；能在教师指导下，学习和感知人际交往中英语独特的表达方式；能理解基本的问候、感谢用语，并作出简单回应	对开展跨文化沟通与交流有兴趣；能与他人友好相处；能在教师指导下，了解不同文化背景下人们待人接物的礼仪；能注意到跨文化沟通与交流中彼此的文化差异；能在人际交往中，尝试理解对方的感受，知道应当规避的谈话内容，适当调整表达方式，体现出礼貌、得体与友善	能认识到有效开展跨文化沟通与交流的重要性；对具有文化多样性的活动和事物持开放心态；了解不同国家人们待人接物的基本礼仪、礼貌和交际方式；能初步了解英语的语用特征，选择恰当的交际策略；能意识到错误并进行适当的纠正；在人际交往中，学会处理面对陌生文化可能产生的焦虑情绪，增强跨文化沟通与交流的自信心；初步具备用所学英语进行跨文化沟通与交流的能力
感悟与内化	有观察、感知真善美的愿望；明白自己的身份，热爱自己的国家和文化；能在教师指导下，感知英语歌曲、韵文的音韵节奏；能识别图片、短文中体现中外文化和正确价值观的具体现象与事物；具有国家认同感，对中华优秀传统文化感到骄傲	对了解中外文化有兴趣；能在教师引导下，尝试欣赏英语歌曲、韵文的音韵节奏；能理解与中外优秀文化有关的图片、短文，发现和感悟其中蕴含的人生哲理；有将语言学习与做人、做事相结合的意识和行动；体现爱国主义情怀和文化自信	能理解与感悟中外优秀文化的内涵；领会所学简短语篇蕴含的人文精神、科学精神和劳动价值，感悟诚实、友善等中外社会生活中的传统美德；能自尊自爱，正确认识自我，关爱他人，尊重他人，有社会责任感；能欣赏、鉴别美好事物，形成健康的审美情趣；

续　表

表现	3~4年级/一级	5~6年级/二级	7~9年级/三级
			具有国家认同感和文化自信,有正确的价值观和积极向上的情感态度;有自信自强的良好品格,做到内化于心、外化于行

3. 课程内容

《英语课标》明确课程内容包含六个要素:主题、语篇、语言知识、文化知识、语言技能、学习策略。以语篇为核心整合六要素:一个单元聚焦一个主题,包含若干语篇;学生通过语篇学习,掌握语言知识、获取文化知识、理解主题意义,并在这个过程中发展语言技能和学习策略。

(1) 六要素的内在关系

主题为学生英语学习提供话题范畴;语篇(类型)是各类学科知识学习的载体;语言知识是发展语言技能的重要基础;文化知识是依托语篇承载的中外优秀人文和科学知识,使学生认识自己、接纳他人、了解社会,为学生提供奠定人文底蕴和科学精神、形成跨文化意识的内容资源;语言技能为理解和表达意义、情感态度提供行为操作;学习策略提供促进语言学习和运用的方法和技巧。其内容的深层结构关系见图4-1。

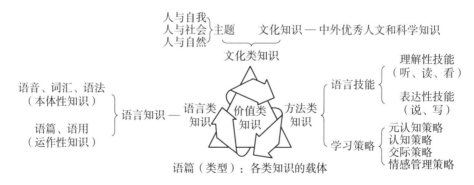

图4-1　英语课程内容的深层结构[①]

---

① 王蔷等.重构英语课程内容观,深析内容深层结构[J].课程·教材·教法,2022(8):42.

(2) 文化知识

学生基于主题、阅读语篇，关注表层语言知识的同时，获得语篇所传递的文化类知识——中外优秀人文和科学知识。并探究语篇内容所隐含的深层意义——价值层面的意义，建构和生成态度与价值观。文化知识是学生探究深层意义、建构和生成正确的态度与价值观的基础资源。

文化知识主题内容包括饮食、服饰、建筑、交通以及相关发明与创造的物质文化的知识，包括哲学、科学、历史、语言、文学、艺术、教育以及价值观、道德修养、审美情趣、劳动意识、社会规约和风俗习惯非物质文化的知识。在教学中，文化知识的学习不限于了解和记忆具体的知识点，更重要的是发现、判断其背后的态度和价值观。要强调的是，文化知识主题的学习是在比较中外文化异同的基础上，加深对中华文化的理解和认同，树立国际视野，坚定文化自信。

（四）艺术课程

《义务教育艺术课程标准(2022年版)》(以下简称《艺术课标》)明确艺术课程是对学生进行审美教育、情操教育、心灵教育，培养想象力和创新思维等的重要课程，具有审美性、情感性、实践性、创造性、人文性等特点。一至七年级的艺术课程将音乐与美术课程合在一起，八至九年级则分项选择开设。

1. 学科核心素养

艺术课程培养学生的核心素养，主要包括审美感知、艺术表现、创意实践和文化理解。

(1) 审美感知是对自然世界、社会生活和艺术作品中美的特征及其意义与作用的发现、感受、认识和反应能力。它是艺术学习的基础。

(2) 艺术表现是在艺术活动中，创造艺术形象、把握思想感情、展现艺术美感的实践能力。它是学生参与艺术活动的必备能力。

(3) 创意实践是综合运用多学科知识，紧密联系现实生活，进行艺术创新实际应用的能力。它是学生创新意识和创造能力的集中体现。

(4) 文化理解是对特定文化情境中艺术作品人文内涵的感悟、领会、阐释能力。文化理解包括感悟艺术活动、艺术作品所反映的文化内涵，领会艺术对文化发展的贡献和价值，展示艺术与文化之间的关系。文化理解的培育，有助于学生在艺术活动中形成正确的历史观、民族观、国家观、文化观，尊重文化多样性，增强文化自信。它是以正确的价值观引领审美感知、艺术表现和创意实践。

2. 文化理解的学习目标

艺术课程有关文化理解素养的学习目标如下。

(1) 感受和理解我国深厚的文化底蕴以及党的百年奋斗重大成就,传承和弘扬中华优秀传统文化、革命文化、社会主义先进文化,坚定文化自信,铸牢中华民族共同体意识。

(2) 了解不同地区、民族和国家的历史与文化传统,理解文化与构建人类命运共同体的关系,学会尊重、理解和包容。

3. 课程内容

艺术课程包括音乐、美术、舞蹈、戏剧(含戏曲)、影视(含数字媒体艺术)5门学科。艺术课程以艺术实践为基础、以学习任务为抓手,有机整合学习内容,建构一体化的内容体系。其中"艺术实践"包括欣赏(欣赏·评述)、表现(造型·表现)、创造(设计·应用)、联系/融合(综合·探索)4类实践活动。课程内容坚持以中华优秀传统文化为主题,讲好中国故事,吸收、借鉴人类文明优秀成果,追求精神高度、文化内涵、艺术价值相统一。下面以美术学科为例,梳理各学段学习任务中有关优秀传统文化学习的内容要求。见表4-5。

表4-5 美术课程各学段"优秀传统文化"学习任务和内容要求[①]

学段	学习任务	内容要求
一	体验传统工艺	知道中国传统工艺来自民间,是中华民族文化艺术的瑰宝,增强中华民族自豪感
二	表达自己的想法	1. 在中国画学习中尝试运用毛笔、宣纸等绘画工具和材料,用笔法(中锋、侧锋)、墨法(焦、浓、重、淡、清)的特点 2. 知道中国传统绘画技法是由我国历代画家不断探索、总结而成的

[①] 整理自中华人民共和国教育部. 义务教育艺术课程标准(2022年版)[EB/OL]. (2022-03-25) [2023-10-22]. http://www.moe.gov.cn/srcsite/A2b/s8001/202204/wo20220420582364678888.pdf.

续 表

学段	学习任务	内容要求
三	领略世界美术的多样性	知道中国书法、篆刻的艺术特点,了解不同书体的写法
	传递我们的创意	1. 了解中国传统绘画在工具、材料和表现形式上的主要特点 2. 了解中国传统绘画的主要特点,知道中国传统绘画是中华优秀传统文化的重要组成部分
	传承传统工艺	1. 知道中国传统工艺代代相传的优良传统 2. 知道中国传统工艺在传承古老技法的同时也在积极创新
四	概览中外美术史	知道中国古代经典美术作品,以及近现代反映中华民族追求独立解放和党团结带领人民进行革命、建设、改革的美术作品,增强对伟大祖国、中华民族的情感,传承红色基因,坚定文化自信,形成开放包容的心态和人类命运共同体意识
	我们与设计同行	对所居住地区的革命遗址、古建筑或古村落进行调研,了解其在历史上的作用,撰写调研报告
	继承与发展文化遗产	1. 收集中国非物质文化遗产方面的资料,了解其基本概念和情况,感悟继承与发展文化遗产是我们应尽的责任 2. 结合不同地域的中华优秀传统文化特色,设计文创产品及其识别系统,如旅游纪念品,或为庆典博览会、运动会等设计形象一体化的识别系统

综上,义务教育阶段的道法、英语和艺术新课标,都基于学科特点对中华优秀传统文化、革命文化、社会主义先进文化教育的目标、内容进行了总体设计,均体现了时代要求,弘扬了中国特色,聚焦学生核心素养发展,绘制课程育人的蓝图。这些课程的设计框架和内容体系可以给语文课程的中华文化教育以借鉴和启示,也为跨学科的中华文化主题学习活动提供具体参考。

第二节 语文课程文化教育的图景

从文化学视域看,我国《义务教育语文课程标准(2022年版)》(以下简称《语文新课标》)有关文化内容的学习,宏观目标指向明确;微观践行框架初见;语文课程与中华优秀传统文化、革命文化、社会主义先进文化的内在联系与互动路径有待搭建。

一、新课标文化学习目标的指向

《语文新课标》明确语文课程是一门学习国家通用语言文字运用的综合性、实践性课程。文化自信、语言运用、思维能力、审美创造是语文课程核心素养的四个方面。其中,"文化自信"核心素养的内涵是:通过语文学习,热爱国家通用语言文字,热爱中华文化,继承和弘扬中华优秀传统文化、革命文化、社会主义先进文化,关注和参与当代文化生活,初步了解和借鉴人类文明优秀成果,具有比较开阔的文化视野和一定的文化底蕴。[①]

(一) 文化学习目标

《语文新课标》作为一种顶层设计,价值定位、文化担当不可旁落。新课标明确了融入语文学科的文化教育的总目标为:热爱国家通用语言文字,感受语言文字及作品的独特价值,认识中华文化的丰厚博大,汲取智慧,弘扬社会主义先进文化、革命文化、中华优秀传统文化,建立文化自信。

1. 中华文化学习

《语文新课标》以"落实中华优秀传统文化、革命文化、社会主义先进文化主题教育有机融入语文课程"为己任,以达成培育学生"在真实的语言运用情境中,积淀丰厚的文化底蕴,继承和弘扬中华优秀传统文化、革命文化、社会主义先进文化"为目标。新

[①] 中华人民共和国教育部. 义务教育语文课程标准(2022年版)[M]. 北京:北京师范大学出版社,2022:4.

课标强调：义务教育阶段的语文课程在"铸牢中华民族共同体意识，建立文化自信、培育时代新人，实现中华民族伟大复兴等方面具有不可替代的优势"。这是语文课程自身所拥有的多重功能和奠基作用所决定的。发挥语文课程文化教育的优势，需依从四大准则——"以生活为基础，以语文实践活动为主线，以学习主题为引领，以学习任务为载体"。

2. 多元文化意识

受全球化和信息化的影响，每一个国家和民族都不可避免地要与来自不同文化背景的人打交道，都面临着多种文化的碰撞和冲突。尤其像中国这样有着深厚文化传统的国家，更需处理民族文化与外来文化的关系问题。语文课程培植学生多元文化意识是各国教育现代化进程中不可或缺的目标内容。

《语文新课标》以"立足核心素养发展，吸收古今中外优秀文化成果，提升思想文化修养，建立文化自信"的课程理念，回应了文化全球化的社会发展需求。明确本国文化学习的目标——认识中华文化的丰厚博大，汲取智慧，弘扬社会主义先进文化、革命文化、中华优秀传统文化，建立文化自信。与此同时"感受多样文化，吸收人类优秀文化的精华"。

（二）文化自信

《语文新课标》指出语文课程文化自信的目标是"学生认同中华文化，对中华文化的生命力有坚定信心"。并诠释文化自信的外延包括"通过语文学习，热爱国家通用语言文字，热爱中华文化，继承和弘扬中华优秀传统文化、革命文化、社会主义先进文化，关注和参与当代文化生活，初步了解和借鉴人类文明优秀成果，具有比较开阔的文化视野和一定的文化底蕴"。可见，文化自信是学生在文化上增进自我、扩展自我的表现。

二、新课标文化学习内容

文化是一个复杂的整体，它包括知识、信仰、艺术、道德、法律、风俗以及作为社会成员的人所具有的其他一切能力和习惯。[①] 课程改革以来，我国语文课程在知识教学领域的研究积淀颇丰。但是，基于课程的文化学习研究则相对匮乏。新课标建立的语

---

① ［英］爱德华·泰勒.原始文化[M].蔡江浓,译.杭州：浙江人民出版社,1988：1.

文课程文化学习的内容体系,无疑是一种创新探索。

(一) 课程内容主题与载体

《语文新课标》明确义务教育阶段语文课程内容中"体现中华优秀传统文化、革命文化、社会主义先进文化的作品应占 60%—70%",并梳理了三类文化的内容主题与内容承载形式。详见表4-6。

表4-6 语文课程"三类文化"内容主题与载体

类别	文化主题	载体
中华优秀传统文化	1. 注重弘扬讲仁爱、重民本、守诚信、崇正义、尚和合、求大同等核心思想理念 2. 弘扬有利于促进社会和谐、鼓励人们向上向善的中华人文精神 3. 弘扬自强不息、敬业乐群、扶危济困、见义勇为、孝老爱亲的中华传统美德	1. 汉字、书法 2. 成语、格言警句 3. 神话传说、寓言故事、历史故事、民间故事、中华民族团结一家亲的故事 4. 古代诗词、古代散文、古典小说 5. 古代文化常识、传统节日、风俗习惯等
革命文化	注重反映理想信念、爱国情怀、艰苦奋斗、无私奉献、顽强斗争和英勇无畏等革命传统	1. 革命家和英雄人物的代表性作品、传记故事 2. 伟大历程和重要事件 3. 节日、纪念日 4. 革命圣地、革命旧址和革命文物等
社会主义先进文化	突出爱党、爱国、爱社会主义相统一	1. 社会主义建设事业中的重大成就、模范人物与先进事迹 2. 当代中国奋斗历程和重大事件,中国式现代化新道路和人类文明新形态 3. 和谐互助、共同富裕、改革创新、劳动创造美好生活

"中华优秀传统文化"要基于传统文化的核心思想理念、中华人文精神和中华传统美德主题,开发和利用汉字、成语、格言警句、神话传说、寓言故事、历史故事、民间故事、古代诗文、古代文化常识、传统节日、风俗习惯等文化教学资源。

"革命文化"要基于中国共产党人的理想信念、爱国情怀、艰苦奋斗、无私奉献、顽强斗争和英勇无畏等革命传统主题,开发和利用革命文物和文学艺术作品,长期革命实践中的伟大历程和重要事件的节日、纪念日等文化教学资源。

"社会主义先进文化"要聚焦热爱中国共产党、中华人民共和国和社会主义主题,开发和利用社会主义建设事业中的重大事件和成就,模范人物与先进事迹,当代中国奋斗历程和重大事件,中国式现代化新道路和人类文明新形态,以及体现社会主义核心价值观等文化教学资源。

《语文新课标》明确了语文课程内容层面的文化教学主题、主题呈现的方式方法,以及在总的课程内容中的占比,从而为教材内容层面文化教学的设计,提供了充分的依据。课程内容、教材内容的确定,也将为语文教师融于课堂的文化教学内容选择奠定基础。中华优秀传统文化、革命文化、社会主义先进文化的课程内容——教材内容——教学内容的一体化设计,是语文课程文化教学实施的不可或缺的前提条件。

(二)课程内容组织形式

有关中华优秀传统文化、革命文化、社会主义先进文化的课程内容,既可以通过教材内容来呈现,也可以围绕以上三类文化的主题与载体,以学习任务群的形式来组织和设计。在组织语文课程文化学习内容时,新课标要求聚焦上述特定学习主题;设计具有情境性、实践性、综合性的语文学习任务;开展有逻辑关联的、系列的语文实践活动。即以"学习任务群"的形式呈现。每个学段的文化学习任务群可从三个不同的层面展开设计——基础型学习任务群、发展型学习任务群和拓展型学习任务群。详见图4-2。

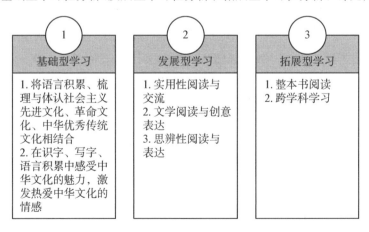

图4-2 语文课程三个层面的学习任务群

三个层面的学习任务群中,最为具体详实的是基础型学习任务群,分四个学段明确提示了语言文字积累与梳理的文化学习任务。其次是发展型学习任务群中的文学阅读与创意表达,以及拓展型学习任务群,各学段都有提及文化学习任务。实用性阅读与交流、思辨性阅读与表达的文化学习任务相对笼统。

第三节　语文课程文化教育的国内外比较

各国母语课程均与国家政治经济制度、文化科学发展、社会意识形态、国民教育政策休戚相关。本节通过语文课程文化教育的国内外比较,进一步明确我国语文课程文化教育的定位和接下来的着力点。

一、亚洲国家的语文课程标准

对于亚洲国家(如日本、韩国、新加坡、中国等)而言,当经济腾飞、社会转型引发传统的、稳定的、整合的文化模式被打破,就会形成传统农业、现代工业、当代信息社会不同价值需求并存的态势。因此,培育学生对本民族文化的认同、使其拥有文化自信就成了文化全球化背景下亚洲国家面临的教育挑战。

(一) 新加坡华文课程标准

新加坡是多元种族、多种语言的社会,1966年起实施双语教育政策,以英语为第一语言,母语为第二语言。华族的母语是华文(在汉字文化圈和海外华人社区中,中文也被称为华文、汉文),华文教学的两大目标是:通过听、说、读、写等语文技能的教学,培养学生的语文能力;通过华文教学传授华族文化与传统价值观。

1. 人文素养目标

新加坡教育部颁布的《中学华文课程标准2011》,在华文课程总目标中新设"人文素养"目标,将其与"通用能力""语言交际能力"并列作为华文课程目标的构成要素,见图4-3。

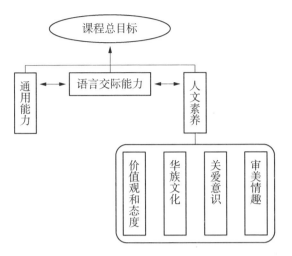

图 4-3　新加坡中学华文课程目标框架

"通用能力"主要是指学生的创新能力和自主学习能力等。"人文素养"旨在传承优秀的华族文化。该目标下设四个学习范畴：价值观和态度、华族文化、关爱意识、审美情趣。在"华族文化"范畴提出三项子目标：

- 了解华族传统节日和风俗习惯；
- 认识并传承华族的文化艺术；
- 认识著名的历史人物，了解有代表性的历史故事。①

2. "华族文化"教学内容

华族文化的教学内容包括：

- 传统的伦理道德（如忠、孝、仁、爱、礼、义、廉、耻）；
- 传统的节日与风俗习惯；
- 著名的历史事件与人物；
- 著名的作家与文学故事；
- 著名的历史与文化古迹；
- 古代重要的发明。②

---

① 新加坡教育部.中学华文课程标准 2011[S].新加坡教育部,2011:23.
② 新加坡教育部课程规划与发展署.中学华文课程标准 2002[S].新加坡教育部,2002:27.

(二) 日本国语课程标准

日本在本轮课程改革中提出：继承和发展日语，在各科教学中提高基本的日语应用能力，特别是正确的语言理解能力、理论思考能力；培育尊重民族语言与文化传统，重视日本古典文化的传承；能够正确运用日本汉字及敬语，提高阅读及写作能力。①

1. 文化事项

日本国语课程承担两大责任：一是培养基于人际交往的语言能力、借助语言的思维能力，二是培育对传统语言文化的态度。为此，2011年颁布的《小学学习指导要领·国语》（以下简称《小学课标》）、《中学学习指导要领·国语》（以下简称《中学课标》）第一次在课标中增设"文化事项"，以培育学生对传统语言文化的态度。

(1) 语言文化

所谓的语言文化，泛指日本历史上创造并继承而来的文化中具有很高价值的语言，即作为文化的语言。以及人们在实际生活中使用这些语言所形成的文化性的语言生活。还包括从古至今各个时代中所表现、融合的多种样式的语言艺术和表演艺术。②

(2) 文化事项

日本国语课程内容由"三领域＋文化事项"构成（见图4-4）。"三领域"是指听说、写作、阅读三个学习领域，"文化事项"就是有关语言文化和日语特性的学习内容。

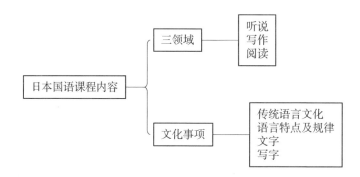

图4-4 日本国语课程内容结构

---

① 杨如安.日本第七次中学课程改革及其启示[J].课程·教材·教法,2012(2):117—121.
② 日本文部科学省.小学校学习指导要领解说:国语编[M].东京:东洋馆出版社,2011:23.

2. 实施途径和分年级目标

《小学课标》还明确传统语言文化、语言特点及规律、文字、写字文化事项的四条实施途径,以达成文化目标,详见表4-7。

表4-7 日本国语课程文化践行四途径[①]

途径	传统语言文化	语言特点及规律	文字	写字
学习内容	日本历史上创造、继承的文化中具有高价值的语言,即作为文化的语言	语言特点及规律、表记、句子、句子和文章结构、遣词造句、语言表达等日本语言规范	假名、汉字和文字文化[②]	从基础的坐姿、握笔方法、笔画、笔顺开始,到有关字词的书写,继而到有目的书写,系统指导以培养日常生活和学习活动中所需的书写能力

不仅如此,日本国语课标循序渐进地架构了各年级课程文化内容目标,如5—6年级的要求(见表4-8)。

表4-8 小学5—6年级文化事项的学习内容[③]

文化事项	5—6年级的内容要求
一、传统语言文化	1. 朗读并了解喜闻乐见的古文、汉文及近代文言风格的文章的内容大意 2. 阅读解读古文的文章,了解古人对事物的看法和感受
二、语言特点及规律	(一)语言特点及规律 1. 关注口语和书面语的区别 2. 关注语言随时间而演变、因代际而不同

---

① 日本文部科学省.小学校学习指导要领解说:国语编[M].东京:东洋馆出版社,2011:5—12.
② 日本拼音文字由片假名和平假名组成。片假名由高度简化的符号组成,这些符号都是通过利用汉字楷书的偏旁部首,即汉字的一部分组成。平假名也是通过缩减和简化汉字草书而构成的。
③ 日本文部科学省.小学校学习指导要领解说:国语编[M].东京:东洋馆出版社,2011:75—92.

续 表

文化事项	5—6年级的内容要求
	（二）表记 正确书写假名并拼写 （三）句子 1. 理解句子构成和变化 2. 了解句子间的关系 3. 关注语感、语词使用方法，并建立一定的感觉 （四）句子和文章结构 了解句子、文章结构的多样性 （五）遣词造句和语言表达 1. 掌握常用敬语的使用方法 2. 注意比喻和反复等表达方法
三、文字	（一）假名（此项5—6年级无要求） （二）汉字 能读出汉字分配表中该年级所列汉字，书写并能运用 （三）文字文化 了解假名及汉字的由来与特征等
四、写字	1. 注意根据纸张大小决定文字的大小与排列，有意识地提高写字速度 2. 根据目的选择书写工具，并有效发挥书写工具的特质 3. 使用毛笔时能意识到笔尖移动与笔画的关系

除此之外，日本国语课标在教材编制建议中强调：针对学生年龄特点，选用经典的短歌、故事、俳句、汉诗汉文等古典作品，以及故事、诗歌、传记、民间故事等近代以来的作品，加强古典文学作品的阅读。在教学实施建议中提示：汉字、敬语教学要改进教法，注重在实际生活中的运用。上述设计为达成"培养爱好本国语言文化并使之得到继承发展的态度"目标搭建了敦实的践行框架。

2017年，日本开始修订中小学课标，并于2021年开始实施新课标。新课标强调"为了继续通过小学、中学，培养学生亲近、热爱并享受日语的语言文化，以及作为承担者传承并发展语言文化的态度，需重视有关传统文化的学习"[①]。并进一步完善了相

---

① 日本文部科学省. 中学校学习指导要领解说：国语编[M]. 东京：东洋馆出版社，2021：10.

关课程内容。

随着出生率下降和城市化进程,日本社会的家庭和社会教育能力明显降低。一些学生因富足的物质生活导致理想信念缺失,责任感、正义感泯灭。日本国语课标增列"文化事项",将修订重点立足于使学生养成尊重、热爱日本语言文化的态度,正是对这个社会问题的回应。日本国语课标的文化目标、内容标准及实施路径,为我国语文课标的文化回归提供了践行思路。

二、英美国家的语文课程标准

对于语文课程文化教育,英美国家更多地倾向于培育学生多元文化意识。这与两国在文化全球化浪潮中,始终处于强势文化地位有关。

(一) 英国丰富文化理解的内容

英国《国家课程·英语2007》在总目标部分提出,培养学生成为成功的学习者、自信的个体、有责任心的公民。其中有责任心的公民目标中共包括10项内容,第5项指出:能在英国传统背景下,理解自己和他人的文化传统,并对英国文化有强烈的责任感。[①] 2012年5月颁布的学段英语学习内容和成就目标,对"文化理解(cultural understanding)"目标进行了分学段阐述。

第三学段(11—14岁)学生的学习内容和目标是:

- 结合重点课文感受英国文学遗产;
- 探索课文描写的源自不同文化和传统的思想、经验和价值观;
- 知道本地英语和全球英语有差异,理解这种变化与个体和文化差异有关。

第四学段(14—16岁)学生的学习内容和目标是:

- 了解选自英国文学遗产的文本具有超越时间的影响力和意义,并探索其现代

---

① Qualifications and Curriculum Authority. English The National Curriculum 2007 [S]. Crown copyright, 2007:17.

意义；

- 探索源自不同文化和传统的文本如何影响价值观、假设和认同感；
- 了解口语和书面语因社会和技术发展而发生的变化，理解该过程与个体和文化差异有关。①

这份学习内容和成就目标明确、有序地阐述了各学段文化理解的要求。其中既有对英国传统文化的理解，更多的则是对文化差异的认识，体现了多元文化意识。

（二）美国梳理文化理解的途径

1996年，美国第一份国家性质的英语语言艺术课标在第九条提出：

培养学生理解和尊重语言运用中的差异，如语言表达方式、跨文化、族群、地域的方言。

……随着文化日益多元化，学生需要并应该得到尊重文化、种族和民族差异的学习环境……学校有责任创造一种气氛，尊重学生所持的语言以及形成语言的文化。他们应该解决如下问题：对我和其他同学而言，什么信仰和传统是重要的？我们能从自己的文化背景中找到何种关联？在我们呈现的不同文化中，有哪些价值是值得共享的？意识到语言和文化之间的联系，并在不同语言运用中加以呈现，是英语语言艺术教与学的重要方面。②

这份课标将课堂上理解和尊重语言运用中的差异，作为多元文化意识传播的切入口和多元文化意识养成的重要途径，对英语语言艺术课程文化实践具有指导意义。英美国家语文课标的多元文化意识教育和实践，可资我国文化教育借鉴。

---

① Qualifications and Curriculum Authority. English Programme of study for key stage 4 and attainment targets [EB/OL]. (2012-05-22)[2020-04-06]. http://media.education.gov.uk/assets/files/pdf/p/english%202007%20programme%20of%20study%20for%20key%20stage%204.pdf.

② The International Reading Association and the National Council of Teachers of English. Standards for the English Language Arts [S]. the International Reading Association and the National Council of Teachers of English Printed. 1996:29.

三、中国的语文课程标准:以香港地区为例

在培育学生对本民族文化的认同,促进其坚定文化自信这方面,我国香港地区的案例非常具有代表性。我国香港地区是国际化大都市,也是世界性的商业中心和金融中心。为适应社会发展需要,学校必须为学生提供通识教育,培养学生善用两文(中英文)和三语(普通话、粤语和英语)。

(一) 我国香港地区的语文课程框架

我国香港地区的语文课程框架由学习领域、共通能力、价值观和态度三个互有关联的部分构成。

1. 学习领域

学习领域包括九大学习范畴的知识、能力、兴趣、态度和习惯。九大学习范畴是:阅读、写作、聆听、说话、文学、中华文化、品德情意、思维、语文自学。其中,"中华文化"的学习目标是:

- 增进对中华文化的认识,提高学习语文的兴趣和语文能力;
- 对中华文化进行反思,并了解其对现代世界的意义;
- 认同优秀的中华文化,培养对国家、民族的感情;
- 在生活中体现优秀的中华文化。[①]

2. 共通能力

共通能力是八个学习领域共同培养的基本能力,主要帮助学生学会掌握知识、建构知识和应用所学知识解决新问题。共通能力具体包括如下九项:协作能力、沟通能力、创造能力、批判性思考能力、运用资讯科技能力、运算能力、解决问题能力、自我管理能力、研习能力。

3. 价值观和态度

价值观是学生应发展的素质,是个人行为和判断的准则;态度则是把工作做好所需的个人特质,两者是互相影响的。

---

① 香港特别行政区教育署课程发展议会.中国语文教育学习领域课程指引(小一至中三)[S].香港:香港印务局,2002:15.

(二) 价值观教育课程架构

2021年,中国香港特别行政区政府教育局颁布《价值观教育课程架构(试行版)》(以下简称《价值观教育》),旨在进一步支援学校培育学生正面价值观和态度,实践良好行为,好让学生成为有质素的新一代,对社会有承担,具香港情怀、国家观念和国际视野。①

1. 十个价值观和态度

《价值观教育》明确香港教育首要培育十个价值观和态度:坚毅、尊重他人、责任感、国民身份认同、承担精神、诚信、关爱、守法、同理心、勤劳,乃建基于学生于不同阶段的发展和需要;藉着首要培育价值观的建立,并配合各学习领域、跨学习领域及学科课程指引中建议培育的价值观和态度,装备学生积极面对成长和生活的转变与挑战,亦配合社会对香港下一代的期望和要求。见图4-5。②

图4-5 十个首要培育的价值观和态度

2. "国民身份认同"价值观和态度

香港教育首要培育十个价值观和态度中的"国民身份认同"的要求是:香港是中国不可分割的一部分,有国才有家,所以培养学生国民身份认同,是学校课程一个重要的使命,也是学校应有之责。国家不断发展,加深学生对宪法、基本法、国家安全教育、

---

① 香港特别行政区教育署课程发展议会. 价值观教育课程架构(试行版)[S]. 香港特别行政区政府教育局,2021:2.

② 香港特别行政区教育署课程发展议会. 价值观教育课程架构(试行版)[S]. 香港特别行政区政府教育局,2021:15.

"一国两制"及国家发展情况的理解,以及对中华文化的认同,从而建立并巩固学生作为国家一分子的身份认同,并对社会和国家整体福祉作出贡献。

《价值观教育》以认知、情感、实践三个方面相结合的原则,列出中小学四个学习阶段、不同生活范畴的学习目标。

(三) 中国语文课程及评估指引

2021 年 12 月,课程发展议会与香港考试及评核局联合编订了《中国语文课程及评估指引(中四至中六)》(以下简称《高中语文课程指引》),提出语文课程框架由三个部分构成:知识、共通能力、价值观和态度。见图 4-6。价值观是学生应发展的素质,是个人行为和判断的准则;态度则是把事情做好所需的个人特质。①《高中语文课程指引》从目标、内容、层面、教学四个方面,就九大学习范畴之一的"中华文化"高中阶段

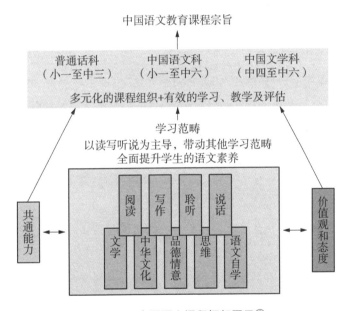

图 4-6 中国语文课程框架图示②

---

① 香港特别行政区政府教育局. 中国语文教育学习领域中国语文课程及评估指引[EB/OL]. (2021-12-02)[2023-08-10]. https://www.edb.gov.hk/attachment/tc/curriculum-development/kla/chi-edu/CHI_LANG_CAGuide_2021.pdf.
② 香港特别行政区政府教育局. 中国语文教育学习领域中国语文课程及评估指引[EB/OL]. (2021-12-02)[2023-08-10]. https://www.edb.gov.hk/attachment/tc/curriculum-development/kla/chi-edu/CHI_LANG_CAGuide_2021.pdf.

的学习提出了如下要求。

1."中华文化"学习目标

《高中语文课程指引》指出:我国的历史文化源远流长,身为中国人应懂得欣赏中华文化。文化是语文的重要构成部分,认识文化有利沟通,也有利于文化承传。语文学习材料蕴含丰富的文化元素、文化学习和语文学习,可以同时进行。中华文化范畴的学习目标是:

- 增进对中华文化的认识,提高学习语文的兴趣和语文能力;
- 对中华文化进行反思,并了解其对世界的意义;
- 认同优秀的中华文化,培养对国家民族的感情;
- 在生活中体现优秀的中华文化。

2."中华文化"学习内容

《高中语文课程指引》强调:文化素材俯拾即是,例如生活习惯、语言文字、思维方法、价值观念,以至日常生活见闻和体验等,都可以是文化学习的材料。文化的内容大致可通过物质、制度、精神三个方面去了解。

- 物质方面:指人类创造的种种文明,例如饮食、器物、服饰、建筑、科学技术、名胜古迹等。
- 制度方面:指人类社会中的各种制度、规范,例如民俗、礼仪、宗法、姓氏、名号、交通、经济、政治、军事等。
- 精神方面:指物质和制度文化形成时产生的精神活动和结果,例如哲学、宗教、伦理道德、教育、文学、艺术等。

3."中华文化"学习层面

《高中语文课程指引》提示:高中学生的中华文化学习要从认识、反思、认同三个层面展开。

- 认识:中华文化源远流长,博大精深,饶富意趣。认识中华文华,对民族认同有极重要的作用,而且又可提高语文学习的兴趣,有助于增强语文沟通能力。

- 反思:文化反思指的是对中华文化进行反省和思考,体察中华文化的优秀面和不足之处,从而产生荣辱与共的民族感情。通过反思,可以让学生更深入认识中华文化,更乐于继承和弘扬中华民族历久弥新的优秀传统,以及进行文化创新;至于传统文化中的不足之处,也敢于承认,勇于改进。在反思的过程中,也要了解世界各民族的文化,并保持开放的态度,取长补短,吸收世界各国的优秀文化传统。

- 认同:文化认同指的是对优秀的中华文化产生欣赏和思慕之情,例如欣赏国家的风俗习惯、传统美德、河山风貌、科技成就,为古今文明而感到自豪。在认同自己文化、建立文化自信的同时,培养对国家文化的保护意识和能力。

《高中语文课程指引》强调,认识、反思、认同三者存在如下关系:认识是认同和反思的先决条件,学生学习中华文化,宜首先丰富对中华文化的认识,然后培养对中华文化的认同和反思。阅读与中华文化有关的篇章、典籍,观看有关介绍中华文化的节目和纪录片等,是丰富学生对中华文化认识的有效途径。

第四节 语文课程文化教育目标建构

文化认同、身份认同、传承文化、培育文化态度,虽然亚洲国家和地区对语文课程文化教育目标的提法有差异,但培育学生的文化自信是共识。文化认同作为文化自信的最后一个发展阶段,其生成机制是语文课程文化教育目标设计的基础。

一、文化认同的属性

美国发展心理学家埃里克森(Erikson)提出了"认同"这个概念。他将个体的认同看作心理社会现象,认为其植根于个体和社会所共有的文化中。发展心理学认为学生的文化认同是个体与环境互动、复杂又充满变化的过程,具有建构性。正如诺顿(Norton)的研究所展示的那样,英语语言的学习与运用不断建构着移民学生的主体性和对加拿大文化的认同。① 一言以蔽之,文化认同是可教的。

认同是伴随着现代社会问题的出现而出现的,是人们出于对身份的不确定与困惑,而去追寻与确认身份。也就是说,文化认同在一定程度上具有相对稳定性;但文化认同并非一成不变,而是处于动态的发展过程中;经过一定的阶段形成的文化认同也会随着流动的现代性再次经历解构与重构。所以文化认同兼有过程属性和结果属性。

二、结果取向的文化认同状态

由于认同是一种内在的、自我建构的结构和个体的主观体验,不能被直接观察到。美国的玛西亚(Marcia)用两个变量——探索(exploration)、承诺(commitment)来描述认同的结果。

(一) 两个变量

所谓的"探索"是指个体在发展过程中努力寻找适合自己的目标、价值观和理想等。个体需要考虑多个选项,以便做出更有意义的抉择。所谓的"承诺"指个体对某个领域的选择形成了坚定的信念,②表现为在时间、精力等方面的高投入。就质而言,即为一种指向特定对象的"态度"。

(二) 四种状态

玛西亚根据"探索"和"承诺"两个变量水平的高低,提出了四种不同的认同状态,见图4-7。

图4-7 文化认同的四种状态

---

① [加]博尼·诺顿. 认同和语言学习:对话的延伸(第二版)[M]. 边永卫,许宏晨,译. 北京:外语教学与研究出版社,2018:2—4.
② 闫琳,董蓓菲. 新课标背景下语文课程中华文化认同教学的概念框架与实践路径[J]. 课程·教材·教法,2023(7):97—103.

1. 认同达成(identity achievement)

指个体在经历了探索,仔细考虑各种选择后,对某个特定的目标、领域做出了坚定的承诺。

2. 认同早闭(identity foreclosure)

指个体没有经历探索和仔细考虑就做出了承诺。这种承诺源于权威人物如父母、老师的期望和建议,更多地表现出对权威的服从。

3. 认同延缓(identity moratorium)

指个体正在积极探索各种可能的选择,如搜集相关信息、学习相关知识,但尚未对特定目标做出坚定的承诺。

4. 认同混乱(identity diffusion)

指个体没有参与到对不同选择的主动探索过程之中,也没有在特定的认同领域做出承诺。①

三、过程取向的文化认同模型

荷兰的维姆·姆兹(Wim Meeus)等学者用"承诺""深度探索"(in-depth exploration)"广度探索"(in-breadth exploration)三个因素建构了过程取向的认同模型。② 见图4-8。

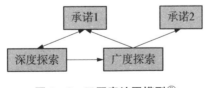

图 4-8 三因素认同模型③

---

① Marcia J. E. Development and Validation of Ego-identity Status [J]. Journal of Personality and Social Psychology, 1966(5):551-558.
② Crocetti E., Rubini M., Meeus W. Capturing the Dynamics of Identity Formation in Various Ethnic Groups: Development and Validation of a Three Dimensional Model [J]. Journal of Adolescence, 2008(31):207-222.
③ 闫琳.文化认同视域下语文教科书传统文化学习活动设计研究[D].上海:华东师范大学,2023:143.

（一）三因素

承诺、深度探索、广度探索是认同模型的三个构成因素。"承诺"是指个体对某个领域的选择形成了坚定的信念,表现为在时间、精力等方面的高投入。"深度探索"是个体对当前特定承诺的纵深了解和探寻。"广度探索"是个体对当前的选择和其他多个可能的选择进行横向对比与考察。

（二）三因素的互动机制

承诺、深度探索、广度探索三因素之间存在着复杂的互动机制。一方面,"承诺"和"深度探索"之间存在显著的正相关。也就是说,对某个认同领域拥有坚定选择和信念的个体,更愿意付出努力去认知、去进行纵深了解和探究；以积极的态度,探索某个领域的个体,更容易在该领域形成较强的承诺,积极的深度探索有利于承诺的形成。另一方面,深度探索除了可以形成和维持当前的承诺（见图4-8中"承诺1"）外,当个体过度深入对当前承诺进行考量时,可能会产生对当前承诺的质疑和不满,从而开始反思自己的承诺,比较当前的承诺与其他可能的选择——广度探索。其结果既可能强化、巩固当前的承诺,也可能放弃当前的承诺而选择其他承诺（见图4-8中"承诺2"）。显然,从广度探索到承诺的进阶是两可的：既能强化当前的承诺,也能消解当前的承诺并选择新承诺。比如在对中华文化的横向考察中,学生认识到中华文化的独特魅力,以及对自身和中华民族的重要意义,从而形成对中国文化的坚定选择。但是,与此同时也可能存在承诺他民族文化的危险。

四、文化教育目标设计启示

文化认同研究形成了关注结果和关注过程的两类成果。玛西亚提出的四种认同状态,预示了融于语文学科文化认同教育结果的群体性差异——学生对中华文化的认同可能处于四种不同的认同水平：理想状态的"认同达成"——文化认同教育的理想样态和价值追求；屈于权威的"认同早闭"——未对承诺进行独立思考和深入探索,形成的承诺具有"服从权威"的特征；徘徊中的"认同延缓"——积极探索正处于中华文化与他民族文化的"两难"选择之中；尚未起步的"认同混乱"——无法区分中华文化和他民族文化,丧失对中华文化的学习动力。

三因素认同模型解释了文化认同是如何形成的,启示文化认同教育要引导学生经历对中华文化的深度探索和广度探索,以形成"承诺"。这是融于语文学科的中华文化教育的关键。将三因素认同模型的理论阐释转化为中国语文学科文化认同教育框架,还需经历一个本土化创新研究和实践验证的过程。但上述理论探索无疑为我国语文课程文化教育目标和内容设计,提供了科学理据。

第五章

语文教科书文化教育资源

课程改革以来,语文知识领域的理论与实践研究成果收获颇丰。但是,融入语文课程的文化教育研究,无论是教科书编制层面还是学科教学层面都相当匮乏。从文化学视域看,语文教科书几乎涵盖了知识、信仰、艺术、道德、法律、风俗,以及作为社会成员的人所具有的一切能力和习惯等文化现象和文化记忆。教科书中的文化教育资源,是中华文化融入语文课程的物质凭据。

第一节 语文教科书的文化记忆

法国社会学家莫里斯·哈布瓦赫(Maurice Halbwachs)强调:"我们保存着对自己生活的各个时期的记忆,这些记忆不停地再现。通过它们,我们的认同感得以终生长存。"[1]教材对社会文化的反映就质而言,就是为下一代提供集体记忆。德国学者扬·阿斯曼(Jan Assmann)的文化记忆理论(cultural memory)从社会文化的视角,提出教材要为学生形成文化记忆、理解民族文化提供支持。

一、个体记忆的社会属性

哈布瓦赫在《论集体记忆》一书中明确了记忆的社会性质。他认为,虽然记忆这种行为本身是一种个体行为,但是学生的个体记忆不是个体活动的结果,而是在一定的社会框架下受到社会背景的制约。特定的社会框架促成了相应的个体记忆。由于人是社会的存在物,个体记忆的内容和语境也是集体的、社会的。即便是一个人最私密的记忆,也不可能是没有对象的记忆。其内容必然是与他人或社会现象、事件、物品等之间构成的记忆。记忆的主体永远是特定的个体,但是个体形成的记忆从本质上说,具有社会性质。

集体记忆是一个群体内所有成员共享的、有关过去的记忆,属于同一个集体的成员能分享的共同记忆。从社会角度看,集体记忆虽然不像个体那样拥有能产生记忆的

---

[1] [法]莫里斯·哈布瓦赫.论集体记忆[M].毕然,郭金华,译.上海:上海人民出版社,2002:82.

大脑,但是社会却利用每一个个体的大脑来承担共同的记忆。具体而言,就是为个体提供社会框架——"时间和空间上的坐标系以及把特定的人和事以特定的方式在头脑中再现的源头和动机"①。基于此,哈布瓦赫认为个体记忆既是基于集体记忆形成的,又是集体记忆的一部分,是集体记忆的基础,也是集体记忆的具体承载。

语文教科书都以明述知识的形式,如单元导读、章节标题、思考练习等,为学生框定了语文学科知识的社会框架。这里的学科本体知识系统无疑就是哈布瓦赫认为的一种中国社会的集体记忆,而学生建构的个人知识就是个体记忆。现行语文教科书构建了较完善的学科知识的集体记忆,并助力学生建立个体记忆。但是语文教科书文化知识系统是零散的。因为中华文化的集体记忆需筛选、组织五千载浩如烟海的社会文化事件、社会文化内容,开发文化教育资源绝非易事。教科书编写者拥有中华文化进课程、进教材的强烈意愿,但是,有关中华文化的集体记忆和个体记忆研究还有待深入。这类研究和中华文化教育的有效落地以及切实践行息息相关。

二、集体记忆的传承手段

扬·阿斯曼将集体记忆分为交往记忆和文化记忆两种类型。

(一) 交往记忆

所谓的"交往记忆"指的是同一个集体的成员,通过日常接触和交流形成的、有关个体经历的事件的记忆。由于交往记忆的传承手段是口耳相传。所以,一旦传承者出现意外,交往记忆也随之消失。

(二) 文化记忆

与此相对的"文化记忆"是关于一个社会的全部知识的总概念,在特定的互动框架内,这些知识驾驭着人们的行为和体验,并需要人们一代一代反复了解和熟练掌握它们。② 即文化记忆是需要被集体记住和需要的,且会对集体的身份和命运构成影响的、有关发生在过去的事件的记忆。"在文化记忆中,过去不是表现为一个事件接着另

---

① 金寿福.扬·阿斯曼的文化记忆理论[J].外国语文,2017,33(02):36—40.
② [德]哈拉尔德·韦尔策.社会记忆:历史、回忆、传承[M].季斌,王立君,白锡堃,译.北京:北京大学出版社,2007:13.

一个事件的时间顺序。文化记忆是相关的人依据当下的需求对过去赋予新的意义的过程。"①

文化记忆的内容是多元的,包括传统意义上的知识、记忆者个人的情感、社会文化的氛围等对象。文化记忆的传承手段也是多样的,包含各种仪式活动、语言文字、历史画像、文物建筑、纪念碑、塑像和节日等被固定下来的客观物体。

媒介是利用媒质存储和传播信息的物质工具。文化记忆传承的媒介分为两类,即仪式和文本。扬·阿斯曼直言"庆典和仪式是无文字社会用来把文化内涵的扩张情境制度化的最典型的形式"②。随着文字的出现,只能依靠仪式传播的文化知识开始通过文本传播,其中就包括教材这种文本形式。随着技术的发展,文化记忆传承超出了文字文本、影像语言,其范围延伸至数字化的记录。

三、文化文本的特性

文化记忆理论坚信,隐藏在仪式和文本中的、在文化记忆框架中发挥核心作用的是"凝聚性结构"。它是从对过去的共同记忆中剥离出来的、包含了对集体成员具有约束力的价值体系和行为准则。诸如《诗》《书》《礼》《易》《乐》《春秋》作为儒家经典,传承了民族文化的思想。教科书要反映的中华文化,就是符合社会凝聚性结构要求的现象、事物、内容和精神,唯其如此,才能促成文化记忆的形成。

文化记忆视域下的文字传承媒介——文化文本,并非源于文本固有的特性,而是取决于接收者的主观行为——给予文本以特性。若教科书编者采用了偏重学科知识的理解方式,使之成为了文学文本、数学文本、英语文本、美术文本等知识文本,忽视了一些文本蕴含的文化教育资源,那教科书就只能是知识文本。若我们能发现并兼顾教科书文本的文化学习资源特性,采用文化学习的理解方式——以建构文化记忆为取向,则教科书的一些文本就兼具知识文本和文化文本的双重特性。

新课标建议教科书编写要高度重视继承和弘扬中华优秀传统文化、革命文化、社

---

① 金寿福.扬·阿斯曼的文化记忆理论[J].外国语文,2017,33(02):36—40.
② [德]扬·阿斯曼.文化记忆:早期高级文化中的文字、回忆和政治身份[M].金寿福,黄晓晨,译.北京:北京大学出版社,2015:72.

会主义先进文化,赓续红色血脉,体现课程资源在文化传承方面的作用。据此,若对教科书的理解从单一的知识文本,转向兼具知识文本、文化文本的双重考量,则有助于充分挖掘并发挥教科书文化传播的功能,进而影响我们的下一代更有效地拥有文化记忆,形成文化认同。

第二节 语文教科书的文化现象

教科书是课程内容的重要载体,具有参照性功能、工具性功能、意识形态、文化功能、资料性功能。其中,文化功能是教科书最古老的职能,其选择的内容材料蕴含着不同的文化现象,也凝聚着一种文化记忆——传播国家意识形态,传承和创新中华文化。

一、教科书文化现象分类依据

中国社会科学院司马云杰先生从社会文化学视域提出了一种文化分类观,有助于我们认识语文教科书中每一个文本所反映的文化现象,并可据此进行知识文本、文化文本的双重考量。

司马云杰从社会文化学视域看纷繁复杂的文化现象,认为:人类社会的发展从历史科学的视角看,可以被分为自然史和人类史,两者互相制约。据此,文化诸现象也可做如下区分。

第一类文化——自然科学史领域产生的文化,它是人类在认识、改造、适应和控制自然界的过程中所取得的成果。具体表现为自然科学、技术、知识等智能文化,以及由此创造出来的物质文化。

第二类文化——人类史(社会科学史)领域产生的文化,它是人类在创造物质文化和智能文化的过程中,认识、改造、适应、控制社会环境所取得的成果。具体表现为制度、法律、伦理等规范文化,以及宗教信仰、文学、艺术等精神文化。[1]

---

[1] 司马云杰. 文化社会学(第5版)[M]. 北京:华夏出版社,2011:13.

二、教科书文化现象分类表

依据司马云杰先生的文化分类,教科书的文化现象可做如下不同层级的划分。

(一) 教科书文化现象类目表

依据司马云杰先生的文化分类,教科书的文化现象可分为自然科学领域和社会科学领域两大类别。每个类别还可分出两大亚类:自然科学领域分为智能文化、物质文化两大亚类;社会科学领域分为规范文化、精神文化两大亚类。针对教科书章节主题所呈现的丰富、庞杂的文化现象进行比照和再分类,建立起包含二级类目的"教科书文化现象类目表",如"智能文化"下设自然科学、高新技术、思维方法三个类别;"物质文化"下设工具、建筑两个类别。"规范文化"下设道德、政治、制度、法律四个类别;"精神文化"下设"文学、艺术、民俗、宗教"四个类别。见表5-1。

表5-1 教科书文化现象类目表

类别	一级类目	二级类目
自然科学领域	智能文化	自然科学
		高新技术
		思维方法
	物质文化	工具
		建筑
社会科学领域	规范文化	道德
		政治
		制度
		法律
	精神文化	文学
		艺术
		民俗
		宗教

(二) 教科书文化现象细目表

我们将文化现象类目表与中小学语文教科书篇章主题内容对接并细分,下设更具操作性的三级类目,如在二级类目"道德"的"爱国"下设"自然、历史、文化、先哲"四个细目,在"热爱生活"下设"感恩、乐观、生命意识、人生哲理、爱美求真"五个细目。经过三轮迭代研究建立了"教科书文化现象细目表",见表5-2。

表5-2 教科书文化现象细目表

类别	一级类目	二级类目		三级类目
自然科学领域 A	智能文化 A1	A1.1 自然科学		天文地理、动植物、人体、化石、时间
		A1.2 高新技术		网络、新能源、克隆、仿生学、基因
		A1.3 思维方法		分类、转换角度、做计划、联想、定目标
	物质文化 A2	A2.1 工具		交通工具、机械、器皿、发明物
		A2.2 建筑		房屋、桥梁、景观、设施
社会科学领域 B	规范文化 B1	道德 B1.1	B1.01 爱国	自然、历史、文化、先哲
			B1.02 关怀	关爱、仁慈、鼓励、关心、友好、善良、助人、人道主义
			B1.03 科学	科学精神、科学态度、科学方法、好奇心、科普
			B1.04 奋进	勤奋、进取、积极向上、爱劳动、勤学
			B1.05 坚毅	坚强、坚持、恒心、毅力、不怕困难、坚贞不屈
			B1.06 宽容	宽容、包容、原谅
			B1.07 诚信	诚实守信、磊落、言行一致、实事求是
			B1.08 负责	责任心、承担责任、爱岗敬业、认真踏实
			B1.09 尊重	尊重他人的意见、尊重差异
			B1.10 自爱	接受自我、表达自我、自信、自重自律
			B1.11 勇敢	勇气、挑战、反抗
			B1.12 合作	分工、互助、共享、团队精神
			B1.13 谦逊	虚心、谦虚、不骄傲
			B1.14 同情	理解他人、为他人着想
			B1.15 智能	思考、智慧、聪明、智谋、应变、创造

续 表

类别	一级类目	二级类目	三级类目
		B1.16 热爱生活	感恩、乐观、生命意识、人生哲理、爱美求真
		B1.17 爱护自然	保护环境、生态平衡、节约资源、自然美景
		B1.18 爱动物	爱护动物、保护动物、与动物做朋友、宠物
		B1.19 尊重历史	铭记历史、战争、重大事件、借鉴历史、保护文物
	政治 B1.2	B1.21 理想信念	追求平等、自由、民主、和平、正义、公平
		B1.22 公民意识	投票选举、参与公共事务、公益活动、做慈善、监督政府、普通人的力量
		B1.23 政府运作	政府的作用、决策过程
	制度 B1.3	B1.31 社会常识	经济交易、社会职业、工农业生产、家庭分工、社区、社会关系
	法律 B1.4	B1.41 社会秩序	遵守规则秩序、法律、法规
精神文化 B2		B2.1 文学	语言文字、文学名著名篇、文言文、古诗词、韵文、童话、传说
		B2.2 艺术	戏剧、音乐、舞蹈、绘画、工艺、竞技、时尚
		B2.3 民俗	传统习俗、岁时节令、服饰、食物、风情
		B2.4 宗教	宗教神话、宗教信仰

基于表5-2，分析语文教科书各册单元、课文主题、教师配套用书（教参）中的情感态度、价值观目标，我们可以确定课文内容所反映的文化现象。如统编版中小学语文教科书选文中的《圆明园的毁灭》《故宫博物院》属于"建筑"的"景观"（A2.2）；《赵州桥》《中国石拱桥》《苏州园林》则属于同类中的"桥梁"。《秋天的怀念》《散步》归入"道德"的"关怀"的"关爱"（B1.02）。《"贝"的故事》归入"文学"的"语言文字"（B2.1）；《自相矛盾》《鱼我所欲也》《出师表》归入同类中的"文言文"（B2.1），《声声慢》《山坡羊·潼关怀古》属于同类中的"古诗词"（B2.1）；介绍中国优秀传统艺术的《京剧趣谈》《昆剧的故事》《板桥题画三则》则归入"艺术"的"戏剧"和"绘画"（B2.2）；《传统节日》介绍民族节日，属于"民俗"中的"岁时节令"（B2.3）；《北京的春节》《胡同文化》反映了中国民族文化风俗，归入同类中的"传统习俗"（B2.3）。

研究发现：自然科学领域"物质文化"一级类目"工具"中的交通工具、机械、器皿、发明物,"建筑"中的房屋、桥梁、景观、设施;社会科学领域"精神文化"一级类目中的文学、艺术、民俗是最能体现中华优秀传统文化的。如语文高一必修下册"诸子散文和史传文学"单元、第三单元《中国建筑的特征》《说"木叶"》;第七单元《红楼梦》和第八单元《谏太宗十四疏》《阿房宫赋》《六国论》。小学语文如《纸的发明》《赵州桥》等。

综上,中小学语文教科书中的每一篇课文,都可以根据内容主题确定其所反映的文化现象。或者依据教师教学用书中每一篇课文教学的三维目标之一——情感态度价值观目标,确定本篇课文文化教学的目标。据此对中小学语文教科书中的文本,进行知识文本、文化文本的双重考量,可以开发教科书中华文化教育资源。

三、教科书文学经典的标准

历代名篇和文言诗文是优秀传统文化的重要学习资源。由于时空相隔遥远,一些历代名篇和文言文难以让学生"一见钟情"。一触即发的"鲁迅存留"话题就是对经典的诘问,经典的典范性和选文的适切性成为困扰语文教科书编选的一个"疑难杂症",由经典引发的群体焦虑甚至成了一种社会舆情。

(一) 文学经典的标准

复旦大学张汝伦教授认为:经典之为经典,必须具备两个基本条件,即经受了时间的考验和历久弥新。[①] 汉语"经典"一词,分别对应英语单词:classic 和 canon。文学理论学者认为,根据《韦氏大学词典》(Merriam-Webster's Collegiate Dictionary)的解释,可相应地延伸出两种含义,可标注为经典Ⅰ、经典Ⅱ。

表5-3 文学经典的两种理解[②]

含义	经典Ⅰ(classic)	经典Ⅱ(canon)
内涵	特指古希腊、古罗马的古典文学,进而由传统的古典文学演变成为优秀作品的永恒、普遍之标准	从教会认定的真经圣典蔓延开去,指由特定机构和权威人士遴选的具有尺度和规范功能的作品(具有宗教渊源)

[①] 吴振标,范兵.文汇时评:文汇报成立六十周年[M].上海:文汇出版社,2003:289.
[②] 李玉平.多元文化时代的文学经典理论[M].天津:南开大学出版社,2010:14—39.

续表

含义	经典Ⅰ（classic）	经典Ⅱ（canon）
特点	1. 普遍永恒标准或绝对标准：经得起各阶层读者长期的考验，能持久行远，才算是真正好的作品 2. 文学作品深邃的思想性，涉及人生的普遍主题，对人性进行深度开掘；卓越的艺术性。如荷马史诗、莎士比亚戏剧；诗经、离骚、唐诗三百首等古典作品，是后世一切文学作品的楷模和意义源泉。绝不可能是现当代作品	1. 由权威文学批评家、文学史家等组成的学院机构遴选出来的。它折射了经典遴选者的阶级、种族、性别和性取向，代表着特定利益集团和社会群体的诉求 2. 凸显文学经典的社会、政治功能
差异	文学研究的对象	文化研究的主要对象。把文学作品当作文化产品看待，关注它的生产与消费过程，对其中所隐含的族群、政治经济、意识形态等因素感兴趣

文学理论研究者有关经典的两种观点，有助于我们提升对教科书文学经典的认识。经典Ⅰ如荷马史诗、莎士比亚戏剧，《诗经》《离骚》、唐诗三百首、四大名著等古典作品，是后世一切文学作品的楷模和意义源泉。这类文学经典是文化传统最重要的一部分，包含了一个民族文化传统最基本的宗教信条、哲学思想、伦理观念、价值标准和行为准则。文学理论研究者有关经典Ⅰ的认识启示我们：经典之作既能引导学生走进中国历史，也能成为学生参照现实、审视当下的文化坐标。阅读一定量的文言文是必须的，是触摸中华民族曲折心路的重要手段，具有引领学生在文字中穿越中国历史的独特魅力。然经典阅读的方式切忌以文言翻译替代经典文本阅读，因死记硬背虚实词义而扼杀学生个性化理解和文化审视。

（二）文学经典的认知突破

教科书若将文学经典局限于经典Ⅰ的话，现当代作品就不可能纳入其中。这也是我国现行语文教科书选文重古代轻现当代作品的根本原因。随着多元文化主义（multiculturalism）的崛起，在关注不同种族、阶级、性别、性取向的背景下，强调文学作品的社会、政治功能的经典Ⅱ便出现了，如今，对文学经典的认识日渐完善。首先，文学经典最重要的特点是它的独创性，独创性是一部文学作品成为文学经典的首要条件。其次,一旦成为经典,文学经典就会被广泛地模仿、改变和戏拟,解放出巨大的互文性(任何文本都是对其他文本的吸收和转化)。最后,文学经典的界限是流动的。① 着眼于不同的互文性系统,可以遴选和重构新的文学经典。

可见,借助文学经典Ⅱ的认知,我们对文学经典的选择便能突破文言诗文的局限。由权威文学批评家、文学史家等遴选反映中华文化的现当代经典作品,既反映社会群体的诉求,也烙印主流文化的观念。我们可以突破文学领域,将文学经典Ⅱ的认识延伸至社会科学领域的规范文化以及精神文化的其他层面,从而开发新的教科书文学经典资源。

第三节 语文教科书文化学习资源

为加强我国教科书质量建设,国家不仅设立了教材局作为专门的管理机构,而且还将语文教科书编写和出版制度改为统编制,并出台了一系列的文件。但是,有关我国语文教科书与中华文化教育的研究相对薄弱,如何激活并唤醒中小学生内心对中华文化的认知、理解和体验?语文教科书作为中华文化教育最重要的凭借,显得尤为重要。

一、教科书优秀传统文化研究现状

就有关语文教科书"优秀传统文化"主题研究而言,以"语文教材 and 中华优秀传统文化""语文教材 and 传统文化"为主题词,以"核心期刊"为来源类别,不限起始时间,但截止时间设为2021年12月,在中国知网上进行搜索。搜索结果中有85篇期刊文献,86篇学位论文。经手动筛选,剔除无关文献,得到相关的期刊论文48篇,硕士学位论文45篇。

(一) 发文主题

从发文的主题来看,93篇文献主要集中在语文教科书中的中华优秀传统文化内容的选择、编写体例、呈现三大主题。见图5-1。

---

① 李玉平.多元文化时代的文学经典理论[M].天津:南开大学出版社,2010:37—39.

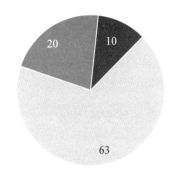

■ 编写体例　■ 内容选择　■ 内容呈现

图5-1　核心期刊语文教科书中华优秀传统文化研究发文主题统计

其中,尤以内容选择主题篇数最多(63篇,占67.74%),其次为内容呈现(20篇,占21.51%),编写体例研究最稀缺(10篇,占10.75%)。从研究方法来看,研究主要运用内容分析法,对教科书中的显性或隐性内容信息进行统计描述或定性分析。

(二) 发文时间

从发文的时间来看,对语文教科书中华优秀传统文化的研究始于2007年,此前少有相关主题的文章。见图5-2。

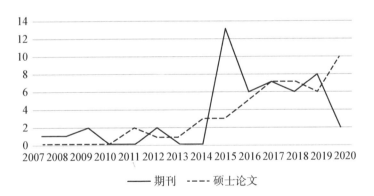

图5-2　核心期刊语文教科书中华优秀传统文化研究发文趋势统计

综上,该领域研究成果数量不多,发起时间较晚,研究方法较为单一,且主要集中在内容选择领域。可见,关于语文教科书中华优秀传统文化的研究,还属于一个较新的领域;学者们已经关注到了这个领域,但是研究成果并不丰富。在占比最大的语文教科书中华优秀传统文化的内容选择研究中,有两个薄弱点:一是对语文教科书中有关中华优秀传统文化的内涵阐述不够明晰,二是缺乏相应的学理支撑。由于文化界对"中华优秀传统文化"的内涵及外延未有共识,且语文课程研究未能从相关学科,如文化学汲取学理的滋养,造成了现有研究理论支撑不足的现状。

二、小学语文教科书中的优秀传统文化资源

利用现行小学语文教科书中的文本,开发优秀传统文化教育资源,是对教科书进行的二次开发——厘清传统文化资源的形式与类别,分析不同资源内容的教学目标。我们可以依据"教科书文化现象细目表"、教师配套用书(教参)中的情感态度价值观目标,分析语文教科书构成系统:课文系统、练习系统、助读系统内容,开发优秀传统文化资源。

(一)优秀传统文化资源类别

就文体而言,小学语文教科书中古诗词的语言形式,寓言、神话、民间故事,以及低年级的生字、新词都是重要的优秀传统文化资源。上海市第四期"普教系统名校长名师培养工程"攻关计划主持人樊裔华老师团队,将中华优秀传统文化资源分为三大形式:文学类、文字类、插图类。文学类分为诗歌、小说、散文等三种类别;文字类分为汉文字、成语、名言警句、谚语、绕口令、谜语、对联、文化常识等八种类别,共十一种类别。见表5-4。

表5-4 小学优秀传统文化教学资源类别表

形式	类别		
文学类	1. 诗歌		古代诗
			现代诗
	2. 小说		古代小说
			近现代小说
	3. 散文	(1) 寓言故事	文言文
			现代文
		(2) 神话故事	文言文
			现代文

续　表

形式	类别	
	（3）民间故事	
	（4）历史人物故事	文言文
		现代文
	（5）其他	文言文
		现代文
文字类	1. 汉文字	
	2. 成语	
	3. 名言警句	
	4. 谚语、俗语、歇后语	
	5. 绕口令	
	6. 谜语	
	7. 对联	
	8. 文化常识	
插图类		

（二）优秀传统文化内容资源与教学目标

樊裔华老师团队以教育部《完善中华优秀传统文化教育指导纲要》为依据，将"优秀传统文化"要素的三个方面（家国情怀、社会关爱、人格修养）作为资源的一级分类标准，开发小学语文教科书文化教学资源系统。

1. 家国情怀

家国情怀是中华儿女对祖国共同体的一种认同，并促使其发展的思想和理念。主要体现在民族文化与民族认同。"民族文化"指华夏民族在其历史发展过程中创造和发展起来的具有本民族特点的文化，其中包括物质文化和精神文化；"民族认同"指中华儿女以祖国的繁荣为最大光荣，以国家的衰落为最大耻辱，深植爱国情感，树立民族自信，形成为实现中华民族伟大复兴的中国梦而不懈努力的共同理想追求，做有自信、懂自尊、能自强的中国人。

2. 社会关爱

社会关爱是个人与他人、个人与社会、个人与自然的和谐关系,具有集体主义精神和生态文明意识,具有高素养、讲文明、有爱心的品质,主要体现在传统礼仪与中华美德方面。"传统礼仪"是指中国传统的礼节和仪式;"中华美德"是指华夏民族大众所推崇的高尚道德行为,主要提倡一种自制的、积极的态度。

3. 人格修养

人格修养指个人在对人、对事、对己等方面的社会适应中行为上的内部倾向性和心理特征的综合素质,主要体现在行为习惯与良好品质。"行为习惯"指中华民族在悠久的历史过程中形成的良好的行为与习惯;"良好品质"指在历史长河里中华民族长期践行的,包括人的素质、健康、智商、情商、逆商和知识、文化素养在内的,最终沉淀形成的一种良好素养。

依据家国情怀、社会关爱、人格修养三个一级类目进一步细分,建立了二级亚类:"家国情怀"包括民族文化、民族认同两个要素;"社会关爱"包括传统礼仪、中华美德两个要素;"人格修养"包括行为习惯、良好品质两个要素。依据该框架对小学语文教科书进行优秀传统文化内容资源分析,并基于学段要求设计相关内容的教学目标。下面是五年级上册语文教科书中的优秀传统文化内容资源及教学目标(见表5-5)。

表5-5 五年级上册优秀传统文化内容资源开发①

一级类目	二级类目	内容资源	文化教学目标
家国情怀	民族文化	《将相和》	体会蔺相如机智勇敢、不畏强暴,廉颇知错就改的品质,感受两人以国家利益为重、顾全大局的精神
		《猎人海力布》	初步了解民间故事的特点,体会海力布热心助人、舍己救人的高贵品质

---

① 樊裔华.上海市名师名校长课题《小学语文统编教材传统文化资源的分析与应用研究》课题研究报告(内部),2021:12—15.

续　表

一级类目	二级类目	内容资源	文化教学目标
		《牛郎织女（一）》	初步了解民间故事的特点，体会古代劳动人民的淳朴坚毅，感受他们勇敢追求幸福生活的精神
		《牛郎织女（二）》	了解民间故事的特点，体会古代劳动人民的淳朴坚毅，感受他们勇敢追求幸福生活的精神
		第三单元——口语交际：讲民间故事	进一步了解民间故事的特点，感受人物的美好品质，激发阅读民间故事的兴趣
		第三单元"语文园地"语句段运用——成语	感受汉语言文字的丰富，激发对汉语言文字的喜爱之情
		快乐读书吧：从前有座山	了解民间故事的特点，感受人物的美好品质，激发阅读民间故事的兴趣
		《古诗三首》《示儿》《题临安邸》《己亥杂诗》	体会诗人忧国忧民的爱国情怀，激发对诗歌的热爱
		第四单元"语文园地"语句段运用——成语	感受汉语言文字的丰富，激发对汉语言文字的喜爱之情
		第四单元"语文园地"书写提示	了解古诗横着写与竖着写的两种规则，感受硬笔书法的魅力
		《古诗三首》《山居秋暝》	了解诗人对山间美好景色的喜爱，感受诗人归隐山林的心愿
		《古诗三首》《枫桥夜泊》	体会诗人远离故土的孤独之情
		《古诗三首》《长相思》	体会诗人羁旅怀乡的感情
		第七单元"语文园地"日积月累——《渔歌子》	体会作者悠闲自在、热爱大自然的情怀
		第八单元单元导语（出自苏轼《送安敦秀才失解西归》）	了解古人"熟读精思"的读书方法，激发阅读的兴趣

续 表

一级类目	二级类目	内容资源	文化教学目标
		《古人谈读书》	了解古人读书的方法和态度,能对自己的人生观、读书观有所思考,激发学习文言文的兴趣
		《忆读书》	初步感受中国传统文化的魅力,激发阅读中国古典文学名著的兴趣
		第八单元"语文园地"书写提示	了解欧阳询楷书的特点,感受楷书的魅力,激发欣赏书法作品的兴趣
		第八单元"语文园地"日积月累——《观书有感》	结合自己的读书感受,体会诗中蕴含的道理,激发对诗歌的热爱
	民族认同	《少年中国说(节选)》	体会中华少年的责任感和使命感,增强民族自信心,培养爱国情怀,激发学习文言文的兴趣
		《圆明园的毁灭》	激发振兴中华的责任感和使命感
社会关爱	传统礼仪	第三单元"语文园地"日积月累——《乞巧》	了解七夕节习俗,激发学习传统文化的兴趣
	中华美德	第六单元"语文园地"日积月累——勤俭名言	了解勤俭节约的中华传统美德,知道要做一个勤俭节约的人
		第七单元"语文园地"日积月累——《渔歌子》	体会作者悠闲自在、热爱大自然的情怀
人格修养	行为习惯	第二单元"语文园地"日积月累——惜时名言	懂得珍惜时间的重要
	良好品质	第一单元"语文园地"日积月累——《蝉》	了解秋蝉高洁的品格,感受诗人高洁的志向
		《示儿》	体会诗人忧国忧民的爱国情怀,激发对诗歌的热爱

三、高中语文教科书中的革命文化资源

部编版高中语文教科书分为必修和选择性必修。必修2册,每册8个单元,共16个单元;选择性必修3册,每册4个单元,共12个单元。每个单元以人文主题和学习任务群两条线索来组织,5册教材的28个单元分为三类,其中22个"阅读与写作"单元、2个"整本书阅读"单元、4个"活动类"单元。

教科书的静态研究往往依据范文系统、助读系统、练习系统和知识系统的分类做具体分析。对于文化教育,高中语文教科书在编写时遵循"整体规划、有机渗透、自然融入"的原则,将革命文化教学资源渗透于教材的各系统之中。①

(一) 范文系统

范文系统指阅读与写作单元的课文部分。教科书的大部分单元是以阅读与写作为主的单元,课文在单元中占据的容量最大。因此范文系统是语文教科书的主体,也是教科书中革命文化教学资源的核心部分。

1. 教参依据

以普通高中教科书《教师教学用书》(以下简称教参)为依据,参考教参中的单元目标、编写意图、教学指导及课文解说四个板块的内容,筛选语文教科书中的课文。筛选顺序依从教参编写体例所呈现的顺序:单元目标——编写意图——教学指导——课文解说,进行逐一分析。对于"单元目标"中没有涉及革命文化教学的课文,则进一步分析"编写意图""教学指导"以及"课文解说"。

在上述筛选程序之下,拟定两类关键词作为课文内容与革命文化相关度的判断依据:第一类是教参的四个栏目中明确指出了"革命文化"这一概念;第二类是提到了"革命传统""革命精神""革命人物""革命事迹"等革命文化相关内涵概念。

将上述筛选原则应用到对部编版高中语文教科书范文系统革命文化教学资源的提取过程中,得到以下32篇课文在编入教科书时承担着继承与弘扬革命文化的任务。见表5-6。

---

① 王本华.统编高中语文教材的特点与亮点[J].语文教学通讯,2019(9):5.

表 5-6 范文系统中革命文化教学资源[①]

教材	单元	人文主题	学习任务群	课文	教参建议
必修上册	第一单元	青春激扬	文学阅读与写作	《沁园春·长沙》	单元目标：感受革命领袖的伟大抱负和豪放胸襟
				《立在地球边上放号》	编写意图：有利于学生认识"五四"精神
				《红烛》	课文解说：理解先烈的革命理想和为了信念不惜牺牲的精神
				《百合花》	编写意图：属于革命战争题材的作品……
				《哦,香雪》	课文解说：写出改革开放后中国从历史的阴影下走出，摆脱封建、愚昧和落后
	第二单元	劳动光荣	实用性阅读与交流	《喜看稻菽千重浪——记首届国家最高科技奖获得者袁隆平》	编写意图：这三位都是杰出的劳动者，他们以高度的责任心和奉献精神，在不同的岗位上辛勤劳动和创造，为社会主义建设和中华民族伟大复兴作出了巨大贡献
				《心有一团火，温暖众人心》	
				《"探界者"钟扬》	
				《以工匠精神雕琢时代品质》	教学指导：讨论工匠精神在优秀劳动者身上的体现，理解工匠精神与时代品质的关系
	第六单元	学习之道	思辨性阅读与表达	《反对党八股》（节选）	编写意图：是党整风运动的重要文献之一……
				《拿来主义》	编写意图：文章针对国民党政府的媚外……提出拿来主义……创造民族新文化

[①] 杨彦晰.基于文化体验的高中语文革命文化教学设计研究[D].上海：华东师范大学,2023：26—29.

续 表

教材	单元	人文主题	学习任务群	课文	教参建议
必修下册	第二单元	良知与悲悯	文学阅读与写作	《雷雨》(节选)	课文解说:所表达的主题一方面是对旧社会罪恶的控诉……
	第三单元	探索与创新	实用性阅读与交流	《青蒿素:人类征服疾病的一小步》	编写意图:展现了科学家追求真知的执着精神和奉献精神
	第五单元	使命与抱负	实用性阅读与交流	《与妻书》	单元目标:理解文中展现出的革命伟人和仁人志士的精神品质与人生价值……
	第六单元	观察与批判	文学阅读与写作	《祝福》	课文解说:抨击封建礼教、表现革命者对社会和人生的深邃思考
选择性必修上册	第一单元	伟大的复兴	中国革命传统作品研习	《中国人民站起来了》	单元目标:通过研读课文,了解中国共产党领导全国人民不断奋斗的光辉历史,感受其中洋溢的革命豪情和建设热情,充分把握革命文化和社会主义先进文化的丰厚内涵,获得崇高的体验
				《长征胜利万岁》	
				《大战中的插曲》	
				《别了,"不列颠尼亚"》	
				《县委书记的好榜样——焦裕禄》	
选择性必修中册	第一单元	理论的价值	科学与文化论著研习	《改造我们的学习》	编写意图:两篇文章分别写于抗日战争时期和社会主义建设时期,是指导当时中国共产党开展工作的政论,又是精辟的理论著作。文章高屋建瓴,展示了马克思主义、毛泽东思想的强大思想力量
				《人的正确思想是从哪里来的?》	
				《实践是检验真理的唯一标准》	编写意图:深刻认识马克思主义认识论的基本原理,了解社会主义理论体系建设的艰辛历程,把握马克思主义中国化在不同阶段显现出的不同特点

续　表

教材	单元	人文主题	学习任务群	课文	教参建议
	第二单元	苦难与新生	中国革命传统作品研习	《记念刘和珍君》	单元目标:学习中国革命传统作品,深刻认识革命传统,了解旧中国人民的苦难和革命先驱的斗争历程,体会中国共产党领导下的革命志士和广大群众为国家解放、民族新生而英勇奋斗的革命精神
				《为了忘却的记念》	
				《包身工》	
				《荷花淀》	
				《小二黑结婚》(节选)	
				《党费》	
选择性必修下册	第二单元	时代镜像	中国现当代作家作品研习	《阿Q正传》(节选)	课文解说:以辛亥革命前后的中国乡村为舞台,寄寓了作者对国家命运的深刻忧思
				《大堰河——我的保姆》	课文解说:诗人艾青表达了对广大人民的同情和对民族命运的关切
				《茶馆》(节选)	课文解说:折射出黑暗腐朽的时代,形象地表现了旧中国必然灭亡的历史趋势

2. 教学资源筛选举例

(1)《立在地球边上放号》

《立在地球边上放号》选自郭沫若的《女神》,是中国现代诗的先驱之作。诗歌以澎湃的激情赞美大自然的神力,展现了大自然宏伟壮丽的图景。诗人描写大自然,是把整个大自然当作"自我表现的全宇宙的本体",当作生命的化身。所以诗中对大自然的描绘、歌颂,渗透着强烈的主观感受,使自然景观与诗人的主观世界达到交融一体的境界。郭沫若在这首诗中,体现了诗人破坏旧世界、开创新世界的勇猛革命精神。教参在"编写意图"中提到:这首诗的内容和形式,有着鲜明的"五四"色彩,有利于学生认识"五四"精神,理解当时青年的理想与奋斗,从而汲取营养,健康成长。可见,这首诗歌与革命文化的相关性是由诗歌内容所体现的情感特征建立起来的,"五四"精神是革命文化的重要构成部分。

(2)《改造我们的学习》

《改造我们的学习》是毛泽东在延安干部会议上所作的工作报告,是延安整风运动期间的指导性文件之一,代表着中国共产党在特定革命历史阶段的思想路线。教参在"编写意图"部分提到:文章展示了马克思主义、毛泽东思想的强大思想力量,通过阅读文本,学生可以更深切体会马克思主义中国化的过程,增强对马克思主义的认识。可见,这篇课文是引领学生解读革命思想方针政策,来达到继承和弘扬革命文化这一教学目标的。

(3)《与妻书》

《与妻书》是烈士林觉民参加起义前写给妻子的遗书,被编选入必修下册第六单元,这一单元的人文主题是"使命与抱负"。教参在对单元目标的具体阐释中明确提到:理解文中展现出的革命伟人和仁人志士的精神品质和人生价值,激发学生对祖国前途命运和当下社会现实的关切之情,思考作为新时代的青年应具有的抱负和将承担的使命。信中体现出的革命者对革命的忠诚与热忱,为革命献身的生死抉择的革命精神,是激发学生理解与继承革命文化的优秀因子。

(二) 助读系统

助读系统是对学习要求、重点和方法的提示,对某些疑难问题的诠释、对相关资料的引述等。助读系统的内容多以文字形式呈现,也有结合图表展示的。在高中语文教科书中,助读系统包括单元导语、导入语、学习提示、课下注释以及单元后的小短文,学习资源以及教科书中的插图。教科书中的助读系统一方面揭示编者指导思想和意图,让教师和学生都能了解教学总目标和分解目标、学习任务,以此提高教学效率;另一方面助读系统中的提示、诠释和资料能够引导学生更好地学习和理解新知识,帮助学生开展自助阅读。高中语文教科书中革命文化教学资源除了蕴含在一定数量的课文中,还散落在助读系统的不同板块,这部分内容往往容易被忽视。

1. 单元导语

作为学习引导的"单元导语"位于每个单元的开篇部分,一般由三个部分组成。第一部分采用描述和阐释的方式来标示单元的人文主题;第二部分介绍单元选文概况、写作意图以及编选理由,提示选文间的连结点;第三部分点明单元的核心任务及学习目标。通过对教科书中单元导语的梳理,以下内容可以作为革命文化的教学资源。见表5-7。

表 5-7 "单元导语"中的革命文化教学资源①

栏目	位置	相关表述/内容
单元导语	必修上册第四单元	家乡文化既是中国文化的重要组成部分,又是我们个体精神生活的重要依托
	必修下册第三单元	人类在不断的探索与发现中推动文明的进步。与生俱来的好奇心和想象力,驱动我们不断追求,努力创新
	必修下册第五单元	这些作品表现出革命导师、志士仁人顺应历史潮流,勇于担负时代使命的精神
	选择性必修上册第一单元	近一个世纪以来,中国共产党领导全国人民不断朝着中华民族伟大复兴的目标挺进。在这一光辉历程中,逐渐形成的内涵丰厚的革命文化和社会主义先进文化……感受作品中洋溢的革命豪情和建设热情,获得崇高的体验
	选择性必修中册第二单元	在苦难深重的旧中国,中国共产党领导人民进行了艰苦卓绝的斗争,以巨大的奉献和牺牲换来了国家的解放、民族的新生……学习本单元,深刻认识革命历程,激发奋发向上的精神力量
	选择性必修下册第二单元	中国现当代文学是中国近现代社会变革的产物,它伴随着中国革命、建设和改革的洪流不断发展

例如,选择性必修上册第一单元,属于"中国革命传统作品研习"学习任务群。在单元导语部分,首先明确指出革命文化的发展历程及其价值,"近一个世纪以来,中国共产党领导全国人民不断朝着中华民族伟大复兴的目标挺进。在这一光辉历程中,逐渐形成的内涵丰厚的革命文化和社会主义先进文化,成为中华民族不断奋进的精神力量。本单元所选作品,有的回顾历史,展望未来,抒发中国人民当家作主的自豪之情;有的讲述革命斗争中的具体事件,反映革命者的战斗激情和革命人道主义精神;还有的表现社会主义建设时期党员干部的光辉事迹和祖国统一大业不可阻挡的趋势,表达中华民族伟大复兴必将实现的坚定信念"②。

---

① 杨彦晞.基于文化体验的高中语文革命文化教学设计研究[D].上海:华东师范大学,2023:31.
② 温儒敏等.普通高中教科书语文选择性必修上册[M].北京:人民教育出版社,2020:1.

2. 学习提示

高中语文教科书中的"学习提示"一般位于单元内每一课的课后,主要是帮助学生阅读文本,从三个方面为学生读懂、读通课文提供支持:一是激发兴趣,让学生愿意去读;二是提示文本在内容、结构、写法、语言等方面的重点和难点,引导学生深入阅读思考;三是提供阅读方法、学习路径等,让学生有章可循,获得阅读的真实体验。[①] 通过对教科书中学习提示的梳理,有以下内容可以作为革命文化的教学资源,见表5-8。

表5-8 "学习提示"中的革命文化教学资源[②]

栏目	位置	相关表述/内容
学习提示	《沁园春·长沙》	老一辈无产阶级革命家的很多诗词都能引起我们对于青春的思考,可以课外阅读毛泽东《水调歌头·游泳》、周恩来《赤光的宣言》、朱德《太行春感》、陈毅《赣南游击词》等,感受他们的情怀
	《立在地球边上放号》	郭沫若的诗集《女神》是中国新诗的代表性作品,它以崭新的内容的形式,表达了"五四"时期狂飙突进的时代精神……阅读时要注意联系"五四"特定的时代氛围来理解这首诗的内涵与形式特征
	《百合花》	想一想这篇战争题材的小说为何格外让人动心,重点把握小说对人物形象的刻画,体会革命战争年代特有的崇高情怀
	《喜看稻菽千重浪——记首届国家最高科技奖获得者袁隆平》《心有一团火,温暖众人心》《"探界者"钟扬》	在社会主义建设和中华民族伟大复兴的历程中,涌现出了许多杰出的劳动者。他们岗位不同,但都具有高度的责任心和奉献精神,以辛勤劳动与创造为社会作出巨大贡献,令我们感佩和景仰
	《反对党八股》	《反对党八股》是毛泽东同志于1942年2月8日在延安干部会上的讲话。当时,抗日战争处于最艰难的相持阶段,根据地的生存尚且艰难,但是中国共产党人仍然花费宝贵的时间和精力来讨论文风问题……倡导理论联系实际的马克思主义学风和文风

[①] 王本华.统编高中语文教材的特点与亮点[J].语文教学通讯,2019(9):5.
[②] 杨彦晰.基于文化体验的高中语文革命文化教学设计研究[D].上海:华东师范大学,2023:32—33.

续 表

栏目	位置	相关表述/内容
	《青蒿素:人类征服疾病的一小步》	要理清文中展示的科学发现的过程,关注那些对科学发现有重要启示的节点,还要体会科学工作者的责任感和奉献精神
	《与妻书》	林觉民作《与妻书》……晓以国家大义,时时作解释和安慰……诵读课文,注意把握感情线索,体会作者写作时的复杂心理和崇高的思想境界
	《中国人民站起来了》	1949年9月,中国人民政治协商会议第一届全体会议召开。这次会议是在中国人民解放战争已经基本取得胜利、中华人民共和国即将成立的背景下召开的……体会毛泽东这一宣告的深刻含义,感受其中蕴含的中国人民当家作主的自豪之情
	《长征胜利万岁》《大战中的插曲》	在旧中国,人民深受帝国主义的侵略和黑暗势力的压迫,处于水深火热之中,但正义的抗争和人性的美好从未缺席……两篇作品从不同侧面表达了作者对中国革命的认识和思考……
	《别了,不列颠尼亚》《县委书记的榜样——焦裕禄》	这是两篇分别诞生于改革开放新时期和开始全面建设社会主义时期的新闻作品……体会两篇作品的历史价值和现实意义
	《改造我们的学习》《人的正确思想从哪里来》	这两篇文章分别写于延安整风运动时期和社会主义建设时期,既是当时党的工作开展的具体指导,又是精辟的理论著作……展现出毛泽东思想的强大力量……学习和体会理论联系实际的思想作风
	《实践是检验真理的唯一标准》	20世纪70年代中后期,我国面临重大的历史转折,"解放思想"成为时代的呼声……文章深刻体现了马克思主义认识论的基本观点,对冲破"两个凡是"的思想束缚、重新确立党的实事求是的思想路线、开启改革开放进程发挥了十分重要的作用
	《记念刘和珍君》《为了忘却的记念》	两篇文章都表达了对青年革命烈士的哀悼和对反动势力的痛恨……体会鲁迅在字里行间表达的"至情",以及对烈士牺牲意义的理性思考。《为了忘却的记念》为纪念"左联"五烈士而作……勾勒出两位烈士的崇高形象

续　表

栏目	位置	相关表述/内容
	《党费》	革命为了人民群众,也要依靠人民群众。本课三篇小说用不同方式抒写了革命者的情怀,表达了劳动人民对美好生活的向往和追求……
	《阿Q正传》	作品通过阿Q这一典型人物,特别是他的"精神胜利法",暴露了旧中国国民的"劣根性",提示了民族衰败的根源,也揭示了普遍的人性弱点,体现了鲁迅深刻的启蒙思想

"学习提示"部分的这些资源可以分为以下三类。一是情境类提示,即对特定作品创作所处的革命时代背景做出提点和概括,比如必修上册第十一课《反对党八股》的学习提示:《反对党八股》是毛泽东同志于1942年2月8日在延安干部会上的讲话。当时,抗日战争处于最艰难的相持阶段,根据地的生存尚且艰难,但是中国共产党人仍然花费宝贵的时间和精力来讨论文风问题,其原因何在? 二是拓展类提示,即在学习课文的基础上,向学生推荐相关拓展类革命传统作品,比如必修上册第一课的学习提示:课外阅读毛泽东《水调歌头·游泳》、周恩来《赤光的宣言》、朱德《太行春感》、陈毅《赣南游击词》等,感受他们的情怀。三是对学习重点和学习路径的提示,即对课文中所体现出的革命精神、革命人物形象、革命理论等作出重点说明并提供阅读方法的指导。例如选择性必修上册第二课《长征胜利万岁》的学习提示:《长征胜利万岁》展示了中国工农红军长征的伟大壮举。

3. 课下注释

课下注释是教科书助读系统的重要组成部分,是学生学习时的"拐杖",能够为学生阅读文本扫清最基本的字词方面的障碍,补充相关知识,增强学生对文本的理解,培养学生的自学能力。

高中语文教科书在课下注释中也蕴含着诸多革命文化相关内容,主要有以下三类。一是对革命传统作品篇题的解释。例如《为了忘却的记念》的注释内容,除了对文章的出处进行说明外,还对选文创作的时代背景和作者的创作意图进行阐释:文章创作于国民党反动派疯狂进行反革命的文化"围剿"时期,在革命烈士遇难两周年的日子,作者鲁迅创作了这篇纪念文章。二是对课文中主要人物或作者所展现的革命行动、革命精神进行补充说明。例如黄花岗七十二烈士之一的林觉民、无产阶级革命家杨成武等。三是对革命斗争中的专有词汇进行解释。例如"地区队""十八年""跑他的路"等。

革命文化的产生和发展背景历史久远,与现今时代存在较大差距,学生在阅读时存在困难,教师可以通过利用注释理解难点,提高学生对革命文化的理解和感悟。

(三) 练习系统

部编版高中语文教科书的练习系统包括阅读与写作单元的"单元学习任务"(选择性必修为"单元研习任务")、整本书阅读单元的"学习任务"和活动类单元的"学习活动"。革命文化教学资源主要在"单元学习(研习)任务"和"学习活动"两个栏目中呈现。前者兼顾人文主题和单元学习目标的落实,强调综合提升学生的语文素养。后者是围绕单元主题设计的体验性、参与性或探究性的实践活动,让学生在真实的语文实践中获得实际生活需要的语文素养。

通过梳理,练习系统中可资利用的革命文化教学资源有以下内容,见表5-9。

表5-9 练习系统中的革命文化教学资源①

位置	栏目	任务要求
必修上册第一单元	单元学习任务	任务二:查找毛泽东《沁园春·长沙》的写作背景资料,建议阅读埃德加·斯诺的《毛泽东自传》,了解毛泽东青年时期的革命经历,加深对这首词主旨的理解 任务三:联系特定革命和改革的历史背景来理解《百合花》和《哦,香雪》的内涵
必修上册第八单元	学习活动	活动二:分类整理成语(如爱国、民本等),以《成语中的_____文化》为题,写一则语言札记
选择性必修上册第一单元	单元研习任务	任务一:说说文中是如何表现革命者优秀品质的,讨论当下阅读优秀革命文化作品的意义 任务二:通过朗读和研讨的方式体会革命文化作品"以革命理论说服人,以英雄形象打动人,以崇高精神鼓舞人"的特点 任务三:参观家乡爱国主义教育基地或革命历史遗迹,以"家乡的英雄"为主题,创作并编辑文集

---

① 杨彦晰.基于文化体验的高中语文革命文化教学设计研究[D].上海:华东师范大学,2023:38.

续 表

位置	栏目	任务要求
选择性必修中册第一单元	单元研习任务	任务一：联系改革开放以来社会发展实际，谈谈对于《实践是检验真理的唯一标准》中核心观点的认识
选择性必修中册第二单元	单元研习任务	任务一：思考中国革命的伟大意义，讨论新时代中国青年应该如何继承和发扬革命传统 任务三：编写红色作品集
选择性必修下册第二单元	单元研习任务	任务二：研讨现当代文学作品对社会变革发展曲折历程的折射，探究其"感时忧国"、凝聚国家命运和人民悲欢的特点

从表 5-9 中可见，在五册教科书的练习系统中，都含有革命文化教学可资利用的资源，为落实革命文化理解与传承提供了更丰富的宏观视角与微观方法。例如必修上册第一单元"学习任务二"，要求学生"查找毛泽东《沁园春·长沙》的写作背景资料，阅读埃德加·斯诺的《毛泽东自传》，了解毛泽东青年时期的革命经历，加深对这首词主旨的理解"。在完成这一学习任务的过程中，通过联系历史背景资料强化学生对于课文中革命人物、革命精神、革命理论的理解。教科书练习系统中的革命文化因素，是语文教学融入中华文化教学不可忽视的优质资源。充分利用练习系统中的革命文化教学资源，可以让文化教学走向更深、更广的领域，培育学生文化传承与理解的核心素养。

此外，主要分布在教科书封面、单元导语、课文中的插图，也是可资利用的教学资源。当然，对于上述教科书中各种可资利用的革命文化教学资源，教师并不需要平均用力，一一讲解，而是应该从教学目标、文化教学的一般规律出发，有机开发和运用。教科书的知识系统中尚未发现独立的、显性的革命文化教学内容资源。

四、教科书插图中的优秀传统文化资源

在视觉文化中，教科书插图作为一种视觉文化表达方式，影响着学生审美体验的同时，也影响着学生的文化认知和体验。

（一）教科书插图的界定

随着时代的发展，除纸质书籍外，电子网络、产品包装等领域都有插图的影子。教

科书插图是指在教科书中除去文字和提示性标志以外的图片,包括教科书封面、目录、单元导语和课文中的插图、照片、地图等储存和传递教育信息的非文本性内容。①

（二）教科书插图的功能

教科书插图具有唤醒学生学习兴趣、审美培育、文化传承、价值导向等功能。文化传承的功能是指教科书插图通常都与课文内容、情境相契合,也遵从不同年龄学生的视觉审美需求。教科书中的插图,尤其是中国传统水墨画类,通过水墨丹青与生花妙笔相映成趣,既能体现诗文旨趣,又能在国画中营造文化氛围,丰富学生感受中华优秀传统文化的路径,增强文化感染力。

（三）教科书插图的类型

依据教科书插图内容进行分类,可分为五种:景观类、事件场景类、人物画像类、事物说明类、诗词意境类。如语文教科书五年级上册第6课《将相和》插图,见图5-3,用水墨画的风格描绘了廉颇在蔺相如府前负荆请罪的事件场景。语文教科书中古诗词篇目的意境类插图见图5-4,这种插图多用中国传统水墨画来展现诗歌的主题。有的淡墨夹色,略施淡彩,运用大面积留白来展示山水云雾的空灵悠远;有的用色明快、层次丰富,展现大自然的生机勃勃与乡村生活的野趣;有的运用浓郁的墨色刻画苍凉的背景,寄托诗人的忧国忧民。这种诗词意境类插图内容丰富、立意多变。这类插图在小学语文教科书中共有123幅,占总插图量的9.45%。

图5-3 《将相和》插图

图5-4 三年级上册《早发白帝城》插图

---

① 刘妍彤.视觉文化视阈下部编版小学语文教科书插图研究[D].上海:华东师范大学,2022:4.

(四) 基于插图的文化学习资源

语文教科书中的水墨插图体现了中国画寻求精神性表现的艺术特征,体现了"天人合一"的文化精神。因此,插图本身就是中华民族独特美学与处世哲学的具象,也是文化学习的一种可资利用的资源。

如小学语文教科书一年级上册识字课文《天地人》中,就采用了傅抱石的水墨作品,体现"天地人、你我他"的课文内容,见图5-5。

图5-5 《天地人》插图

该课文开篇即用傅抱石的国画《一望大江开》作为课文插图。画面中大地茫茫,大江横流,两位文人临台向远方眺望。画家用大范围的留白表现江水,以虚衬实,以少胜多,将封闭的尺幅延伸至无垠,使观者的心境随着画中文人的视线,在方寸之中瞻万里之遥。在高台与江水的映衬下,人虽如沧海一粟,但其"解衣般礴"的自由精神与"天地与我为一"的辽阔意境使得这幅插图传达出独特的审美旨趣与浓厚的东方神韵。这幅作品相对具体地刻画了天、地、人三种意象,蕴藏着天人合一的文化要义。

在中国传统文化中,宇宙并非冷冰冰的死物,而是与人共一的天地,因此笔墨也有生命感。小学语文教科书六年级下册第四单元的单元导读插图中,画家就通过"骨法用笔"展现了青竹、梅花和苍松的生动气韵,见图5-6。在这幅插图中,画家用刚硬曲折的墨线勾勒出植物的枝条,在这幅画中,青竹、梅花和苍松并不是被当作植物来绘画的,而是作为

图5-6 六年级下册第四单元插图

有骨有肉的人,因此这里树枝的画法是"骨法用笔",即以墨线为骨立法,使墨线类同身体内在的骨骼、坚固顿挫、生涩挺拔,像人的脊梁骨一般直直地对着天空;而色彩则是内在的脏器,柔软细腻。在物象组合方面也注重区别刻画,青竹自有一派潇洒挺拔的气度,显现如同清秀俊逸的君子品格;梅花花枝劲挺有力,体现其傲雪凌霜的气魄;苍松则在笔走之间抢出些许侧势,显出其高矫的秀色。由此,画面中既有威武坚韧的挺拔,也有回环曲转、婆娑有致的柔美。衬托了本单元主题:理想信念。青竹、梅花和苍松组合在一起的岁寒三友画面,顾盼生姿、苍劲有力,回应了导语——文天祥的诗句"人生自古谁无死,留取丹心照汗青",也象征了英雄气节和民族精神。

二年级上册第15篇课文《大禹治水》插图中,人物背后峻岭叠嶂,洞穴深秘,成群结队的劳动者在开山治水,见图5-7。在画面的右侧,大禹身穿布衣,躬亲劳苦,与拿着铲锹的农民一起栉风沐雨,展望着伤痕累累的黄土大地,指挥着人民凿石开山,刨沙筑渠,疏通河道,导流洪水。人物黄褐色的皮肤、草鞋、铲锹与沟壑纵横的黄土地勾连在一起,其意义已经超越其本身,而转向农耕文明、兴利除害与人民生活等更深层次的意涵。

图5-7 《大禹治水》插图

研究发现现行教科书,尤其是语文、历史、道德与法治国家统编课程教科书中,运用中国传统画法的插图更写意也更优质,既可以作为对内容理解的辅助,同时也是一种潜移默化的熏陶,更是可资利用的中华文化教学资源。

【专栏 5-1】

理论图谱与实践路径

课程教材作为中华优秀传统文化教育的主渠道,在传承发展中华优秀传统文化中发挥着不可替代的作用。近年来,中华优秀传统文化在中小学课程教材中的分量逐步增加,取得了长足进展。在某些方面,中华优秀传统文化仍未能有机融入现有教育体系,有些内容安排也呈现出碎片化,系统性不足的倾向。究其原因,一是中华优秀传统文化教育基础性学理阐释仍待完善,二是融入课程教材的中华优秀传统文化标准体系有待建立健全。

一、中华优秀传统文化教育的内涵外延

中华优秀传统文化教育归属学校教育,是以培养德智体美劳全面发展的社会主义事业的建设者和接班人为宗旨,教育引导青少年学生更加全面准确地认识中华民族的历史传统、文化积淀,实现中华优秀传统文化的铸魂育人功能。在内容层面,中华优秀传统文化的传承进行着群体社会中各种文化要素的交接,包括物质文化和精神文化,如民族精神、民族艺术、文化符号、节日习俗等。中华优秀传统文化教育是以国家育人目标为导向的传统文化教育,包括传统文化知识和民族精神教育,如文字、文学知识、历史知识、人文精神、传统美德等。中华优秀传统文化教育内容体系是以主题为纲,纵向深耕传统文化要素内容来构建的,呈现出明显的散点性和内部系统性。在途径方式上,中华优秀传统文化既以物化的经典文献、文化物品等形式存在和延续,又以民族价值观念、伦理道德、思维方式的形式存在和延续。

二、中华优秀传统文化教育内容的选择标准

中华优秀传统文化教育应以培养德智体美劳为目标,选择优秀传统文化内容。中华优秀传统文化教育作为传承中华优秀传统文化的重要路径方式,在增强中华文化认同、国家认同、民族自豪感,铸牢中华民族共同体意识方面,发挥着不可替代的社会性功能。中华优秀传统文化教育可以更加自觉、更加主动地推动中华优秀传统文化同当代社会相适应,同现代化进程相协调。因此,中华优秀传统文化教育必须与新时代国家育人目标相契合,中

华优秀传统文化教育的内容应在立德树人统领下,以德智体美劳为目标维度进行选择,让中华民族文化基因在广大青少年心中生根发芽,培养出担当民族复兴的时代新人。

中华优秀传统文化教育应以传统文化主题要素为经纬,架构优秀传统文化内容。中华优秀传统文化教育内容整体呈现散点分布的特点,需以教育主题为纲进行横向建构。中华优秀传统文化教育的4个主题类别与25个传统文化要素组合,构成中华优秀传统文化教育内容的选择指标,见下表。

主题	修身 人格修养教育	齐家 社会关爱教育	治国 家国情怀教育	兼济天下 人类命运共同体教育
传统文化要素	心存善念	尊老爱幼	自强不息	尊重自然
	明辨是非	和睦邻里	居利思义	理解他人
	坚韧豁达	尊师重道	爱国如家	美美与共
	忠诚守信	扶残济困	兼容并蓄	民胞物与
	知行合一	见义勇为	不畏强权	和睦共生
	情趣高雅	观风问俗	脚踏实地	大同理想
	守正创新			

同时以传统文化典籍分类体系"经史子集"标记择选出的内容,检验中华优秀传统文化教育内容在传统典籍分类体系中的分布情况。

三、中华优秀传统文化融入课程教材的图谱内容类别

语文课程教材融入优秀传统文化的内容类别,提炼为以下几个方面。

1. 经典篇目是以文献形式存在的传世作品,主要指古诗词和文言文,还包含少量属于古代文化的小说和现代文。如孟子的《鱼我所欲也》、钟敬文的《节日与文化》。

2. 人文典故是指经过历史检验,已被大众接受、具有特定历史内涵的人物、事件、语言表达等。如《精卫填海》《造父学御》。

3. 特色技艺是指民族性、地域性特征鲜明的技能、技巧、艺术等。如《赵州桥》《纸的发明》。

4. 基本常识是指在中国历史中形成的、构成中华民族文化基因的基本知识。如时令节气、称谓礼仪等知识。

5. 整部作品是指一部完整的文学作品或学术著作。如《孔子的故事》《水浒传》《中国小说史略》。

（摘编自：田慧生，张广斌，蒋亚龄.中华优秀传统文化融入课程教材体系的理论图谱与实践路径[J].教育研究，2022(4).）

第四节 优秀传统文化学习资源

中华优秀传统文化是中华文明的智慧结晶和精华所在，是中华民族的根和魂。长期以来，"中华优秀传统文化"虽非国家课程，也不是各级各类学校的必修课程。但是，中华传统文化博大精深，有着数不清的名篇佳作。一些学校和研究者开发了较为系统的语文课程外的文化学习资源，可资利用。

一、《中华传统文化专题研讨》

温儒敏主编的普通高中选修课程用书《中华传统文化专题研讨》由人民教育出版社出版，旨在落实新课标"中华传统文化专题研讨"任务群的学习要求，有机融入三个贯通性任务群的学习，见图5-8。

图5-8 《中华传统文化专题研讨》封面

(一) 编写体例

该书以专题组织单元,整体设计单元研讨任务。由绪论"中华传统文化巡礼"、六个单元两部分组成。六个单元的主题见图 5-9。

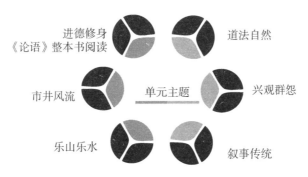

图 5-9 六个单元的主题

全书除了第一单元外,其他五个单元均有选文。每个单元由单元主题、单元导读、四篇选文、单元研讨任务、参考读物、知识链接六个部分组成。每篇选文都配有注释和学习提示。

(二) 内容结构

《中华传统文化专题研讨》的单元主题、选文篇目、体裁、作者及其朝代信息内容见表 5-10。

表 5-10 《中华传统文化专题研讨》信息内容表

单元	主题	选文	体裁	作者及朝代
绪论		中华传统文化巡礼	论文	
第一单元	进德修身	《论语》整本书阅读	语录体散文	孔子·春秋
第二单元	道法自然	《老子》十章 《庄子》寓言三则 《淮南子》二则 《与山巨源绝交书》	散文 寓言 论说文 书信	老子·春秋 庄子·战国 刘安·西汉 嵇康·魏晋

续 表

单元	主题	选文	体裁	作者及朝代
第三单元	兴观群怨	《毛诗序》 《诗论三则》	序 诗论	毛亨、毛苌·西汉 刘勰·南朝梁；锺嵘·南朝梁；叶燮·明末清初
		《与元九书》 《人间词话》十则	书信 文学评论	白居易·唐 王国维·清、民国
第四单元	叙事传统	《廉颇蔺相如列传》 《柳毅传》 《诸葛亮舌战群儒》 《匡超人》	传记 传记 评注 评注	司马迁·西汉 李朝威·唐 罗贯中·元末明初 吴敬梓·清
第五单元	乐山乐水	《滕王阁序》 《黄冈竹楼记》 《山水训》五则 《麻叶洞天》	序 记 训 游记	王勃·唐 王禹偁·北宋 郭熙·北宋 徐霞客·明
第六单元	市井风流	《市井笔记三则》 《高祖还乡》 《施润泽滩阙遇友》 《市井人物传记两篇》	笔记 散曲 话本小说 人物传记	孟元老·北宋；刘侗、于奕正·明 睢景臣·元 冯梦龙·明 黄宗羲·明末清初；侯方域·明末清初

(三) 学习活动设计

该书选文大都为中华传统文化经典，每个单元安排了 4—5 项研讨任务。要求学生通过自主、合作、探究等学习方式，完成阅读与鉴赏、表达与交流、梳理与探究等语文学习活动，体现了新课标"着力在语文实践中培养学生语言文字运用能力"。下面以第一单元为例，简单说明此教材在"活动设计与安排"方面的特点与理念，见表 5-11。

表 5-11　第一单元学习活动

任务序列	核心任务	学习活动	学习方式
研讨任务一	分析《论语》中的孔子形象	1. 从《论语》各篇提取关于孔子为学、做人等的典型句段 2. 拓展阅读《史记·孔子世家》、李长之《孔子的故事》等 3. 以"人间孔子"为话题展开研讨 4. 谈谈从《论语》中读到的孔子形象	自主 合作 探究 研讨 交流
研讨任务二	写研讨札记	1. 选取《论语》中的一个关键概念，摘出相关论述，制作成卡片 2. 参阅相关注疏和解读文章，研讨其内涵及现代价值 3. 写一篇札记，谈谈你的认识和理解	
研讨任务三	写作	1. 选取《论语》中的一章，发挥想象，或参读相关资料，还原话语情境，充实细节，丰富对话 2. 将选取的一章扩展成一篇不少于 600 字的记叙文	自主 探究
研讨任务四	写研读札记	1. 阅读所提供的某歧解观点，说说自己赞同哪种观点 2. 小组合作，再找一些章节，搜集历来歧解，尝试作一些辨析 3. 将探究成果写成一篇研读札记	自主 探究 合作 交流
研讨任务五	学习为典故撰写注释	1. 阅读《论语》整本书 2. 参考教材注释体例 3. 尝试为教材中的《论语》典故撰写注释	自主 探究

由表 5-6 可知，该书的文化学习活动设计有以下特点。

（1）重视写作。主张以读促写，以写促悟，加深对传统文化的认识和理解，深入体会中华文化创造性转化和创新性发展的趋势。

（2）丰富多样。学习活动具有综合化、整合性倾向，创设真实的学习情境。

(3) 动态设计。学习活动关注学习行为的动态性与过程性,彰显生成性资源的价值。

二、《中华传统文化优秀基因现代传译课程》

《中华传统文化优秀基因现代传译课程》是上海特级教师、复旦附中黄荣华主编的一套具有独创性的优秀传统文化教育系列读本,2018年由广西师范大学出版社出版。整套系列读本根据阅读对象分为小学卷(1—6年级)、初中卷(1—3年级)、高中卷(1—3年级),共三套。

(一) 编写体例

《中华传统文化优秀基因现代传译课程》读本的编辑意图是:培育有中国心的现代文明人——中国立场、世界眼光、人类情怀。坚定、稳定的中国立场一定要根植于几千年中华文化深处。

1. 基因

所谓的基因是指承载着生命的基本构造和性能,储存着生命的种族、血型以及孕育、生长、凋亡等过程的全部信息。中华优秀传统文化就像支持五千多年中华文明生生不息的优秀基因,可以成为中小学生前行的生命原动力,让中小学生更好地理解、认识、欣赏、传承中华文化。

2. 文化基因点

整套读本提炼了48个基因点,这48个基因点归属6个不同的内容类别,构成了中华传统文化优秀基因图谱。见图5-10。

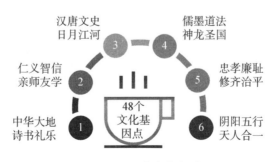

图 5-10 6个内容类别

(二)内容结构

1. 学段递进

小学六册每册 8 个单元,每个单元围绕一个汉字。比如第一册第一单元聚焦"中"——中国;第二单元聚焦"华"——华夏。初中三册每册 16 个单元,每个单元围绕一个汉字。比如第一册第一单元聚焦"中"——中正;第二单元聚焦"华"——华族。高中三册每册 16 个单元,每个单元围绕一个汉字。比如第一册第一单元聚焦"中"——中庸;第二单元聚焦"华"——华章。小学、初中、高中聚焦 48 个基因点,在三个不同的难度层级有序展开,显现不同学段内容和要求的差异。如,基因点"中",小学聚焦"中国";初中聚焦"中正";高中聚焦"中庸"。见表 5-12。

表 5-12 每个基因点在三个不同学段的内容差异(部分)

序号	基因点	表层肌理(小学层)	中层事理(初中层)	深层原理(高中层)
1	中	中国	中正	中庸
2	华	华夏	华族	华章
3	大	大人	大器	大美
4	地	地母	地缘	地利
5	诗	诗心	诗言	诗经
6	书	书写(契)	书画	书香
7	礼	礼仪	礼让	礼制
8	乐	乐音	乐理	乐成
9	仁	仁人	仁政	仁爱
10	义	义行	义勇	义气
11	智	智识	智力	智性
12	信	信言	信用	信真
13	亲	亲亲	亲戚	亲和
14	师	师父	师承	师范
15	友	友爱	友善	友情
16	学	学习	学生	学校
17	汉	汉朝	汉语	汉风

续 表

序号	基因点	表层肌理（小学层）	中层事理（初中层）	深层原理（高中层）
18	唐	唐朝	唐贤	唐韵
19	文	文字	文心	文化
20	史	史记	史官	史识
21	日	日历	日晷	日常
22	月	月令	月象	月祭
23	江	长江	江湖	江山
24	河	黄河	河海	河岳
25	儒	孔子	儒士	儒教
26	墨	墨子	墨者	墨辩
27	道	老子	道流	道律
28	法	韩非子	法典	法术
29	神	神话	神鬼	神界
30	龙	龙人	龙脉	龙运

2. 单元板块

小学、初中、高中每个单元由契合学生文化认知的6个板块构成：字之象、诗之声、文之韵、事之理、人之情、文化点醒，见图5-11。

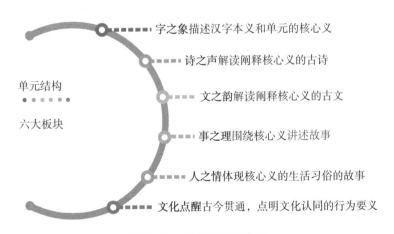

图 5-11 单元结构示意图

下面是初中第一册的单元目录:

第一单元　中正

第二单元　华族

第三单元　大器

第四单元　地缘

第五单元　诗言

第六单元　书画

第七单元　礼让

第八单元　乐理

第九单元　仁政

第十单元　义勇

第十一单元　智力

第十二单元　信用

第十三单元　亲戚

第十四单元　师承

第十五单元　友善

第十六单元　学生

3. 单元内容枚举

下面是小学卷第一册第七单元《礼》的读本内容(部分节选)。

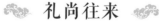 礼尚往来

yóu wú jù　lì wú bǒ　zuò wú jī　qǐn wú fú
游毋倨,立毋跛,坐毋箕,寝毋伏。

lǐ jì　qū lǐ shàng　jié xuǎn
——《礼记·曲礼上》(节选)

注释

游：这里指行走、走路。

毋：不要，不可以。

倨：倨傲，傲慢。

跛：这里指站立时身子偏斜。

箕：箕踞，两腿叉开的不雅坐姿。

寝：睡，卧。

伏：趴着，脸向下。

讲解

一个人走路的时候大摇大摆，站着的时候东倒西歪，席地而坐的时候叉开双腿，当着人的面就趴在席子上，你对这个人会有什么评价？最起码会觉得这个人没有礼貌，不够尊重别人吧！

所以"立如松，坐如钟，卧如弓，行如风"既是个人精神面貌的体现，更是一种礼貌，是对别人和自己的尊重。

礼尚往来：往而不来，非礼也；来而不往，亦非礼也。

——《礼记·曲礼上》（节选）

> **注释**
>
> 尚(shàng):提倡(tí chàng),注重(zhù zhòng)。
>
> 往来(wǎng lái):交往(jiāo wǎng),互相来往(hù xiāng lái wǎng)。
>
> 非(fēi):这里(zhè lǐ)指不符合(zhǐ bù fú hé)。

(三)学习活动设计

《中华传统文化优秀基因现代传译课程》还设计了专门的教学指导手册,小学卷、初中卷和高中卷各一本。下面是小学卷第一册第七单元《礼》的教学设计片段。

《礼》的教学设计片段

一、课程目标

1. 在阅读中了解"礼"字的演变及含义

2. 借助拼音和注释读懂与"礼"相关的文言内容

3. 在情境中用不同形式呈现对"礼"的理解和实践

二、教学过程

(一)导入

师生对话:我眼中的"礼"是什么?

(二)认识"礼"

1. 动画演示"礼"字的演变

2. 教师讲解"礼"字部件的含义:击鼓献玉,礼拜神灵。

3. 了解"礼"字本义

(三)学习《礼记·曲礼上》

1. 学习句子一

出示:游(yóu)毋(wú)倨(jù),立(lì)毋(wú)跛(bǒ),坐(zuò)毋(wú)箕(jī),寝(qǐn)毋(wú)伏(fú)。

(1)借助拼音把句子读正确

(2)小组合作,根据词义理解句意

(3) 了解古人"坐毋箕,寝毋伏"的原因

出示资料:

古人没有凳子、椅子、沙发,他们一般都是在地上铺席子,席地而坐,平时吃饭、会客、议事,甚至睡觉都在上面。

(4) 熟读记诵

2. 学习句子二

出示:礼尚往来:往而不来,非礼也;来而不往,亦非礼也。

(1) 观摩阅兵式视频

(2) 学习句子二

(3) 结合教材中的《纸船和风筝》以及《一封信》,体会礼尚往来的含义

(四) 以行礼为例体会"礼尚往来,礼需践行"

1. 了解古今中外的行礼动作习惯

(1) 交流日常生活中,现代人行的礼

(2) 学一两个古礼

(3) 初步了解外国人行的礼

(4) 交流行礼小贴士

2. 学《说文解字》中,"礼"的另一个义项:履也。

3. 小结

(五) 在生活中践行"礼"

1. 活动一:以下项目二选一,完成时间为一周

(1) 以爸爸的口吻给露西回一封信

(2) 帮助《一只想飞的猫》中的猫成为有"礼"的猫

2. 活动二:呈现不同生活场景下,"我"眼中的礼,完成时间为一个月

(六) 总结

附板书

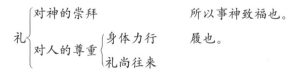

(上海市民办阳浦小学卢燕设计)

三、《古风新韵:中华传统文化专题研讨》

褚树荣主编的"新课标·新语文·新学习"丛书 2018 年由上海教育出版社出版,高中《古风新韵:中华传统文化专题研讨》由王静主编。

(一) 编写体例

该书体现了"活动指向专题,专题指向任务群,任务群指向核心素养"的编写理念。将"中华传统文化专题研讨"任务群分解成若干个学习专题。在学习专题开启之前,"他山之玉"板块描述若干篇教学案例,以便读者对本任务群的学习有一个整体的感知。每个专题又分成"含英咀华""实践笃行"两个板块。

1. 含英咀华

该板块是一系列经典选文,供学生阅读与研讨。

2. 实践笃行

该板块围绕专题设计语文学习活动,提供学习的经典范例。

学习专题最后安排"锦心绣口""我学我秀"两个板块。"锦心绣口"类似于综合写作和口语交际活动;"我学我秀"为学生的学习成果提供展示平台和评估方案。

(二) 内容结构

1. 八个专题

该书共分八个专题:批判与继承——传统文化的现代关照;仁义和重用——儒家文化专题研讨;逍遥与隐逸——道家文化专题研讨;性命与慈悲——佛教文化专题研讨;生克与消长——阴阳五行文化专题研讨;血缘与亲情——宗族文化专题研讨;祈祷与禁忌——民俗文化专题研讨;象征与暗示——汉语文化专题研讨。从上述专题名称可知内容,重视"对中华传统文化核心思想理念和中华人文精神的认识与理解",关注它们的现代阐释,以及"创造性转化和创新性发展"。

2. 专题板块

每个专题包括含英咀华、实践笃行两个板块。"含英咀华"一般是三篇选文,既有体现传统文化思想精华的原文,也有关于这些原文的解读文章和研究论著。选文注重权威性和时代性,编制顺序为原文在前,解读文章或研究论著在后。这样的编排体现了新课标"参阅阐释经典的作品应作为研读原著的辅助手段,可以将经典作品与参阅的研究论著结合起来学习"[1]的要求。避免了解读文章或研究论著喧宾夺主。每篇选文后面有"我思我在"栏目,一般是三道研讨题,以激发学习兴趣,加强理性思考,巩固阅读成果。有些选文后面还有"资料链接",为阅读与理解"原文"和"论著"提供支架材料。

"实践笃行"是一篇根据专题教学目标和内容、选文所反映的传统文化内涵而设计的任务群教学范例。从"含英咀华"到"实践笃行"反映了任务群教学从资源开发到资源运用的基本思路与规律。

(三) 学习活动设计

该书的学习活动设计别具一格,下面以专题2的"实践笃行"为例,做一简要评述。

这个案例的标题是"中庸会导致平庸吗?——用思辨之光照亮心灵",内容包括情境创设、活动准备、活动过程、活动自检四个部分。

1. 情境创设。这部分巧妙利用范曾教授在《国学开讲》节目中解析《中庸》时,正好遇到一位观众提出困惑这一事件引出辩题,体现了新课改在"真实情境"中学习的理念。

2. 活动准备。这部分要求学生网上观看范曾教授解析《中庸》的视频,并根据自己的兴趣和需要,选择阅读推荐材料,体现了新课改对多样化教学资源的开发与利用。

3. 活动过程。这部分包括设身处地、自我思辨、针锋相对、照亮心灵四个环节。见图5-12。

4. 活动自检。这部分提供具体的评价指标和分值,便于学生自主核查学习任务完成情况。

综上,此书是学生优秀传统文化学习的学本,可以在课外自学;也是学生社会实践的脚本;还是教师的教学用书。

类似上述三种统编教科书外的优秀传统文化资源,可以作为地方性优秀传统文化课程和校本优秀传统文化课程的内容资源。如山东教育出版社2019年出版的、曹志敏等主编的《中华优秀传统文化》,就是山东省义务教育必修地方课程的教科书。

---

[1] 中华人民共和国教育部. 普通高中语文课程标准(2017年版2020年修订)[M]. 北京:人民教育出版社,2020:27—28.

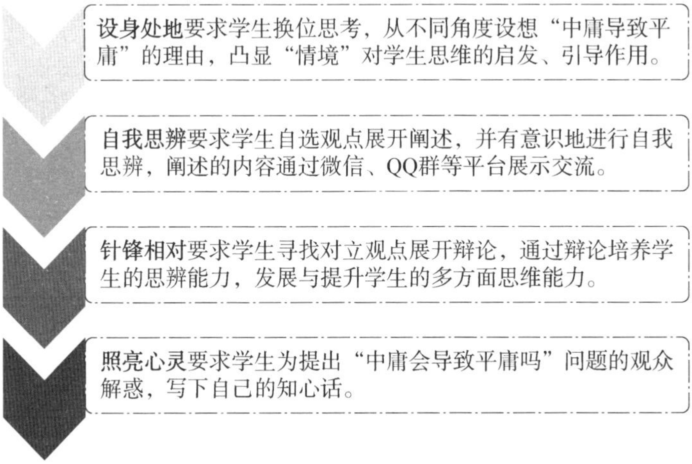

- **设身处地**要求学生换位思考,从不同角度设想"中庸导致平庸"的理由,凸显"情境"对学生思维的启发、引导作用。

- **自我思辨**要求学生自选观点展开阐述,并有意识地进行自我思辨,阐述的内容通过微信、QQ群等平台展示交流。

- **针锋相对**要求学生寻找对立观点展开辩论,通过辩论培养学生的思辨能力,发展与提升学生的多方面思维能力。

- **照亮心灵**要求学生为提出"中庸会导致平庸吗"问题的观众解惑,写下自己的知心话。

图 5-12 教学四环节

【专栏 5-2】

标准:什么样的传统文化应进教材?

1912年1月19日,时任中华民国第一任教育总长的蔡元培先生,签发"普通教育暂行办法",宣布"读经科一律废止"。儒家经典从此退出中国中小学生的课堂。迄今过了百余年,山东省在全国率先把"中华优秀传统文化"纳入中小学必修课程,并编写了教材。这意味着百年之后儒家经典重归国民教育。

如果从汉武帝"罢黜百家、独尊儒术"算起,那么中国人学习、实践儒家经典有2300多年;如果从通过科举制而使儒家经典成为所有学子必修的核心内容算起,也有1300来年了。相对于这千年不断的学习史,被废止的这一百年,只不过弹指一挥间。今天儒家经典回归中小学必修课程,必须周全慎思。

我们首先要非常清醒地面对并记住一个历史事实,那就是:以我们的传统文化经典修身立国的封建王朝,修习儒家经典有千年之久的中国社会,在遭遇西方文化冲击和西方政治入侵之际,几无自保之力,所有的抵制与反抗,都一败再败,自新自救乃唯一出路。这个离我们并不遥远的历史事实,向中国人摆明:单靠中国传统文化资源无法应对现代世界。因此,让传统文化、儒家经典重归国民教育,必须建立在诚实而勇敢地承认、反思中国近代史这个基本事实的基础之上,以避免传统在今天的回归,演变成简单的文化复古。之所以有必要学习传统文化,不是因为传统文化是我们的,是祖先留下来的,而是因为我们的传统文化是一种开辟了具有世界史意义的东亚世界的文化,是与另外三大文化共同奠定了世界史发展基轴的文化。

这也就引出了另一个问题,我们应当学习、传承传统文化中的什么内容?当我们提中国优秀传统文化进课程时,也就意味着我们的传统文化中有非优秀的内容,那么优秀的标准是什么?在教材的编者说明中,强调以社会主义核心价值观为指导。这也就意味着,衡量传统文化中优秀与否的标准就是社会主义核心价值观。富强、文明、和谐、公正、爱国、敬业、诚信、友善都是传统的价值原则,中外概莫能外。因为所有的民族,所有的国家,所有的共同体,从古至今都肯定这些,追求这些。民主、自由、平等、法治则是现代价值原则,是传统文化所没有的,或者至少是没被自觉的。凡是与这些现代价值原则相冲突的传统文化,都不应成为今天人们学习的内容。我们今天要学习、要传承的任何传统文化,都要接受现代价值原则的洗礼!

概括地说,今天让传统文化重进课堂,重建国民教育,是要有前提的。那就是要有利于自由、民主、平等、法治这些更具有普遍性的现代价值原则的确立与贯彻;有利于培养深厚的文化底蕴与开阔的文化视野,以便我们有能力、有胸怀去理解、消化、会通其他所有伟大文化、伟大传统,从而有利于继续承担起维护人类的普遍道德、普遍公义与普遍秩序的使命。为此,我们需要在学习传统文化中,自觉地转换、提升传统文化,在转换与提升传统文化中创造新文化、新传统。

(摘编自:黄裕生.回归而不复古——建言"传统文化进教材"[N].南方周末,2018-03-08.)

第五节　语文教科书学习活动设计的国际视野

2010年6月,由《共同核心州立英语语言艺术和历史/社会、科学和技术学科读写能力标准》(简称CCSS)和《共同核心州立数学标准》组成的美国《共同核心州立标准》即国家课标出台,旨在统一全美各州课程标准。这份英语语言艺术课程标准,现已被全美45个州、2个地区和哥伦比亚特区所采用。[①] 美国语文课程实施过程中,基于课程标准的教科书设计、基于元认知的课程标准框架、大概念引领的教科书编制等特色鲜明。

一、大概念统领的《奇观》

美国各州小学语文教科书大都采用综合型编制形式,融合语言技能训练与文学阅读于一本教科书中;小学六年级至高中大都采用分编型,一般分为语言(Language)/语言艺术(Language Arts)、文学(Literature)两套。《奇观》(Wonders)是2014年美国教科书出版巨头麦格劳·希尔教育出版公司(MacGraw-Hill)依据语文课标(CCSS)研发的语文系列教材。其中《阅读/写作工坊》(Reading/Writing Workshop)是该系列教材中最主要的教科书,包含识字、阅读技巧、语法、写作等语文课程基本学习内容。该套教科书覆盖小学阶段一至六年级,除一年级有四册之外,其余每年级一册,以内容主题为线索,按大概念统领整本书。

(一) 大概念、周概念、课文主题

《奇观》每册教科书由五至六个单元组成,每个单元的课文主题、周概念、大概念自成一体。课文内容丰富多样、贴近学生生活、突出科普和道德教育。

---

① National Academies of Sciences, Engineering, and Medicine. Education for Life and Work: Developing Transferable Knowledge and Skills in the 21st Century. Washington, D.C.: The National Academies Press [EB/OL]. (2012-10-01) [2023-01-10] https://doi.org/10.17226/13398.

1. 四年级三级主题线索

四年级分册共有六个单元,30 篇课文。每个单元由单元大概念统领,下设五个周概念;每个周概念对应一篇课文,每篇课文的主题都回应周概念。就此形成以大概念为教科书编制线索的"大概念——周概念——课文主题"三级主题结构。四年级六个单元内容主题见表 5-13。

表 5-13　四年级六个单元的大概念、周概念、课文主题

单元名称 大概念	周概念	课文题目/课文主题	
1. 想一想 （Think it through） 面对挑战我们如何呈现最好的一面?	聪明的想法 （Clever ideas）	1. 恶龙难题 （The dragon problem）	智谋
	为他人着想 （Think of others）	2. 才艺表演 （The talent show）	童年成长
	采取行动 （Take action）	3. 变化的世界 （A world of change）	自然科学
	想法在变 （Ideas in motion）	4. 赛车比赛 （The big race）	自然科学
	将想法付诸行动 （Putting ideas to work）	5. 金钱与理智 （Dollars and sense）	互助
2. 神奇的动物 （Amazing animals） 动物可以教会我们什么?	文学课 （Literary lessons）	6. 渔夫与神鸟 （The fisherman and the kaha bird）	感恩
	小说中的动物 （Animals in fiction）	7. 蚂蚁和蚱蜢 （The ant and the grasshopper）	勤劳
	天然的联系 （Natural connections）	8. 拯救珊瑚礁 （Rescuing our reefs）	环保
	适应性 （Adaptation）	9. 动物的适应性 （Animal adaptation）	自然科学

续 表

单元名称 大概念	周概念	课文题目/课文主题	
	我们周围的动物 (Animals all around)	10. 四首关于动物的诗歌 (Dog/The eagle/Chimpanzee、Rat)	文学知识
3. 就是这种精神（That's the spirit!）如何展现你们的团队精神？	友情 (Friendship)	11. 在图书馆 (At the library)	友情
	帮助社区 (Helping the community)	12. 记住卡特里娜飓风 (Remembering hurricane Katrina)	互助
	自由和正义 (Liberty and Justice)	13. 朱迪的阿巴拉契亚 (Judy's Appalachia)	环保
	强有力的语言 (Powerful words)	14. 改变世界的话 (Words for change)	斗争
	让全世界人都吃饱（Feeding the world)	15. 食物大战 (Food Fight)	转基因技术
4. 事实或虚构（Fact or Fiction）不同的作家如何对待相同的话题	我们的政府 (Our government)	16. 没有规则的世界 (A world without rules)	政府运作
	领导力 (Leadership)	17. 时间格局3000 (The timespecs 3000)	领导力
	新突破 (Breaktroughs)	18. 打错的电话 (A telephone mix-up)	发明
	天空中的奇观 (Wonders in the sky)	19. 夜空奇观 (Wonders of the night sky)	自然科学
	成就 (Achievements)	20. 诗歌两首 (Sing to me/The Climb)	成功

续　表

单元名称 大概念	周概念	课文题目/课文主题	
5. 弄明白 （Figure it out） 是什么帮助你了解周围的世界？	实现它 (Making it happen)	21. 莎蒂的比赛 (Sadie's game)	关心
	四处奔波 (On the move)	22. 我的哥哥约翰尼·谷 (My big brother, Johnny Kaw)	坚毅
	发明 (Inventions)	23. 发明家:史蒂芬妮·克沃勒克 (Stephanie Kwolek: inventor)	杰出人物
	放大 (Zoom in)	24. 近距离看世界 (Your world up close)	自然科学
	发掘过去 (Digging up the past)	25. 一切开始的地方 (Where it all began)	历史
6. 过去，现在和未来 （Past, present, and future） 如何以过往为基础前行？	旧与新 (Old and New)	26. 意外的重逢 (A surprise Reunion)	传统习俗
	来自过去的笔记 (Notes from the past)	27. 摩西堡垒中的自由 (Freedom at Fort Mose)	历史
	资源 (Resources)	28. 能源大辩论 (The great energy debate)	环保
	金钱很重要 (Money Matters)	29. 金钱的历史 (The history of money)	经济
	找到自己的位置 (Finding my place)	30. 诗歌三首 (Climbing blue hill/My name is Ivy/Collage)	成长

2. 四年级大概念单元样例

　　大概念出现在每个单元的开始部分，先以单元名称出现，后在单元导读中以问题的形式再次呈现。单元导读包括文学材料和大概念两部分内容。"文学材料"往往紧扣大概念、编选篇幅短小、内容有趣的诗歌、寓言和名人名言等文学资料，旨在激发学生的阅读兴趣。"大概念"就直接提出一个统摄性的、链接学生生活的问题。如四年级第3单元（Unit 3）名称——《就是这种精神！》（That's the Spirit!），文学材料部分引用了塞缪尔颂扬自由精神的诗《我的祖国》。"大概念"就用问句提出一个统摄性的问题：如何展现你们的团队精神？（ How can you show your Community spirit?）

第三单元　就是这种精神！

单元导读　　　　　　　　　　　【大概念】如何展现你们的团队精神？

我的祖国

我的祖国,那就是你,

自由的乐土,

我为你歌唱。

这片我父亲去世的土地,

这片朝圣者骄傲的土地,

让每一座山脉,

都响起自由之声吧!

——塞缪尔·弗朗西斯·史密斯

(二) 大概念统领的教科书编制启示

1. 主题系统

《奇观》每篇课文的主题是与周概念一致的;周概念则聚焦单元大概念,在此基础上有拓展和延伸。课文主题、周概念、单元大概念三级结构使主题单元的编制线索清晰、贯通又有层次性。

如四年级第一单元的单元大概念"想一想",周概念"聪明的想法""为他人着想""采取行动""想法在变""将想法付诸行动",都聚焦大概念"想一想"。但从第2周起,周概念走出思考的层面,延伸到采取行动并加以实践的层面。与之呼应的课文:第一篇课文题目是《恶龙难题》,我们依据课文内容将课文主题归为"智谋"。显而易见该文主题与周概念"聪明的想法"、单元大概念"想一想"有高相关性。其他几篇课文内容也与"想一想"有关,如《变化的世界》叙述人类如何发挥聪明才智,应对自然灾害,主题涉及自然科学领域。纵观该周五篇课文,课文主题视域是有区别的——从学生学校、家庭生活,走向更宽广的社会和自然界。

2. 主题范畴

四年级30篇课文共涉及22个主题范畴,涵盖了文学、历史、自然科学、政治、经济等多个领域。如第3课《变化的世界》,讲述了地球地质构造运动等自然地理知识;第

16 课《没有规则的世界》,讲述了政府存在的重要性;第 29 课《金钱的历史》,讲述了货币的发展史。学生通过阅读,接触到丰富、鲜活的人类社会和自然世界。在学生带着强烈的好奇心阅读的同时,也在潜移默化中接触到社会科学和自然科学领域的多种文化现象和人类智慧。

3. 学生生活

《奇观》的选文与学生的日常生活联系紧密。课文中的主人公多为少年儿童,内容也多是发生在学校、家庭、社区中的日常故事,为学生提供了丰富的生活经验参照。如第 2 课《才艺表演》讲述了学校要组织才艺表演,小女孩马拉想一个人表演杂耍。但她的好朋友蒂娜不由分说地要和她一起表演歌舞,马拉心里不愿意但又不好意思拒绝,因此很为难。马拉的奶奶知道后,鼓励她坦率地向蒂娜说出自己的想法。最后,马拉说出了自己的真实想法,并得到了蒂娜的理解。从此,马拉学会了勇敢地表达自己的内心想法。这个发生在两个小学生之间的小矛盾,却事关人际交往的大问题。选文在叙述故事、引发共鸣的同时,传播了一种文化观念:大胆、真实地表达自我的意义。又如第 12 课《记住卡特里娜飓风》,讲述了赫克特在卡特里娜飓风侵袭新奥尔良市后,组织同学一起为受灾儿童募捐玩具,抚慰儿童受伤心灵的故事。这个故事鼓励学生积极参与社区事务、帮助关心他人,彰显了个人力量的作用和重要性,在潜移默化之中传播了人际交往能力和社会责任感的价值观。一种符合美国主流社会文化的道德熏陶,就这样渗透于小学生教科书阅读文本之中。

在 30 篇选文中,5 篇课文介绍了物理、生物、地理、天文等自然科学知识;5 篇涉及环境保护、高新技术、发明创造主题。故整册有三分之一的课文,关注科学知识教育和科学精神培养。典型的课文如第 15 课《食物大战》,课文介绍了新兴转基因技术:列举了转基因食物利于抵御害虫、增加营养等优点;也谈及了大众因担心转基因食物会破坏环境、损害人体健康而拒绝食用的现象。课文客观地告诉读者转基因食物的利与弊,结尾也没有对两方的争论做出评判,只是强调对转基因食物有待深入研究和循证。"转基因"是近年全球性的热词,也已经悄无声息地走进小学生的日常生活。课文深入浅出的介绍,有助于学生科学、客观地认识转基因技术。上述富有时代感的选文和主题筛选,为学生营造了一个真实、亲近的阅读世界,贯通了文本阅读与现实生活。

4. 单元大概念

大概念又称"大观念",语文学科大概念是以语言文字学家为代表的共同体,在认识和研究语言文字时逐渐积淀和凝练形成的,关于语文学科本质特征、学科发展规律以及解决语言文字问题的思想观点。"在地位上,大观念居于学科的中心位置,集中体现学科课程特质的思想或看法;在功能上,大观念有助于设计连续聚焦一致的课程,有助于发生学习迁移;在性质上,大观念具有概括性、永恒性、普遍性、抽象性;在范围上,大观念意指适用较大范围的概念;在表达方式上,大观念有多种表现形式。"①我们通常可以从语文知识和能力、学习过程和方法、情感态度价值观三个维度来认识教科书大概念的内涵。"大概念不只是另一个事实或者一个模糊的抽象概念,而是一种概念性的工具,用于强化思维,连接不同的知识片段,使学生具备应用和迁移的能力。"②

《奇观》的三级主题设计——单元大概念、周概念和课文主题,显现了指向学科核心素养的、以大观念理念编制教科书的操作路径。同时,也为我国语文教科书从主题单元到大概念单元的提升设计做了具体示范。

二、双文本设计的《富兰克林自传》

《富兰克林自传》出自一套高中文学教科书,该教科书以美国历史发展为线索,按不同的历史发展阶段划分为六个单元,阐述该时间段内的文学名家及作品。每个单元名称也富有历史的阶段性,如图 5-13。

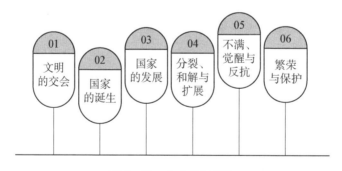

图 5-13 六个单元名称

---

① 邵朝友,崔允漷. 指向核心素养的教学方案设计:大观念的视角[J]. 全球教育展望,2017(6):11—19.
② [美]格兰特·威金斯,杰伊·麦克泰格.《追求理解的教学设计(第二版)》[M]. 闫寒冰,宋雪莲,赖平,译. 上海:华东师范大学出版社,2021:77.

(一) 单元结构

教科书的每个单元由时代故事、课文(6—7篇)、练习三大部分组成。见图5-14。

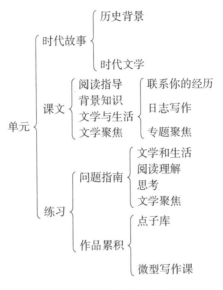

图5-14 单元结构图

1. 时代故事

"时代故事"板块先概述这个历史阶段的时代特征,再分两个栏目展开:历史背景、时代文学。"历史背景"阐述这个时代政治、经济文化发展状况。"时代文学"介绍这个时代文学流派、代表人物以及经典作品。

2. 课文

每篇课文由阅读指导、背景知识、文学与生活、文学聚焦四个栏目组成。

(1) 阅读指导——介绍作家生平、代表作和节选作品的主题。

(2) 背景知识——介绍节选作品的时代背景。

(3) 文学与生活——分三个栏目:"联系你的经历"是引导学生结合自己的生活体验理解作品内容;"日志写作"是写作练习,要求学生选择作品的一个子题联系自己的生活经历进行写作;"专题聚焦"引导学生思考作品所涉及的现实生活问题,并站在自身的角度进行思考。

(4) 文学聚焦——针对文学表达手法分析作品所采用的写作方式。

3. 练习

"练习"板块分问题指南、作品累积两个栏目。前者提出阅读任务,后者提出写作任务。"问题指南"栏目从文学和生活、阅读理解、思考、文学聚焦四个方面,设计了一系列阅读思考活动。

(1)"文学和生活"中的"读者反映"栏目属于评价性阅读,要求学生对某一问题发表自己的看法并解释原因;"主题焦点"栏目属于理解性阅读,要求结合整部作品来理解某个片段内容;"小组活动"栏目设计了小组合作形式的创造性阅读活动。

(2)"阅读理解"是对故事细节的理解活动。

(3)"思考"设计的是高阶思维活动——理解层面的阅读思考题,如比较、推测;评价层面的阅读判断;创造层面的设计活动。

(4)"文学聚焦"是针对作品表达手法的阅读理解。和"课文"的"文学聚焦"呼应。

"练习"板块的"作品累积"栏目,从点子库、微型写作课两个方面设计了一系列的写作活动。

(1)"点子库"中的"写作"栏目以课文内容为素材,设计文体改写活动。"项目"栏目设计了一个项目化的写作活动。

(2)"微型写作课"以课文内容为素材进行再创作活动,如描述课文主要人物。该栏目会提供相应的写作技巧、范例、构思步骤、修改要求。

(二) 练习设计

富兰克林自传[①]

问题指南

文学和生活

读者反映 你对富兰克林的计划有什么看法?为什么?

主题焦点 自传反映它们写作的时代。富兰克林的自传中有哪些因素表现出本文写作于美国独立前夕?

小组活动 在小组内,做一份美国人自我提升的计划。你会纳入哪些"美德"?比

[①] 此处省略《富兰克林传》具体内容,详见马浩岚. 美国语文[M]. 北京:同心出版社,2004:135—145.

较富兰克林选择的美德和你们小组做出的决定。

阅读理解

1. 用你自己的话来概述富兰克林达到道德完美境界的计划。

2. 解释富兰克林把"沉默"列入他的美德名单中的原因。

3. 在"秩序"这一美德下,富兰克林列出了一个基本的日常时间表。哪些是他每天都安排的活动?

4. 富兰克林计划中的哪个方面没有像他期望的那样发展?

思考

解释

1. 为什么富兰克林在文中讲述了买有斑点的斧子的人的故事?

2. 富兰克林对于达到道德完美境界的重要性的看法是怎样随时间变化的?

3. 富兰克林认为他努力达到道德完美境界的长期收益是什么?

应用

4. 分析:行为对个人的成长有什么贡献?

拓展

5. 很多人都有富兰克林每日活动安排表相似的日常计划。这样的系统有哪些好处?

文学聚焦

自传

自传是一个人写下的关于他自己一生的故事。因为作者的态度、思想和感情会影响他的自我描述,所以自传是主观的。例如,富兰克林对道德的理解就在这篇自传的节选中表现了出来。

1. 富兰克林表现了他性格的哪些方面?

2. 如果这不是由富兰克林写的,而是别人写的关于他的文章,那么这篇文章会有怎样的不同?

作品累积

点子库

写作

1. 广告 为富兰克林的书写一条广告,登在费城的报纸上或出现在富兰克林的时代。

2. 个人改进计划　想一想,你要在哪些方面有所改进? 然后考虑你能做什么以取得改进。把你的想法在一份书面计划中写清。

3. 报告　这篇自传向世人展示了富兰克林生活的一个侧面。将你从该自传中所了解的内容与富兰克林作为一名政治家的事业进行比较。将你的发现写成一篇短论文。

项目

1. 海报　了解更多富兰克林在科学领域的成就。制作一张海报以集中表现他的成就。

2. 旅游指南　为到费城旅游的游客制作一本旅游指南。集中表现富兰克林的成就,并包含一些相关历史古迹的照片。

微型写作课

自传式叙述

任何人都可以写自传。你有大量的材料可供选择,包括:你的活动、友谊、家庭和学校里的事件,还有成功与失败。从你的生活中选择一次重要的经历,并写一篇关于这次经历的自传式叙述。写明为什么这个时刻值得纪念,你从中学到了什么。

写作技巧重点:表现因果关系

在文中要清楚地表现这次经历产生的效果。注意富兰克林是怎样有意识地预期每种美德将会取得的效果的。

《自传》中的范例

而一时"果决"成为习惯,我就在后续努力过程中更加坚定。"节俭"和"勤劳"使我从残留的债务中解脱出来,变得富裕和独立,这使"真诚"和"公正"的实现更加容易,诸如此类,等等。

构思

在头脑中列出你要描写的经历的细节清单。注意发生了什么事情,你有什么感受和你可能学到了什么。包含尽可能多的具体细节。

写稿

写出你的自传式叙述,纳入可以使读者们清楚了解这一事件及其重要性的细节。记得要表现这个事件或这次经历和你的生活之间的因果关系。使用例如"由于""如果……那么……"和"因此"之类的过渡词来向你的读者强调这个关系。

修改

在你作出修改的时候,注意因果关系。如果一个过渡词可以使因果关系更清楚的话,就加上一个。

(三)《富兰克林自传》的设计启示

1. 读写知识文本的设计

一方面,从阅读活动设计看,"练习"板块的阅读思考设计呈现多层级意识:理解、推理和猜测、评价、创造层面的阅读思考,体现了高阶思维的阅读能力培养。这些阅读任务设计与全球性阅读评量项目(PISA)框架相吻合。其中,将阅读内容思考指向学生的生活实践和学生个体的阅读体验,如"你对富兰克林的计划有何看法?为什么?",体现了罗森布拉特交易阅读观:阅读活动是学生根据作者、创作环境和表达手法,进行"释义"的过程。"释义"时,需要学生过去经验、背景知识的参与。该类阅读设计有助于引导学生把新知识纳入或同化到原有的阅读认知中。

另一方面,从写作活动设计看,对写作素材的认识上,美国教科书编制者充分利用所读的文本内容作为写作资源,而非依赖学生个体日积月累的生活经历。这种"读写结合"的设计思路,既丰富了学生的写作素材,又规避了学生因生活的局限性,导致写作素材的匮乏,进而妨碍写作进程。可见,突破读写方法的单一模仿形式,走向读写方法、读写内容的双重结合,是值得借鉴的"读写结合"设计思路。

2. 文化文本的设计

文化记忆理论认为,文本的属性取决于接收者的主观行为。教科书编者发现了《富兰克林自传》还可以作为文化文本的学习资源特性,开发并运用该资源设计了文化学习活动。

本杰明·富兰克林(Benjamin Franklin)是美国杰出的政治家、科学家、发明家、文学家。作为政治家,他在美国独立战争时期参与起草《独立宣言》、美国宪法,主张废除奴隶制度,是美国开国元勋之一。作为科学家,他发明了避雷针,提出电荷守恒定律,被英国皇家学会选为院士。2006年,他被美国《大西洋月刊》评选为影响美国的百位名人,且位列第六。

富兰克林的一生是伟大的,他博学而多才。对当代美国

图 5-15 富兰克林

学生而言,富兰克林是规范文化中道德学习的榜样。选文重点阐述了富兰克林为达到道德的完美境界,列出 13 种美德,并付诸行动——通过列计划和自我检查使之成为自己的习惯。编者从文化文本的视角,在两个栏目设计了文化学习活动。

[问题指南]

学习活动 1:独立评价富兰克林的计划。

学习活动 2:小组讨论设计当下美国人自我提升的美德,并与富兰克林的 13 种美德加以比较。

[作品累积]

学习活动 1:就自我改进主题写一份书面计划。

在文本阅读理解的基础上,编者引导学生从评价富兰克林的计划起步;联系自己当下的社会生活现实,设计当代美国人的美德;并与富兰克林的 13 种美德做比较。在小组学生达成"当代美国人应拥有怎样的美德"的共识之后,引导学生从自我出发,提出自我改进计划。文化学习活动从认知美德到比较美德,再到自我改进行动,既与语文学科的读写语言活动紧密结合,又从文化学习的角度指导学生知行合一。

第六节 基于教科书的中华文化学习活动设计

新课标建议教科书编写要高度重视继承和弘扬中华优秀传统文化、革命文化、社会主义先进文化,赓续红色血脉,体现课程资源在文化传承方面的作用。据此,若对教科书的理解从单一的知识文本,转向兼具知识文本、文化文本的双重考量,则有助于充分挖掘并发挥教科书文化传播的功能,进而影响下一代拥有集体文化记忆,培育文化认同。

一、学习活动设计的理论基础

教科书是培育学生文化认同的重要载体,事关国家事权。从文化文本的视角开展教科书文化活动内容设计,尤其是学习活动的设计,是中华文化融入语文学科的基础。

"学习活动"一词强调学习的活动性,既关注学习的过程,也关注学习的结果。① 康诺尔(Conole)认为学习活动是通过完成一系列任务来实现的,以便达到预期的学习效果。②

(一) 活动理论的基本观点

文化历史—活动理论(Cultural History-Activity Theory)是 20 世纪 20 年代维果茨基提出的。它是一门交叉学科的理论,侧重研究人与形成事物的物理环境和社会环境之间的双向交互过程。20 世纪 40 年代,列昂捷夫发展并系统论述了文化历史—活动理论。该理论的主要观点如下。

1. 意识与活动

活动理论认为,人类的活动和意识是共存的,是辩证统一的。学生在习得新的知识和技能的过程中,通过一系列的行动能够获得对事物的理解和认识;在获得知识之后又能反过来更好地指导自我的行为活动。

2. 工具作用

活动理论认为,学习活动带来的并不是方法论的意义,而是作为一个清晰、明了的描述性工具。学生必然会借助一定的工具开展学习活动,如设备、符号、理论、方法、模型等抽象或者具体的事物。他们使用的工具能够在活动过程中被创造与转换。

3. 内化与外化

活动理论将活动分为内在的心理活动和外部的行为活动。在一定的条件下,内在活动和外部活动是可以相互转化的。因此,在线学习时,可以通过分析学生的外部活动,如点击率、浏览次数、学习参与度等来分析其内部心理活动;也可以通过学生的认知活动、情感活动与意志活动等内部心理活动,分析其行为产生的原因,并通过一致性检验获得学习进展状况。

---

① 李红. 论学习活动的本质[J]. 心理学探新,1999(1):36—43.
② Gráinne Conole. Describing learning activities: Tools and resources to guide practice [A]. Helen Beetham, Rhona Sharpe, Rethinking Pedagogy for a Digital Age: Designing and delivering e-learning [M]. New York: Routledge, 2007:81-91.

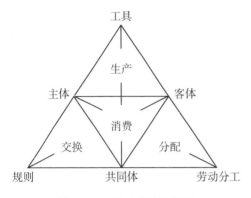

图 5-16 活动系统结构图

(二) 学习活动的要素、系统

活动理论视活动和活动系统为最基本的分析单位。认为活动系统由六个要素组成。其中,主体、客体、共同体是三个核心要素;工具、规则和劳动分工是三个次要要素。六个要素之间相互影响,共同构成了活动系统。活动系统的核心要素、次要要素以及生产、交换、消费、分配四个子系统,突破了单个系统,将活动与活动相互联系,形成了更大的活动系统,增加了活动的开放性与活动之间的交互性[①],见图 5-16。

1. 主体

主体就是活动中的个体或小组,活动是主体按照自己的意愿进行的。学生是语文教科书学习活动的主体。

2. 客体

客体就是学习活动的"问题空间"或者"原始材料"。由于客体的不同,学习活动可以被分为不同的类型。由于活动主体和共同体的主观能动作用,客体不仅被建构,也被"加工"为活动"结果",表现为一定的、有形的物质成果,或者活动主体、共同体看不见的认知成果。

3. 共同体

共同体由若干参与活动的个体和小组组成,他们共享客体并自我建构以区别于其他共同体。只有当他们对客体形成一致性的认识,共同体才算形成了。

4. 工具

工具也称中介,在活动系统运作中发挥重要的作用。在中小学语文教科书中,学习活动的工具/中介可以是助读系统或是知识系统。如活动提示、课文的旁批、注释、单元导语等。也可以是教师搭建的学习活动支架。

---

① 吕巾娇,刘美凤,史力范.活动理论的发展脉络与应用探析[J].现代教育技术,2007(01):10.

5. 规则

规则是主体和共同体在开展学习活动时,应遵循的一些共享的原则、要求,以保障活动系统正常运行。在语文教科书学习活动中,规则有多样化的形态,可以表现为对工具使用的限制(如上网搜索资讯),也可以表现为活动结果的展示形式(如用思维导图的形式画出《西游记》中唐僧取经的路线)。

6. 劳动分工

劳动分工是共同体内,成员横向的任务分配和纵向的权利、地位分配。如在学生合作学习小组中,有角色分工:主持人、记录员、报告员、教练员等;这些角色也意味着他们在小组中的权利和地位。如主持人负责组内合作学习的顺序、内容,分配发言的机会等。

活动理论以人的主体活动为人类认识的起点和心理发展的基础,主体是活动系统六要素的核心,工具、规则、劳动分工、共同体不过是影响主体与客体相互作用的因素,离开了人的主体性活动,活动系统就不复存在。活动指向客体,由动机驱动,必须由共同体完成。

(三) 语文教科书学习活动

基于活动理论,语文教科书学习活动结构要素有六,它们共同构成了一个完整的、一般意义上的语文教科书学习活动模型。见图 5-17。

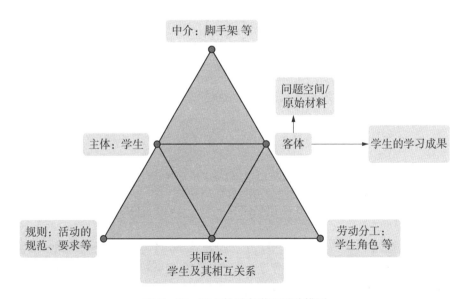

图 5-17 语文教科书学习活动模型

二、语文教科书文化学习活动设计

语文教科书文化学习活动设计原理包括设计理念、结构模型和设计建议三个部分。

(一) 设计理念

语文教科书文化学习活动设计理念共有三条:第一,以中华文化认知作为学习活动的起点;以中华文化认同作为学习活动的归宿;第二,以文化认同的形成机制作为学习活动设计的主要依据;第三,通过情境创设与任务驱动引导学生开展文化学习活动。

(二) 结构模型

模型、模式不是纯粹的理论,也不是完全的实践,而是理论与实践的"中介方法"。[1] 文化学习活动设计的结构模型可以助力教科书编者和语文教师转化迁移、演绎设计每一篇教科书文化文本的学习活动。

语文教科书文化学习活动结构模型由主体、客体、工具、行动四要素及其相互之间的关系构成。见图5-18。

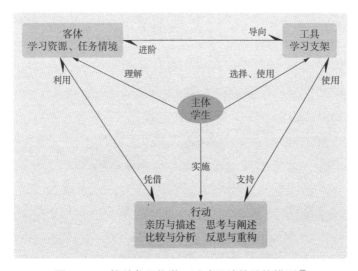

图5-18 教科书文化学习活动设计的结构模型[2]

---

[1] 查有梁.教育建模[M].南宁:广西教育出版社,1998:6.
[2] 闫琳.文化认同视域下语文教科书传统文化学习活动设计研究[D].上海:华东师范大学,2023:210.

1. 主体

学生是语文教科书中华文化学习活动的主体。

2. 客体

客体是文化学习活动得以开展的问题空间与原始材料,由学习资源和任务情境两个子要素构成。学习资源即蕴含中华文化现象的语文教科书选文,该选文具有文化文本的学习资源。任务情境是基于教科书选文所具有的文化文本特性,设计驱动性的问题或提出驱动性的任务。

3. 工具

工具是旨在帮助学生理解文化现象,探索文化精神,建构文化认同的学习支架。具体分为四种类型:

- 有助于文化学习活动顺利推进的活动型支架;
- 有助于文化体验的程序性知识的知识型支架;
- 促进文化比较与分析的思维工具的思维型支架;
- 提供完成文化学习任务所需的拓展资源的资源型支架。

4. 行动

学生为了满足一定的需要而确立学习目标或目标系列,实现目标的过程,就是行动。行动体现了学生与社会文化环境之间的互动,诠释了学生在文化学习活动中"需要做什么"以及"怎么做"。具体而言,文化学习活动中学生的行动有亲历与描述、思考与阐述、比较与分析、反思与重构四个环节(小学低幼学段可相应减少环节)。

- 亲历与描述,该环节行动旨在引导学生理解文化文本所呈现的文化现象。此环节往往与教科书选文的知识文本学习过程融为一体。
- 思考与阐述,该环节行动旨在引导学生透过文化现象,挖掘并理解教科书选文所体现的文化精神。
- 比较与分析,该环节行动旨在通过中外文化、古今文化的比较与分析,感悟中华文化精神的价值和意义。
- 反思与重构,该环节行动旨在引导学生通过自我检视,建构文化身份,并知行合一。

四要素存在如下关系。第一,主体与客体、工具、行动的关系是:学生主动选择、使用合适的学习支架,以认识、理解客体——学习资源、任务情境。在此基础上,学生实施行动,丰富和完善有关中华文化认同的相关图式。第二,客体和工具之间的关系是:客体导向工具,即学习支架是基于文化文本的学习资源、任务情境的需求设计的,工具是为客体服务的。有了学习支架工具,有助于学生对客体的进阶认识和理解。第三,客体与行动之间的关系是:客体是学生学习行动的凭借;学生要在理解文化文本资源、任务情境的基础上采取行动。第四,工具和行动之间的关系是:学习支架助力学生的文化学习行动;行动使用工具,即主体使用工具开展行动,同时也建构了自身对于工具的理解。

(三) 设计建议

基于语文教科书文化文本学习资源,设计中华文化学习活动,首先,要根据不同学段文化学习要求、选文所拥有的文化学习资源特点,确定学习活动目标与内容;其次,要依据活动设计的结构模型,侧重设计指向中华文化的深度探索、广度探索的学习活动;再次,运用新增学习活动,或者改造教科书原有学习活动两大路径,将中华文化学习内容融入语文教科书学习活动。开发知识文本为文化文本。

三、六年级上册《故宫博物院》

《故宫博物院》作为文化文本,采用了改造教科书原有学习活动的路径,遵循学习活动设计模型,设计了学生学习的客体、工具和行动。

(一) 知识文本分析

《故宫博物院》是统编语文教科书六年级上册第三单元最后一篇课文。该单元共有三篇课文(另两篇为《竹节人》《宇宙生命之谜》),均为说明文。《故宫博物院》是略读课文,该课文类型的基本要求是:迁移、运用所学的阅读方法,开展自主阅读。一般安排一课时的学习时间。

1. 单元特点

第三单元属于"阅读策略单元",单元导读的提示是:根据阅读目的,选用恰当的阅读方法;写生活体验,试着表达自己的看法。

2. 单元目标

单元阅读目标要求用5课时完成以下目标:会写28个字,会写39个词语;了解什么是"有目的的阅读";学习根据不同的阅读目的,选择合适的阅读材料;运用恰当的阅读方法,完成阅读任务。①

3. 课文分析

《故宫博物院》是由四组材料组成的非连续性文本:故宫博物院的全景介绍;有关太和门被烧的故事;来自官方网站的游览须知;平面示意图。围绕单元目标,课文设置了两项学习任务:

下面提供了两个任务,和同学交流:你会怎样根据不同的任务阅读以下材料?
- 为家人计划故宫一日游,画一张故宫参观线路图;
- 选择一两个景点,游故宫的时候为家人作讲解。②

4. 教学目标

- 根据不同的阅读目的,筛选阅读材料;
- 从各种相关材料中提取重要信息,完成故宫参观路线图的设计;
- 对材料中的重要信息进行组合,并收集相关资料,游览时进行讲解。③

5. 阅读方法运用

作为略读课文,学生阅读《故宫博物院》重在能迁移并运用前两课学到的阅读方法:

- 根据阅读任务筛选出合适的阅读材料;
- 与阅读目的关联性不强的内容,可以跳过或简略地快速阅读;
- 根据自己的阅读目的,选择相应的阅读方法,如找中心句、抓关键词、提取关键信息等。④

---

① 人民教育出版社课程教材研究所小学语文课程教材研究开发中心. 义务教育教科书教师教学用书. 语文. 六年级上册[M]. 北京:人民教育出版社,2019:65.
② 中华人民共和国教育部组织编写. 义务教育教科书. 语文. 六年级上册[M]. 北京:人民教育出版社,2019:44.
③ 人民教育出版社课程教材研究所小学语文课程教材研究开发中心. 义务教育教科书教师教学用书. 语文. 六年级上册[M]. 北京:人民教育出版社,2019:78.
④ 人民教育出版社课程教材研究所小学语文课程教材研究开发中心. 义务教育教科书教师教学用书. 语文. 六年级上册[M]. 北京:人民教育出版社,2019:78.

（二）文化文本分析

故宫是中国明清两代的皇家宫殿,旧称紫禁城,1987年被联合国教科文组织列为"世界文化遗产",辟为"故宫博物院"。故宫博物院及其背后的故宫文化,本身就是中华优秀传统文化的重要组成部分。① 故宫是世界上现存规模最大、保存最为完整的木质结构古建筑群之一,体现了中国传统宫廷建筑艺术的精髓,也是中国古代建筑史上的杰出代表。故宫文化包罗万象,用"教科书文化现象类目表"(见第二节)予以分析,《故宫博物院》文本内容属于自然科学领域一级类目中的"物质文化"、二级类目的"建筑"、三级类目的"房屋"。故宫建筑群的传统建筑文化现象,不仅展示了中国古代建筑的美学价值,还展示了中国古代文化和科技的辉煌成就。

（三）教科书文化学习活动设计

《故宫博物院》通过改造教科书原有学习任务二:选择一两个景点,游故宫的时候为家人作讲解,来设计文化学习活动。

【任务情境】

由中宣部、国家文物局、中央电视台共同制作的百集电视纪录片,《如果国宝会说话》在中央电视台纪录频道播放。该纪录片拍摄了近百家博物馆、考古研究所收藏的文物,50多处考古遗迹。该片在每集5分钟的时间里,用通俗易懂的语言讲述一件文物,诉说一个传奇,介绍国宝背后的中国审美和中国价值观,带领观众读懂中华文化。

请以合作学习小组为单位,替故宫博物院撰写一个脚本,介绍馆内的一个建筑。并用5分钟时间,向《如果国宝会说话》节目组做现场推荐。

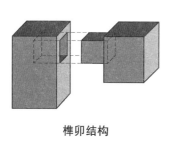

榫卯结构

【学习支架】

1.《如果国宝会说话》纪录片。

2. 请综合运用数学、美术、历史等学科知识和方法,提供该建筑物的位置、数据、造型、色彩等信息。

3. 木质结构的故宫建筑群,用的是中国古代匠人发明的榫卯咬合的连接方式。600多年来,故宫历经200多次地震,却安然无恙。

---

① 赵旭东.让传统文化资源焕发生命力、发挥新作用[N].人民日报,2022－12－03(8).

(四) 设计说明

《故宫博物院》四则材料均围绕故宫建筑展开,分别描述了故宫建筑的整体特征、太和门的大火、故宫博物院的基本信息和参观路线、故宫博物院的平面示意图。文化文本的学习目标,旨在通过学生小组亲历与描述、思考与阐述的行动,体验故宫建筑群布局统一、宏大壮丽、精美坚固的独特的建筑艺术风格,从而增进学生对中华文化的认识和亲近感。

四、七年级上册《陈太丘与友期行》

《陈太丘与友期行》是统编语文教科书七年级上册第二单元《〈世说新语〉二则》中的一篇课文,该单元人文主题是"亲情",另有三篇课文为《秋天的怀念》《散步》《散文诗二首》。

(一) 知识文本分析

1. 单元特点

本单元的课文,从内容主题看,都是从不同角度抒写了亲友之间真挚动人的感情。从表达手法看,是要了解不同文章的抒情方式。单元导读要求:继续重视朗读,把握文章的感情基调,注意语气节奏的变化;在整体感知全文内容的基础上,体会作者的思想感情。有的文章情感显豁直露,易于直接把握;有的则深沉含蓄,要从字里行间细细品味。①

2. 单元目标

感受和理解各篇课文所表现的亲情,唤醒和丰富自己的亲情体验。同时深化理解,尝试读出亲情之外的情感内涵。继续学习朗读,把握全文的感情基调,注意语气、节奏的变化。了解不同文章抒情的不同特点:有的显露直白,有的深沉含蓄。②

3. 课文分析

《〈世说新语〉二则》是文言文,讲述古代少年的聪慧故事,让人感受到魏晋世族家

---

① 中华人民共和国教育部组织编写. 义务教育教科书. 语文. 七年级上册[M]. 北京:人民教育出版社,2016:19.

② 人民教育出版社课程教材研究所中学语文课程教材研究开发中心. 义务教育教科书教师教学用书. 语文. 七年级上册[M]. 北京:人民教育出版社,2016:54.

庭的文化修养和情趣。《陈太丘与友期行》记叙了陈太丘和朋友相约中午一起出行,但朋友失约,陈太丘便自行离开。朋友生气了,当着他儿子元方的面怒骂。元方据理抗辩,维护了父亲和自己的尊严。

4. 教学目标

● 借助注释疏通文意,初步感知古代汉语的差别;通过朗读培养文言语感;

● 感受古人的生活情趣和文化修养,欣赏古代少年的聪慧和方正,拉近与古人的心理距离;

● 了解"谦辞"与"敬辞"的概念,注意积累具有文言色彩的谦辞和敬辞,在言语交际中恰当使用,增强文化底蕴。①

5. 积累拓展

课文后的"积累拓展",明确提出了有关文言中称谓词语的语体色彩:谦辞与敬辞的学习任务。要求能区分尊称和谦称的不同用法。补白的表格详细列出了古代常见的敬辞与谦辞。

古人称谓有谦称和尊称的区别,像《陈太丘与友期行》中的"尊君"与"家君",前者尊称对方的父亲,后者谦称自己的父亲。下面的表格中列出了一些古代常见的敬辞与谦辞,其中有一些尊称和谦称。读一读,说说他们分别用于指称谁。②(表格略)

(二)文化文本分析

《〈世说新语〉二则》的《陈太丘与友期行》,教科书原本就补充了"古代常见的敬辞与谦辞"的补白表格,并提出了有关谦辞与敬辞的"积累拓展"学习要求。但是学习活动停留在对语体色彩的理解和记忆,而非在交际语境中的实际使用。因此,难以有效达成增强文化底蕴的教学目标。

---

① 人民教育出版社课程教材研究所中学语文课程教材研究开发中心. 义务教育教科书教师教学用书. 语文. 七年级上册[M]. 北京:人民教育出版社,2016:88.
② 中华人民共和国教育部组织编写. 义务教育教科书. 语文. 七年级上册[M]. 北京:人民教育出版社,2016:31.

(三) 教科书文化学习活动设计

《〈世说新语〉二则》的《陈太丘与友期行》，运用新增学习活动的路径，设计中华文化学习活动。

【任务情境】

美国学生皮特在中国留学已经三年了，日常生活学习用汉语交流没有困难。一天，在走廊里他听到两位老师在寒暄。男老师拿着一本杂志说："恭喜王教授，大作发表了！"女老师不好意思地回答："谢谢谢谢！拙作还请赐教哦！"皮特听得一头雾水，"大作""拙作"到底在说啥？他百思不得其解。

请你给皮特写一封邮件，解答他的疑惑。并结合书上"古代常见的敬辞与谦辞"的表格，举例说明称谓词语的语体色彩和用法，以及日常运用的意义。并为皮特设计敬辞、谦辞用语各三句。

【学习支架】

谦辞和敬辞是中华民族的礼貌语言之一，前哲先贤在人际交往中十分讲究谈吐文雅，举止有礼。补充阅读资源：

* 朱英贵.谦辞敬辞词典[M].成都：四川辞书出版社，2005.

* 刘宏丽.现代汉语敬谦辞[M].北京：北京语言文化大学出版社，2001.

* 洪成玉.谦词敬词婉词词典（增补本）[M].北京：商务印书馆，2010.

(四) 设计说明

千百年来口耳相传的"不学礼，无以立"；"爱人者，人恒爱之；敬人者，人恒敬之"，彰显了中华民族对"礼"的尊崇。谦辞与敬辞既体现了优秀汉语言文化传统，也是社会主义精神文明礼貌语言的组成部分。在交际语境中运用敬辞与谦辞，远比积累敬辞、谦辞的难度大、要求高。文化文本的学习目标，旨在通过学生亲历与描述、思考与阐述、比较与分析、反思与重构的行动，积累、传承汉语言文化中具有文言色彩的谦辞和敬辞，且知行合一，在言语交际中恰当使用。

第六章

融入语文学科的中华文化教学

中小学生的心智尚未完全成熟,理性思维和社会认知能力有待提升,价值观、人生观尚在不断形成的过程之中。融于语文学科的中华文化教学,要遵循学生文化学习的心理规律,关照学生真实的生活世界,拥有对现实生活的解释力。

第一节 语文学科文化教学观

近年来有关中华文化传承与创新的研究,在经历了体系建构、理念凝练、顶层倡导、课标设计之后,进入了融于学科教学的新阶段。如何让中华文化真正融入语文学科教学?如何让中小学生发自内心地理解、认同并真正践行中华文化?这已成为我国现阶段中小学语文文化教学研究的重点。

一、文化认同的特性

"文化传承与理解"是高中语文课标提出的学科核心素养构成要素,"文化自信"是义务教育阶段语文课标提出的学科核心素养构成要素。两者因视域不同提法有异。但是,从文化认知到文化认同的培育路径是共享的,文化认同也是两者达成学科核心素养的最后阶段。

文化认同作为一种内驱力是隐性的。不同于文字符号,它看不见摸不着,但又被我们感知,并在情感、体验以及规则、行为中渗透、彰显与体现。文化认同弥散于中小学生的思想、行为和生活的方方面面。它是信念,使学生的思想具有意义;它是动力,使中小学生的行为更有力量;它是标准,使中小学生的思想和行为得到合理、合法的解释。

中小学生对中华文化的文化认同具有社会性、主观性、建构性和差异性的特点。

(一) 文化认同的社会性

认同可以分为个体对自身的认同和个体对社会的认同。文化是社会的子系统,文化认同应属于社会认同的范畴。文化认同是人的社会属性的表现形式。[1] 认同是一

---

[1] 韩震.论国家认同、民族认同及文化认同——一种基于历史哲学的分析与思考[J].北京师范大学学报(社会科学版),2010(1):106—113.

种社会化的结果,阶级、民族、历史、社会等意识形态话语等都会对学生个体的认同产生影响。① 文化认同是由共同的语言、民族血统、宗教信仰、价值观、伦理道德体系、历史地理、经济环境等因素相互作用形成的,是民族国家确立其存在正当性的重要依据。民族国家的凝聚力是建立在全民认同的国家利益、文化传统、相对一致的社会道德价值观的基础上的。② 语文学科文化认同的客体是中华文化;文化认同的主体是学生个人。文化认同的实现最终要落实到学生的身上,是学生对中华文化进行态度决策和自我定位。

(二) 文化认同的主观性

文化认同是指一群人由于分享了共同的历史传统、习惯规范及无数的集体记忆,所产生的认同感。从这个意义上说,学生对中华文化认同与否,取决于他的自我主观意识——一种"肯定的文化价值判断"。文化认同的主观性被定位为"态度"或"归属感",反映为中华文化资源满足其内在文化心理需求程度的主观体验;表现为学生对于中华文化的文化模式的归属感,具体包括对社会价值规范、宗教信仰、风俗习惯、语言艺术等的认同。其实质是中小学生协调自己的认知、态度和行为与中华民族多数成员的认知、态度和行为相同或相一致的程度。这种归属感是人的一种内在的心理需求,是安身立命的信念的根基,"它们建构了一个人们渴望栖息、居住的想象世界。这个世界赋予个人或集体以主体性的意义和'在家'的感觉"。③

(三) 文化认同的建构性

文化认同的过程是从认知起步,通过认异形成的。一方面,主体要通过对他文化的辨识,寻找他文化具有的与自身相同的属性;另一方面,在辨识的过程中确定"我们",并明确"他们"。④ 学生辨识中华文化,通常会与不同文化进行比较和对照:一种是在共时横向文化交往中产生异质感;另一种是在异质文化影响下产生文化缺失感或

---

① 周计武. 流亡与认同[A]//周宪. 中国文学与文化的认同[C]. 北京:北京大学出版社,2008:11—19,203—221.
② 赵建英. 文化认同危机与建构社会基本价值观的紧迫性[J]. 马克思主义与现实,2005(2):87—91.
③ 周计武. 流亡与认同[A]//周宪. 中国文学与文化的认同[C]. 北京:北京大学出版社,2008:11—19,203—221.
④ 张全峰. 唯物史观视域中的文化认同研究[D]. 北京:中共中央党校,2018:50.

危机感。在这个过程中,学生厘清并认同了中华文化。以动态的眼光看,文化认同是可以被后天建构的,教育是形成文化认同的重要途径。

(四) 文化认同的差异性

文化认同与中小学生的内在精神发展之间有着密切的联系,意味着对中华文化的认同不完全等同于中华文化本身。一方面,因为作为个体学生的文化认同是基于对过往生活的总结和反思;对现在的生活状态、关系的认识与建构;对未来生活状态、可能的猜想与期待。另一方面,学生个体由于先天禀赋遗传、性格气质以及后天的生活经验、成长经历和受教育的环境、程度等不同而具有鲜活的个体差异。对中华文化的认同,无论是在具体内容还是在表现形式上,都会伴随学生个体生活、需求和具体的感受、体验而发生变化。文化认同养成的这一特点,无疑加深了教学研究和教学实践的难度。从某种程度上说,融于语文学科的文化教学是学科教学的一个全新领域。

二、文化教学中的误读现象

当下融入语文学科的中小学文化教学中,存在"文化首位"却"文化无位"的现象。国家文件、学科标准、教材编制强调中华文化融入中小学语文学科教学,但在课堂上,却处于"说起来最重要,干起来很次要,忙起来不必要"的尴尬地位。此外,在践行文化教学中,还存在如下问题。

(一) 忽略文化教学

由于现行教材的修订工作滞后于语文新课标文化教学的要求,大部分教师知晓教科书中显而易见的中华文化教学资源,如教科书后明确的文化知识练习题、写入教师参考用书中的教学目标,但是难以有效发掘教科书中蕴含的文化教学资源,错失了教学时机。这类现象折射的是教师自身的中华文化素养,对中华文化的知晓度、熟识度、热爱度。

(二) 简化文化教学

不少教师将文化认同教学简化为教会学生接受既定的中华文化知识的过程,且采用简单说教、强制、被动服从等方式。未能将教材中的仁爱、民本、大同等优秀传统文化与社会主义核心价值观进行有效对接,贯通传统与现代、历史与当下。如有的学校将"释奠礼"简化为强制性地跪拜孔子像。既未体现尊师重教的内涵,又与当代礼仪要求不相适宜。其结果是中小学生只是知道了有关中华文化的知识，或是了解一些中华文化的具体行为方法，缺少内心真实的感受和体验，无法真正理解和认同中华文化的意义，在实际学习和生活中，很难真正加以内化和践行。或是各学科简单重复端午、七夕、中秋、重阳、元宵等传统文化节日习俗，学习方式单一，影响文化学习效果。

（三）等同于学科知识教学

教师对中华文化之情、意、行认识不足，将文化认同教学等同于语文学科的读、写知识教学。从基本概念、原理的讲授起步，强化"知"的层面，止于学科知识的理解和记忆。这种复制学科知识教学路径的结果是，中小学生只是记住或能背诵中华文化的常识、经典的名家名篇，或是了解一些中华文化的具体行为方法。同样会因为缺少深入实境的内心真实感受和体验，无法真正理解和认同中华文化的意义，在实际学习和生活中，无法内化和践行，从而制约认同转化。

这类普遍现象存在的根本原因在于教师的教学思维方式。即教师有关文化认同教学的思维方式，受到了近代以来技术理性的束缚，将中华文化视为既定的事实性知识，学习中华文化就是学习现成的中华文化知识和方法。将原本意义丰富的中华文化抽象为概念化的知识和操作化的方法。因此，在融于语文学科的中华文化教学过程中，原本鲜活、生动的中华文化传承就变成了抽象的符号记忆或技术化的操作方法。导致无法激活和唤醒中小学生内心有关中华文化的真切体验和理解，难以发自内心地理解和认同中华文化。

（四）忽视生活经验，采用强迫式教学

文化认同是一种具有情境敏感性的心理状态，学生个体的任何经验过程都不是一种简单机械的刺激——反应，而是学生不断作出判断和选择——与外界环境进行持续的、动态的交互作用的产物，具有逐步发展变化的阶段性规律。即从相对自发到趋利避罚，再到高度自律，它的最终指向正是学生个体的文化自觉。

教师不能采用自上而下的方式强迫学生认同中华文化，因为这种强迫式教学既忽视了学生的生活经验和内在需求，又轻视了中华文化与生活的联系，也没能切实帮助学生提升深入思考和理解判断力。即便学生产生强迫式认同也往往带有很大的盲目性，使中华文化成为悬于学生身心之外的尤物。一旦学生缺乏自主判断和选择的能力，则容易陷入无所适从的认同迷茫。今后无论是在学校还是在生活中，都难以有兴趣、有能力面对各类文化现象，进行重新思考。

上述对文化认同教学的误读,必然导致"知而不信、知而不行"的问题。从学科教学研究的视角分析,归因于已有研究拘于语文课程论领域范畴去探究跨领域的课程文化、教学文化问题。研究结论往往管中窥豹、裹足于已有的课程与文化的关系,无法深究。因而也无法满足社会转型期的中华文化教育教学的社会需求。突破研究阈限的唯一路径是采用跨理论视域的融合研究方法。比如,融会贯通文化学、社会学、心理学、教育学相关研究成果,透视当下"知而不信、知而不行"的问题,提出教育教学对策。语文课程作为文化载体、文化形式,具有两方面的涵义:一是语文学科课程所体现的我国社会群体的文化,二是语文学科课程本身的文化特征。前者涉及的是学科课程传承什么的问题——对文化的选择;后者事关学科课程怎样传承的问题——怎样编制学科课程标准、教材;如何实施教学、评价。显然,中华文化教学"知而不信、知而不行"的现状,已经超越了课程与教学论的理论研究范畴,属于语文课程文化领域的问题。概而言之,须建构学科课程文化观,包括教学文化,创新学科课程本身的文化特征。

三、文化教学的实施

所谓的融于学科的文化教学,就是将中华文化的核心理念、传统美德和人文精神等内容素材有机融入语文学科教学之中,在适宜的环节,采用契合的方式,使学生体验、感悟中华文化的魅力,积淀文化自信心和自豪感,增进文化认同的过程。这是中华文化精华再生产和再创造的过程。

从文化认知到文化认同的语文学科文化教学,不同于语修逻文的知识教学,仅有单纯的教科书文本分析和鉴赏是不够的。

(一) 文化教学理念

1. 聚焦主题、任务驱动

语文新课标为三类文化分别设计了内容主题,并提供了对应主题的形式载体。如"革命文化"聚焦:反映理想信念、爱国情怀、艰苦奋斗、无私奉献、顽强斗争和英勇无畏等主题。具体有两种形式载体:一是代表性作品,如无产阶级革命家和革命英雄人物的传记、故事;伟大历程和重要事件,节日、纪念日活动等方面的作品。二是革命圣地、革命旧址和革命文物等。各主题主要以"学习任务群"的形式来开发和利用内容资源。具体而言可从基础型、发展型、拓展型三个不同的层面统整和梳理内容,以学习任务驱动文化学习。运用项目化学习策略、实施跨学科的文化主题学习。

2. 知行合一、重在体验

从对中华文化的认知到文化认同,期间文化体验学习是不可或缺的。具身认知理论强调学生身体的主题回归,重视情境和个体经验的生成,力求学生的全身心参与。具身认知视域的文化教学倡导知行合一、重在实践的体验学习。融于语文学科的中华文化体验学习,就是通过语言文字,学生以图景思维的方式,去感同身受别人的情感和体验。在当下,更要主动顺应现代信息技术的变革,数字赋能文化学习。

【专栏 6-1】

校园里的祈使句

在中小学的校园里,我们随处可见祈使句。如:上下楼梯靠右走!走廊上不许奔跑!节约粮食!水池内不许倒残羹剩菜!严禁吸烟!随手关灯!……这些清一色的短句,难避简单粗暴、严词训责之嫌。为什么?祈使句也!何谓祈使句?表示要求或制止的句式,用降调朗读,表示强硬的语气。

可否不用祈使句?

两个月前,笔者在温州讲学,来到温州市水心第三小学参观,居然有全新的发现。在那个校园里,祈使句竟然变成如其校名一般美的句子。

楼梯口:靠右走,顺!顺!顺!靠左走,碰!碰!碰!——刘坦

走道上:隔壁教室的哥哥姐姐正在写作文呢,你的脚步放轻一点儿好吗?——郭幼灵

水池边:你尝美食,笑!我咽残渣,糟!——汪云凯

食堂里:谁知盘中餐,粒粒皆辛苦!——李力(摘)

厕所内:来也匆匆,去也冲冲。——裴而然(改写)

……

一句假设、一个问题、一次拟人、一段摘录,字里行间散发着浓浓的人文气息,给人以温馨和谐之美感。细看美文下的署名,搜遍记忆中的教育名言,始终未能找全出处。后与校长一聊,方知那些言辞恳切的美文有些竟出

> 自学生之手。水心第三小学的学生们,每一个学期都要进行一次校园创意写话活动,然后评选出新的美文予以张贴。开学第一天,那么多学生驻足于美文前,轻声吟读,细细品味,那真是环境文化教育的美景!那也正是校园环境美的感染性的最佳注释——引起了学生情感上的共鸣,心理上愉悦的体验!使他们由感受、鉴赏校园的美,进而更加热爱自己的校园,产生以自己的双手美化校园、美化自己的生活的强烈愿望。①

(二) 教学原则

1. 基于学生视角,遵循文化学习的规律

中小学生中华文化教学应当遵循学生文化学习的内在特点和规律。从对中华文化的认知起步,走向文化认同;依据年龄特点精准滴灌,把握知与行的程度与层次,凸显知行合一的基本理念。我们知道,一颗埋入土中的种子,历经风吹雨打长成参天大树,是因为拥有了树的基因。"种子长成大树"的过程可以形象隐喻中小学生中华文化学习的秘诀——让中小学生的内心拥有中华文化的"基因",在相应的环境中,学生才能从心中孕育一棵生机勃勃的中华文化之树。

2. 探寻文化融入的契合点,在语言实践活动中体验文化

语文新课标强调:语文学科发挥课程优势、培育学生的文化自信都以语言应用为基础,并在学生个体语言经验发展过程中得以实现。它阐明了融于语文学科的中华文化教学的基本原则。即基于小学、初中、高中中华文化学习的不同要求,探寻语文教科书中语言文字背后的文化内涵,确定融入学科的文化教学契合点。聚焦契合点实施语文学科知识和中华文化的融合教学,其路径是"以生活为基础,以语文实践活动为主线,以学习主题为引领,以学习任务为载体"。针对学科特点,使语文学科知识理解的过程同时成为学生文化认同的培育过程。

融于语文学科的中华文化教学,要遵循文化认同达成的内在逻辑、学生身心发展的规律,整合语言学习与文化学习的内容、情境、方法和资源等要素,设计文化体验学

---

① 改编自:董蓓菲. 校园里的祈使句[DB/OL]. http://society. eastday. com/e publish/gb/paper3/20000812/class000300003/hwz152663. htm. 2009-09-03/2012-05-16.

习活动。

(三) 实施路径

1. 以日常事件为内容载体或契机

最直接的日常事件是学生个体真实的生活经验事件。无论是在学校还是在家庭，这类事件都是文化认同教学最直接的内容和契机。其次是生活事件，所谓的生活事件是指那些与学生个体生活息息相关的重大公共事件。[①] 重大事件中的人和事所反映的文化现象往往是可以利用的活生生的现实教材。它为学生的文化认同学习创设了一个需要直面的问题情境，让学生有机会对文化现象形成最直接的体悟与反思。当然教师要注意体察学生的言行及其所反映的思想状况，进行有针对性的引导，以免一些事件带来的消极认知和感受无限放大。

2. 让文化浸润

让文化浸润指向的是凸显学科教学的文化敏感性，引导学生进行文化实践活动。教师要寻找学科教学内容与优秀传统文化、革命文化、社会主义先进文化的契合点，创设文化学习氛围，追溯知识的源流，再现或重构先贤、伟人、"时代楷模"和故事，对学生进行文化熏陶。知识不是单一的符号存在，而是思想、思维、文化的结晶。任何知识都有其特定的自然背景、社会背景、科学背景、历史背景、文化背景。沉浸式学习是对知识的文化背景的沉浸，充分利用数字赋能，让学科知识理解过程同时成为学生文化认同的学习过程。坦纳基斯（Tzanakis）和阿卡维（Arcavi）提出了如下三种文化浸润的方式。

（1）直接提供历史信息。如推荐文学家的传记，介绍其生平、故事、思想和成就、描述历史事件、解答历史问题等。

（2）重构知识法。根据语言和文学知识发展的历史进程，在教学中进行重构，让学生经历人类发现该知识的历程。

（3）形成语言意识。即通过语言和文学史的融入，让学生意识到语言活动的内在因素和外在因素的本质。

3. 参与文化认同达成的全程

无论是形成中华文化认知还是达成文化认同，都不是简单的记忆、背诵文化常识

[①] 傅敏,王亚斌.经验德育的价值论审思[J].教育研究,2021(04):74—81.

和规范,也不是异口同声地喊口号。而是要让学生能够切身地参与其中:在当下跨越时空去感知和理解文化的本源;通过比较、反思和批判,在时代背景下实现对文化的筛选;将筛选过的文化与时代现象融合,形成新的稳定的文化。全体学生的具身认知和体验是有差异的,既有年龄特点、难度层次的群体差异;又有经过深度探索、广度探索达成承诺水平的个体差异。文化学习设计在重视差异的同时,要让全体学生参与由认知到认同的全程活动。

4. 激活热情,丰富、强化体验

中华文化认同教学提倡基于学生的体验、理解、主动、自愿的方式。要将中华文化理解为基于人们社会生活需要的、新时代中国发展的基因。如中华文化给予学生个体行动的安全感和秩序感,而不是一系列既定现成的知识和方法。要丰富学生文化学习的生活体验,启发学生主动思考和真正理解。从而唤醒学生的兴趣,激活学生心中对中华文化的体验和理解,强化认知。让学生真切体验和感受中华文化与自己今天生活的鲜活意义,由此真正自愿、积极主动学习、内化和践行中华文化。

强化生活体验的路径有二。一是实现学科课程内容的生活化。将文化内容与学生日常生活体验过的相关内容加以融合。如将学生经历过的传统文化节日、地方传统风俗、二十四节气等与学科教学相关内容相衔接,打通学生的体验与学科内容的鸿沟,起到强化学生情感体验的作用。二是利用体验式教学策略,开展教育戏剧、角色扮演、模拟百家讲坛、参观访学、研学旅行等方式,实现知情意行的统一。

5. 借助移情

移情(empathy)指的是人与人之间具有设身处地地感同身受、同情共谋的能力。中小学生的移情可以通过面对面的口头语言交流,如讲述、汇报、讨论、采访等方式,使原本在"我"心中的对中华文化的感受,也被自己的同伴共同感受和体验到。对于生活在不同时代、不同空间地域的人而言,还可以通过文字的表达与意义的唤醒、激活来移情。如学生通过阅读理解文学作品,实现对文字意义的激活,使中华文化超越时间、空间而实现代际传递。如何让语言文字所表达的中华文化重新鲜活、生动起来,是教学的关键所在。

6. 采用由近及远、由具体到抽象的方式

文化体验应该采取由近及远的方式。中小学生是从自己熟悉亲近的家庭成员之间开始人际交往生活的,从家庭成员之间到学校的同学、老师之间,再到班级、学校、社区/社会。随着年龄的增长,其社会交往范围逐渐扩大。在学习的方式方面,采用由具体形象的亲身体验,到更为抽象一般的理性认识。借此,学生可以超越自身经验有限范围的感受,获得更广泛领域、更加抽象意义上的中华文化的认识。

融于语文学科的中华文化教学迥异于语文学科的知识教学。我们若止步于文化知识的讲授和记忆,忽视文化精神内涵的阐释和具身体验、感化学习,文化认同教育的有效性则会式微。

第二节　文化体验教学范式

在西方,有专门的文化学习的课程,也有母语课程、外语课程中的文化学习。

一、跨文化交际能力

英国杜伦大学教授拜拉姆(Byram)提出了跨文化交际能力(Intercultural Communicative Competence,ICC)理论模型。他强调在外语教育中,要实现知识、技能、策略、文化和情感等教学目标。

(一) 跨文化交际能力

拜拉姆认为,学习外语的目的应该在于对国外的世界有更多的了解,并且能有效地与外界进行沟通。说话者不仅能使用他者的语言,而且也能从他者的角度,以对方的文化背景来思考。在面对文化差异时,能有对他文化的了解和包容。具有跨文化交际能力者,不仅能有效地与外国人交流,还能克服文化优越感和文化偏见,和来自异国文化背景的人互相达成妥协与理解,使交流沟通互惠双赢。

他认为,传统的外语教学在语言能力培养方面忽略了学生自身的文化身份,其实质是忽略了外语教学的"文化语境"。在外语教学中,跨文化知识和能力培养至关重要,且依赖于文化语境教学。

(二) 跨文化交际能力理论模型

拜拉姆将跨文化交际能力分为语言能力、社会语言能力、语篇能力、跨文化能力。其中,跨文化能力由知识、技能、态度和批判性文化意识四个要素构成。见图6-1。

知识:指交际者对本族文化的了解
技能:指交际者能结合本族文化,理解异族文化并运用于实践交流
态度:交际者能主动探索并包容异族文化
批判性文化意识:要求交际者综合运用多元文化内涵,客观对待本土文化和异族文化,并对文化现象与历史事件进行评判

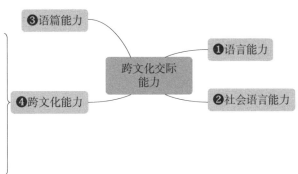

图6-1 跨文化交际能力构成①

其中,跨文化能力的批判性文化意识(critical cultural awareness)强调在明确标准下鉴别、评价本民族文化,以及他国家的文化惯例和文化产物的能力,也包括利用自己的知识、技能和态度,在跨文化交际中进行有效互动和磋商的能力。

该研究并非针对母语教育,但其有关语言课程中文化能力的解读对于我国语文学科文化教学实践有启迪作用。

二、文化认知的具身教育

具身教育视学生身体为学习的主体,主张把身体活动融入课堂教学,通过身体活动体验概念和术语的含义,加深理解。②

(一)具身认知的观点

具身认知是近10年来认知心理学有关知识建构的新的认识方式,提出:人的认知和心智在很大程度上与身体的物理属性相关……大脑本身并不能独立完成高级认知

---

① 根据[英]拜拉姆(Byram).跨文化交际能力的教学预评估[M].上海:上海教育出版社,2014:xvi-xxi整理。
② 叶浩生.具身心智与具身的教育[J].教育研究,2023(3):32—41.

功能,大脑通过身体与外部世界的互动,对高级认知过程的理解起着关键的作用。① 具身认知成为建构、理解和认知世界的途径和方法。

具身认知强调,在学习过程中,学生不只有大脑参与学习,其身体也是参与知识学习的。学生的概念形成、语言表达、认知判断都基于身体的运动图式。身体参与认知,知觉是为了行动,意义源于身体,不同的身体造就了不同的思维方式。这是具身认知的性质和特征。

(二) 具身认知教育实践

具身认知理论强调学生身体的主题回归,重视情境和个体经验的生成,力求学生的全身心参与。具身认知理论启示我们,融于学科的文化认知教育要探索身心一体的教学。学生对中华文化的感知和理解、对主题的把握不只是大脑的孤立活动,是学生不同感知觉通道形成的身体经验的结果。因而要促使学生的身体与情境、环境、社会人文环境进行交互。

中华文化认知教学绝非静态的知识学习,而是要让学生有所体验。学生在学习时,仅有单纯的端坐静听,鲜有身体体验的时空,是很难真正感受到孝老爱亲的中华传统美德;革命家和英雄人物的顽强斗争和英勇无畏;以及社会主义建设事业中重大成就、模范人物与先进事迹的感人。当下中小学开展的教育戏剧——让身体成为一种重要的存在,身体体验在教育戏剧中创造意义,就是一种具身认知的教学实践方法。教育戏剧为学生的共情创造了机会。不同年龄段的学生可以深入他人的主观情感并想象他人的情感,体验到他人感受的心理过程。学生站在角色的立场上体验中华文化的内涵,把文字、身体和心灵连接起来,在角色扮演的过程中,积极探索文本的文化主题,超越时空体验人物和价值观念。

体验通过实践来认识事物、亲身经历。语文学科文化教学中的体验,是模拟体验文本的场景、任务、事件。学生不可能亲身去经历文本中的一切,他们是以图景思维的方式,设身处地通过文字去体验发生在别人身上的事,并感同身受别人的情感和体验。②

---

① 叶浩生.具身认知的原理与应用[M].北京:商务印书馆,2017:28.
② 高淳海,郭成.神经美学视野下的文学审美机制研究[J].大连理工大学学报(社会科学版),2018(1):109—115.

【专栏6-2】

文化回应教学

文化回应教学(Culturally Responsive Teaching)策略源自20世纪70年代的美国,关注的是普遍存在的美国种族和民族不平等问题,强调教学过程须关注学生文化背景。这一教学理念在当下广泛应用于美国大学、中学、小学,被视为文化全球化趋势中外语教学的时代需求。

(一)文化对教学的影响

美国多元文化领域的教育研究者经研究发现,将社会文化背景因素引入教学过程——把学生学习的条件与学生所具有的文化经验匹配起来,能促进美国有色人种学生的学业成绩。社会文化对教学过程的影响,主要有三种途径,见表6-1。

表6-1 社会文化对教学过程的影响途径

影响途径	内容	表现枚举
1. 课堂交流的方式	话语组织的逻辑性与叙事性	美国欧裔倾向于"主题中心式"的交谈: (1) 聚焦一个问题,按合乎逻辑的线性顺序组织观点和事实 (2) 观点和事实之间具有明确的联系 (3) 谈话质量取决于细节描述的清晰程度,相关阐释的精练程度以及紧扣主题/问题的程度 美国非裔、拉丁裔、印第安人倾向于"主题联想式"的交谈: (1) 谈话涉及多个主题或问题,呈放射状 (2) 谈话内容各部分的关系是松散的,缺乏明确的逻辑联系 (3) 谈话时相关解释交叉展开
	话语交流的主观性与客观性	(1) 美国欧裔争论某一问题时,会尽可能准确无误地呈现事实。扮演的是发言人或代言人的角色,不是某一观点的拥护者或

续 表

影响途径	内容	表现枚举
		提倡者。他们认为个人是否在乎、是否关心、是否介意某一观点，与该观点的真理性和价值无关 (2) 美国非洲裔倾向于将自己的个性和情感投入到争论中，观点的权威性还取决于个人对它的认识或认可程度
	话语判断的明确性与模糊性	美国亚裔一般能具体描述有关问题和事件，但不明确表达自己对该事件的立场，通常采取温和、折中的立场，调和双方对立的观点
2. 学生个体的学习方式	偏爱的知觉方式	(1) 美国非裔更多地运用听觉和触觉，以及多重感官渠道来学习 (2) 美国印第安人善于记住视觉符号、处理视觉图像和理解视觉关系，通过视觉、感官渠道学得最好
	注意的方式	美国非裔偏爱情感色彩强烈、社会情感意义大的学习材料，关注环境中的"人"而不是客体的"物"
	学习的社会性	美国非裔、亚裔、印第安人都强调集体的需要与目标，都注重团结和协作，认为个人取得成就有赖于个体之间的协作与互助
	思维和信息加工的方式	美国非裔更喜欢运用整体的、相互关联的、场依存的方式来加工信息
3. 学生个体的行为反应		(1) 美国亚裔对家庭具有强烈的归属感和依恋感；尊重和服从老人或长辈；强调履行属于个体的责任与义务；努力与父母的期望保持一致；维护个人和家庭的荣誉及形象。他们认为课堂上向老师提问是无礼的举动，会显得老师授课质量很差 (2) 美国墨西哥裔为避免交谈中的分歧与冲突，经常用笑话和幽默来缓解紧张的人际关系

(二) 文化回应教学的内涵

文化回应是指教师深入了解班级中不同民族学生的文化价值观、学习风格、历史遗产、社会贡献和工作成就，是教师对班上学生多元文化背景的回应。文化回应教学是一种强调利用学生文化资源、文化优势与文化能力来提升教学质量、变革教学形态的教学理念与实践。① 其目标是培养学生的文化能力。

文化回应教学的基本假设是：

(1) 每种文化都有它的长处与短处，各种文化并无优劣之分，文化的差异应当受到尊重与保护；

(2) 不同的文化具有不同的谈话、互动、认知及行为方式，它们对学生的学习具有内在、直接的影响；

(3) 弱势族群学生的学业困难是因其学习方式、语言使用和行为规范等与学校的期望不同所致。教师不应该用自己的文化模式来解释学生的学习方式，将学生因为文化所表现的学习行为视为学习障碍。学生的文化背景差异不是教学要解决的问题，而是教学中可资利用的资源。

文化回应教学主张教师了解学生的行为所显示的文化，避免用主流文化的标准来评断学生的学习行为。学生不应被视为同质性，教师应依据学生的文化差异来教学。教学应以学生熟悉的母文化为中介，以母文化的学习模式为基础。美国华盛顿大学多元文化教育学者吉内瓦·盖伊(Geneva Gay)强调母文化与主流文化的对等关系，要将母文化作为学习上重要的资源。②

(三) 文化回应教学的目标与功能

盖伊认为，教师应该理解学生成长的母文化、学生行为所暗示的文化意蕴，以及学生之间的文化差异，将学生的母文化作为学习的桥梁，而不是学习

---

① 吴陈兵，肖景容.文化回应教学:论模式与操作标准[J].苏州大学学报(教育科学版),2021(1):118.
② 朱姝.盖伊(Geneva Gay)的多元文化教育观点综述[J].高教学刊,2016(8):16.

的障碍。学校教育应该适度反映学生的母文化,使学生的学习经验更具脉络意义。①

(1) 文化回应教学凸显语言与文化的互动。教学中以文化知识、生活经验、种族习性作为教学主轴;联结家庭与学校学习的桥梁、欣赏学生母文化、利用多元文化之资源与资讯。英语教学中,学生已有的母语文化背景和学习经历对学生英语学习具有重要的意义和深远的影响。教师要利用学校、家庭和社区的资源,为学生提供个性化的支持,以便满足他们的情感需求。

(2) 文化回应教学能促进语言学习的文化立场转向,增进文化理解。教师既能关照学生的成长背景和特定的文化精神,还开阔了外语教学的文化视野。该教学策略将学生从主流文化的知识及认知方式中解放出来,师生共同在叙事过程中呈现出文化知识的过程,提供学生学习不同族群文化的机会。

(3) 文化回应教学有助于文化意识的养成。文化意识包括对文化水平、文化原型和种族文化的社会政治背景的认知。文化回应教学强调建立民主尊重的学习环境、注重文化与学习的联结。

文化回应教学的目标,一是培养学生尊重其他文化的意识与态度,帮助学生形成对自己文化的认同感与自豪感。二是使学生有能力从不同的文化视角来审视和理解同样的事件和经验,提高对文化差异性的欣赏能力。三是使来自不同种族和文化背景的学生都享有平等的教育机会,都取得学业上的成功。

(四) 文化回应教学的特征

盖伊在《文化回应教学:理论、研究与实践》中指出,文化回应教学呈现如下特征。

(1) 文化回应教学承认不同种族群体文化遗产的合法性,承认学生所在群体的文化深刻地影响学生的情感、态度、价值观,知觉方式以及学习方式。而受所在文化影响的某个群体或个体呈现出来的独特性正是学校教育教学

---

① 从丛."中国文化失语":我国英语教学的缺陷[N].光明日报,2000-10-19(C1).

要加以利用的资源。

（2）在学校主流文化和家庭生活经验之间构建一座文化桥梁，无论是对抽象理论的发展还是对社会文化生活现实而言都是极具意义性的。

（3）教师要根据不同文化、不同生活经验背景下的学生学习风格、认知方式的差异调整教学策略，以最适合最贴切的教学方法回应学生的学习需求，创造更加公平、更有益学生学习成长的教学环境。

（4）文化回应教学一方面能引导学生了解和欣赏自己与其他民族的文化，找到文化自我感；另一方面又能通过不同文化之间的比较，促进思维能力的发展，提升文化理解力和批判意识。

（5）文化回应教学将多元文化知识、各种资源（包括来自学校的、家庭的、社区的资源）和学科材料整合于学校所有的常规课程中。①

（五）文化回应教学理论模式

文化回应教学的理论模式主要有三种：综合能力教学模式、关怀教学模式、知识资本教学模式。

（1）综合能力教学模式（comprehensive capacity teaching model）。该模式强调：将教学内容与学生的文化背景相联系，建立多元文化与跨学科教学；以学生的发展为核心，重视学生的经验生成；注重学习环境的创设，以激发学生的内在动机。其优势在于积极发挥学生的文化优势，注重学生内在动机的激发以及综合能力的培养。不足之处在于过度强调学生中心，对教师的教学设计能力和教学组织能力要求较高，一般教师难以胜任。

（2）关怀教学模式（caring teaching model）。以关怀理论为依据，以关怀是人最基本的需要为假设前提，要求教师采用文化回应关怀教学，关怀不仅仅是教师对学生的一系列情感反应，而且是一种道德责任。具体包括三种关怀形式：精神关怀，建立家庭式课堂；文化关怀，塑造文化关联教学；情感关怀，构建积极话语范式。

（3）知识资本教学模式（fund of knowledge teaching model）。教师打破

---

① 黄婷婷.论初中英语文化回应性教学[D].武汉：华中师范大学，2015：15.

> 教室的藩篱,让学生进入社区学习,带领学生进入家庭和社区,利用学生家庭和社区资源进行探究性学习,成为知识的生产者,而不仅仅是知识的消费者。该模式的主要观点有:知识资本是家庭社区与学校之间的桥梁;教学场所由学校转向家庭和社区;教学形式是让学生作为研究者。①

三、体验性文化教学模式

文化体验的教学实施主要有两种方式。一种方式是基于库伯的体验学习循环圈,构建文化体验的教学模式;另一种方式是设计各类体验活动进行文化教学。

(一) 体验学习循环圈

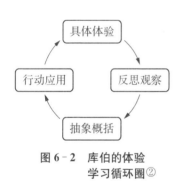

图 6-2 库伯的体验学习循环圈②

大卫·库伯(David Kolb)的体验式学习模型是体验式学习理论的代表。库伯认为学习不是内容的获得与传递,而是通过经验的转换从而创造知识的过程。他提出:体验学习是一个包含具体体验(concrete experience)、反思观察(reflective observation)、抽象概括(abstract conceptualization)、行动应用(active experimentation)四个适应性学习环节的循环过程,见图 6-2。

他认为具体体验是让学生完全投入一种新的体验;反思观察是学生思考所经历的体验;抽象概括是学生理解所观察体验的内容,并且吸收使之成为合乎逻辑的概念;行动应用是主动实践阶段,学生验证这些概念并将它们运用到制定策略、解决问题之中。

---

① 吴陈兵,肖景容.文化回应教学:论模式与操作标准[J].苏州大学学报(教育科学版),2021(1):120—122.
② [美]库伯.体验学习:让体验成为学习和发展的源泉[M].王灿明,朱水萍,等译.上海:华东师范大学出版社,2008:48.

(二) 文化体验教学模式

美国学者帕特里克·莫兰(Patrick Moran)在库伯的体验学习循环圈的基础上,建构了文化体验教学模式——文化体验学习圈(the experiential cycle),见图6-3。他认为文化体验学习是将学习文化的各项要素融合,并在情境化、实践化、互动化的活动中形成自我认同的过程。①

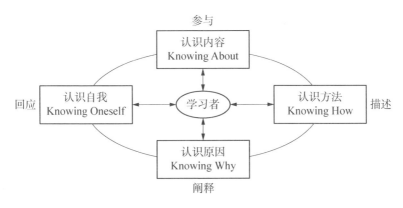

图6-3 文化体验学习圈②

莫兰认为体验性文化学习一般经历参与(participation)、描述(description)、阐释(interpretation)和回应(response)四个阶段。

第一阶段"参与"。学生亲身参与文化实践活动,获得多样的感官刺激,获得文化信息和知识,并生成文化感知(认识内容)。

第二阶段"描述"。学生描述文化实践中发生的事件,从而深化第一阶段获得的文化感知,知道怎么做(认识方法)。

第三阶段"阐释"。学生阐释文化实践并赋予意义,尝试从文化信息中抽取文化本质属性,理解文化观念(认识原因)。

第四阶段"回应"。学生回应文化实践,进行自我审视,以反思与重构文化身份(认识自我)。

经由这四个阶段的循环,学生从一个体验活动进入另一个体验活动,逐渐走近文

---

① [美]莫兰. 文化教学:实践的观念[M]. 北京:外语教学与研究出版社,2004:20—21.
② [美]莫兰. 文化教学:实践的观念[M]. 北京:外语教学与研究出版社,2004:19.

化学习对象、体悟所学的文化内容。莫兰的文化体验学习圈理论提出的文化认知和体验包括如下四个要素的互动。

- 认识内容(knowing about)——学生需掌握事实、数据、文化产品知识、实践、文化观等文化信息。
- 认识方法(knowing how)——学生习得行为、活动、技能,说、触摸、看或其他形式"干什么"的文化实践。
- 认识原因(knowing why)——学生理解观念、信仰、价值观、态度等文化构成或文化观念。
- 认识自我(knowing oneself)——学生关注自己的价值观、评价、感情、提出问题、产生反应、思想、主张等自身文化价值。作为文化体验的中心,它涉及的是文化自知(self-awareness)。①

(三) 教学及教师角色

文化体验教学模式实施过程中,学生在教师的引导下经历参与、描述、阐释、回应不同的学习阶段。随着文化学习圈的循环,学生了解关于目标文化的知识,形成合宜的语言和文化行为,并强化对自身文化的意识。在不同的教学阶段,学习活动和教师角色是不同的,见表6-2。

表6-2 文化体验学习圈的学习活动和教师角色

阶段	学习活动	教师角色
参与	1. 操作:使用文化工具、文化人工制品或其他文化产品 2. 仪式:按照目标文化的方式,在课堂日常教学中开展简单的仪式 3. 对话:两人或多人按照剧本进行对话 4. 角色扮演:在结构化的、无剧本的社会情境中,通过扮演特定角色完成特定交际任务 5. 表演:参与到某一文化的唱歌、跳舞、体育活动和游戏中	1. 示范:教师呈现文化行为。"看我做。" 2. 指导:当学生表演文化行为时,教师展示或者告诉学生应该如何做。"这样做。"

---

① [美]莫兰.文化教学:实践的观念[M].北京:外语教学与研究出版社,2004:17.

续　表

阶段	学习活动	教师角色
	6. 戏剧:进行有特定角色、动作、场景、道具的戏剧表演 7. 模仿:在教师创造的一个模拟社会情境(如银行、饭店)中开展行动 8. 田野体验:在远足中深入考察某一文化,完成特定任务,然后回到教室开展讨论和分析	
描述	1. 真实的材料:文化产品包括人工制品、其他文化文本(如书籍、报纸、电影、视频、音乐、照片等) 2. 教学材料:学习教师为语言和文化学习者准备的材料(如教科书、视频、电影、社会学和人类学的研究等) 3. 体验:直接参与到文化中(如旅行、实习、在当地居民家居住),或在课堂中参与文化体验(模仿、角色扮演、展示等) 4. 个人叙述:学生和教师讲述在目标文化或者另一种文化中的真实经历,或者关于文化学习的经历	1. 来源:教师提供文化信息。"这是我所知道的。这是我所经历的。" 2. 资源:教师告诉学生在哪里可以找到文化信息。"阅读这个资料。与这个人交流。给这个人写信。" 3. 仲裁者:教师评价学生对文化信息的理解。"你读到了什么?你看到了什么?你听到了什么?发生了什么?这是文本中的观点还是你的观点?这个信息是事实还是观点?" 4. 诱导者:教师就文化信息向学生提问。"告诉我你的理解。你还想了解什么?"
阐释	1. 文化分析:对文化现象进行结构性探究,在探究中,教师要求学生解释现象的文化意义。这种探究可以是对文本(书面的、口头的、图像的)中的文化信息或者文化体验(直接或模拟)的回应 2. 研究方案:开展基于教室或者学校的探究活动,获得文化主题的信息 3. 田野实践:深入文化,开展基于田野的探究活动,收集信息(观察、访谈、文件),寻求对特定主题的文化解释	1. 指导者:教师通过设置程序,向学生提出问题,让学生掌握探究的原则,从而帮助学生架构文化解释。"告诉我你如何解释文化现象。""主位观点是什么?""客位观点是什么?""其他可能的解释是什么?""如何与你自身的文化作比较?" 2. 合作研究者:教师参与到学生的文化探究中,提供不同的解释、信息和反馈。"经过我的探究,我发现……"

续　表

阶段	学习活动	教师角色
回应	1. 反思:根据教师提供的结构性支架,结合自身的生活和世界观深入思考问题或主题 2. 焦点谈话:就主题或问题与其他人进行结构性的对话和讨论 3. 焦点写作:就主题或问题进行反思和写作	1. 倾听者:教师倾听学生说了什么。"告诉我你感受到了什么?你是怎么想的?" 2. 见证人:教师说出对学生语言和行为的感受。"我感觉你说/做了什么。" 3. 合作学习:教师和学生一同参与文化探究,提供不同的解释、信息和回应。"在我的经验中,我的感觉是这样的。""我会这样解决这个问题。""我还有一些问题。"

从文化认知到文化认同,是学生形成中华文化自信的必然历程。新课标虽然厘定了文化教学的具体实施路径,但是教师实施融于语文课堂的文化教学时,除了综合运用讲授、灌输、说服、交流沟通、讨论辩论等常用方式外,还要汲取相关领域的新成果,尝试科学创新、有效实践。

第三节　教育戏剧教学策略与方法

"教育戏剧"(educational drama)这个概念源自西方,是个总称,包含戏剧教学法(drama in education)、创造性戏剧(creative drama)、教育剧场(theatre in education)等多种含义。教育发达国家如美国、加拿大、英国等国家都将教育戏剧纳入课程体系中。

一、教育戏剧教学策略

1999 年,英国将教育戏剧归于语文课程的听说领域,并从知识、技能、教学活动三方面提出了具体的要求。2010年英国国家英语课程在学习目标中明确：所有学生都应参与戏剧艺术实践并获得有关戏剧艺术实践的知识、技能和理解。学生能接受、创造和扮演各种角色，并能在角色中恰当地回应他人，有机会为某个或某些观众进行即兴表演、编写剧本，并且排练、改善、分享以及审慎应对戏剧和剧场表演。[①]

（一）教育戏剧的文化功能

宁波大学池夏冰博士在《语文学科教育戏剧的文化体验研究》一文中归纳了教育戏剧的文化功能。

首先，教育戏剧对学生文化体验发展有正面影响，该正面影响程度与学生性格特征、感觉偏好和阅读策略因素相关，具有个体差异性。如外向型学生较内向型学生更积极参与戏剧活动和文化体验。他们说得多，听得少，一有机会就扮演角色。在小组活动中，乐于合作、讨论，与他人分享感受和想法，展现出人际交往的优势。具有强烈的表演欲望。在表演时，他与角色合二为一，入戏很深，能浸润式地体验文本中蕴含的文化。他掌握丰富的表演技巧，把对文本的理解创造性地外化为戏剧动作；戏剧动作反过来又加深了他对文本的理解。

感觉偏好是指学生对视觉、听觉和动觉的偏重程度。视觉型的学生喜欢通过观看表演进行学习，对借助图像呈现的信息内容印象深刻。在编剧时，他们善于想象人物和场景，能够在头脑中产生比较完整的心理表象。听觉型的学生喜欢通过聆听进行学习，在编剧时能够对文本信息进行加工和组织。动觉型的学生往往对表演活动兴趣颇高，在演出中表现突出。他们运用身体的动作表达对文本的理解，在肢体运动中体验文化。

在教育戏剧活动中，阅读策略的使用能提升文化体验水平，尤其是图像化策略。图像化策略是指在阅读文字的活动中，读者在头脑里建立故事场景、人物形象，通过心理上的图像构建帮助自己理解文本。[②] 戏剧这种艺术形式要求表演者用肢体动作表达传递信息。学生在创作表演时必须把抽象静止的文字转化为鲜活的形象，创造心理意象。图像化策略有助于学生激发想象，运用形象思维构想戏剧人物的言行举止和戏

[①] Department for Education. Statutory guidance National curriculum in England: English programmes of study. [EB/OL] (2017-03-20)[2022-11-20]. https://www.gov.uk/government/publications/national-curriculum-in-england-english-programmes-of-study.

[②] 周步新.小学适性阅读策略的学与教[M].宁波：宁波出版社，2016：65.

剧事件发生时的画面,让文字变得具体生动,从而更容易理解文本的情感和意蕴,提升对文化的感受和体验。

其次,教育戏剧的文化体验功能主要包括表现行为、激发情感和促进认知。教育戏剧能唤醒学生的运动感觉,改善学生的朗读表现,有助于学生深入体验角色的内心世界;教育戏剧让学生在愉悦的情绪状态中学习文化,提高学习参与度,在移情中深化文化体验;教育戏剧能优化学生在理解、分析、创造三种水平上的认知表现。

最后,融于学科的教育戏剧教学能促进学生还原文字的本意,领会作品的深意。角色代入使学生有机会尝试体验与个体身份迥异的角色,用一种全新的方式表现自我,表达感受和想法。学生透过角色的眼睛看世界,认识他人的处境,按照他人的需要解释事件,探索他人的感觉和观点。因此,角色转换提升了学生文化体验的广度和深度。双重角色促使学生连接文化和自我。在戏剧情境中,学生既是角色,又是自我,两个身份相互对话。双重角色让文本中的文化与学生个体发生联系;学生一面感受文本中的文化世界,一面联系自身的生活实际,进行自我反省,逐步内化文化中的优秀因子,提升个人文化自觉。

运用教育戏剧教学策略,教师可通过故事戏剧化、专家外衣、读者剧场、排演室、提问角色、教师入戏、肢体剧场、朗读剧场、故事剧场等教育戏剧教学方法,引发学生对教科书中文化主题内容进行体验学习,达成深度理解。学生通过角色扮演,进行换位思考,体验不一样的人生境遇,感受不一样的社会身份,尝试不一样的思维方式,并将文本内容与亲身经历所获得的真实感受、经验进行关联与整合,在"润物细无声"中达成文化学习的目标,从而掌握文化知识,生成情感、态度和价值观。

(二) 故事戏剧化

1. 含义

故事戏剧化(story dramatization)是创造性戏剧的一种教学途径,基于文学故事,学生在教师指导下采用即兴表演的方式呈现一个故事。

2. 教学步骤

故事戏剧化教学方法主要由以下四个步骤组成。

(1) 激发动机。使用音乐、视觉材料、课堂讨论和热身游戏等方式,将学生的注意力集中在戏剧的内容上,进入特定的心境。

(2) 呈现故事。为了拉近师生距离,最好是全体学生围成圆圈坐下来听故事。在叙述的同时,教师可以解释难懂的词句、术语或观念。学生可以根据故事内容提出疑问。

(3) 戏剧化。戏剧化可以用哑剧或口头即兴表演的形式表现,也可以将两者组合。教师根据每个故事选择最适合的形式。教师或是在戏剧中扮演角色,或是指导学生进行表演。

(4) 反思与评估:从教师和演员的角度对表演进行反思。鼓励学生思考和谈论:"你作为一名演员,发生了什么? 当你与他人进行合作表演时,发生了什么?"教师和学生对照目标,评价戏剧成功与否。

(三) 专家外衣

1. 含义

专家外衣(expert approach to education)由英国教育戏剧家多萝西·海兹考特(Dorothy Heathcote)创造。在这一模式中,传统的师生角色关系发生逆转。教师不再是知识的唯一拥有者,而是扮演一个虚构的角色,让学生披上"专家的外衣",扮演"知者"的角色,成为某一领域的专家。

2. 教学步骤

专家外衣教学模式包含以下四个教学环节。

(1) 确定主题。教学主题的设计必须置于广泛的社会文化背景之中,并对当下的生活环境具有重要意义。如把主题设定为"环境对人的社会行为的影响"。

(2) 设计任务。根据主题提出若干问题,设计一个任务。在任务中融入各种知识和能力的学习(包括智能的、语言的、艺术的等)。要精心安排任务顺序,尤其是第一项任务,因为它影响和引导任务的进程,进而推进后阶段的活动。例如教师设置任务为:在青铜器时代建设一个现代社区。其第一项任务就是让学生了解青铜器时代的背景。设计任务顺序不一定要按照故事的线性时间,可以横向延伸至其他主题,比如生态平衡、文化习俗等。

(3) 开展行动。确定任务之后,教师通过扮演一个角色来创设情境,即教师入戏,学生扮演情境中的其他角色。为了让学生更快地进入情境,教师可以走出教室后重新进入,或者改变教室内的空间布局。教师的角色随着任务的改变而改变,如果需要进行解释,教师要跳出角色,带领学生进行讨论,灵活地穿梭于虚构和现实的两个世界之间。例如教师在案例中担任政府公务员,学生成为建设新社区的人类学家,教师入戏：

> 女士们、先生们，早上好！我非常感谢你们出席这次紧急的会议。城市规划部门遇到了一个难题，必须立刻解决。你们是否同意现在开始会议？

（4）融合生成。教师和学生共同商讨各项议题，学生以小组形式组合并开展讨论，共同行动。学生通过阅读、讨论、思考、扮演，与教师一同开发一个完整合理的故事。①

在专家外衣教学模式中，教师在整个过程中不是旁观者，而是参与者，主导教学进程，促进小组学习互动的发生。教师始终清醒地知道，自己是小组中最成熟的成员，必须熟稔戏剧知识，参加表演训练，以便能够应对不同情况的挑战。但是，如果教师的主导性太强，学生会兴趣锐减并失去反思戏剧的机会。

（四）读者剧场

1. 含义

读者剧场（readers' theatre）是指两名及以上朗读者在观众面前呈现整个戏剧、散文、诗歌内容，朗读者可以戏剧化改编文本。读者剧场的演出不同于传统剧院，不需要舞台布景、服装、道具，表演者也不需要背台词，只需朗读剧本。

2. 教学步骤

美国德克萨斯大学米里亚姆·马丁内兹（Miriam Martinez）等人开发出一种每日30分钟的读者剧场教学模式，过程如下。

（1）选择文本。文本是读者剧场能否发挥教学效果的关键因素。材料的选择要考虑两个因素。第一，文本要和学生的认知水平相称。文本太难，学生朗读的准确性和表现力都会受到影响。对低年级学生来说，最好选择学生熟悉的故事。第二，文本故事要易于改编成剧本。通常这类文本的故事情节并不跌宕起伏，故事人物却面临两难的境遇，具有矛盾冲突。

（2）准备剧本。教师改编文本为读者剧场的剧本。每一个学生人手两份：一份放

---

① Heathcote D, Herbert P. A Drama of Learning: Mantle of the Expert [J]. Theory into Practice, 1985, 24(3): 173-180.

在学校,一份带回家练习朗读。

(3) 组织剧组。一个班级有三个剧组,每一个剧组根据水平阅读合适的剧本。剧组要定期排练新剧本,最后有观众来观看他们的演出。

(4) 每周议程

星期一:教师示范朗读三个剧本。随后在微课(mini lesson)上介绍朗读知识,如控制语速的快慢等。在微课之后,教师把三个剧本分给三个剧组,学生独立朗读整个剧本。

星期二:教师把第二份剧本发给每一个小组。该剧本中每一个角色的台词都用不同的彩色笔标出来。学生分角色排练,教师在组间巡视,进行指导并提供反馈。

星期三:学生继续练习,并尝试不同角色。在最后 5 分钟,学生确定周五表演时自己扮演的角色,在家中侧重练习该角色的台词。

星期四:学生继续朗读。在最后几分钟,学生制作角色标签,讨论表演时的站位。

星期五:每个剧组在观众面前表演。观众可以是学生家长、校长、图书管理员、学校顾问,或者其他班级的学生等。

在读者剧场中,学生要反复朗读剧本,一个剧本要读上 15—20 遍。重复阅读相同文本可以有效提高学生阅读的流畅性,也可以提高学生的阅读兴趣和阅读鉴赏力。在最终的演出中,观众的参与必不可少。

(五) 排演室

排演室(rehearsal room)由英国皇家莎士比亚剧团(Royal Shakespeare Company)开发,剧团发现,演员在排演室的工作方式与学生在课堂上的学习方式有很大的相似性,学生可以像演员一样,在表演中学习戏剧的语言、人物、环境、情节和主题,用头、眼、耳、手、身和心来诠释戏剧。

1. 含义

排演室就是将演员排练的方法迁移到学校课堂中,为学生探索莎士比亚的文学世界打开一个新的空间。这种方法最初旨在帮助年轻人了解莎士比亚的戏剧作品,但也可以应用于其他剧本的排演。排演室并没有固定的模式,可以针对不同的主题设计不同的教学活动。

2. 教学要点

排演室在实施过程中有如下要求。

（1）学生是"侦探"。鼓励学生用多种方式阅读文本，像侦探一样思考，把文本中的线索拼接起来。

（2）掌握背景知识。莎士比亚的作品距离学生的现实生活年代久远，要让学生理解莎士比亚，就必须先理解作品所处的社会历史背景。教师面临的挑战是如何赋予文本生命，让学生能够直观感知作品的意义。

（3）共同探索语言。从字词的发音开始，思考它可能的意义，而不是直接查看注释中的解释。

（4）鼓励学生诠释。每一场戏都是文本与诠释的结合，学生可以决定角色如何在舞台上出现、消失、移动和出声。

3. 案例

下面以《罗密欧与朱丽叶》的教学片段为例，介绍排演室的教学方法。

教学目标：探索用声音改变现场气氛。
请学生站成一圈，发出"oooooo"的声音。问：这创造了什么气氛？
要求学生张开嘴巴，发出"ahhhhh"的声音。问：这如何改变气氛？
要求学生发出"oooooo"的声音，分别表示如下不同的意思：
"好久不见你了。"
"我真的喜欢你！"
"我忍受不了你！"[①]

在教育戏剧中，体验是演员塑造艺术人物时最主要的一种创作手段，演员深入感受角色的情绪情感，把握角色的性格特征，最终达到与角色合二为一。教育戏剧为融于学科的文化教学提供新思路，是促进文化体验发生的有效途径：能打开学生的身体、情感和思维，全方位调动学生的体验，使其全身心沉浸其中，与角色同呼吸、共命运，从而达到文化学习的目标。

---

① Introducing Rehearsal Room Approaches [EB/OL] (2017-05-21)[2022-11-21]. https://www.rsc.org.uk/education/teacher-resources/introducing-rehearsal-room-approaches.

二、教育戏剧教学案例《卖炭翁》

(一) 文本分析

《卖炭翁》选自统编版语文八年级下册第六单元《唐诗二首》。唐代诗人白居易的这首叙事诗通过波澜起伏的故事情节、生动细致的人物描写,揭示官市给人民带来的灾难,反映民间疾苦,表达了诗人"爱民"的思想情感,蕴含着"民为邦本"的政治理念。

民本思想的核心内容是探讨为政者如何勤政为民,体现在对待人民的态度上,强调为政者要仁爱民众、理顺民心、赢得民心。在诗歌开头,白居易用14字的外貌描写刻画出一个满面灰尘、两鬓花白、双手漆黑的老人形象。他饱经风霜、赤贫如洗、日夜辛劳只为解决温饱。但是如此卑微的愿望都得不到满足,民生可谓困敝。"黄衣白衫使者"飞扬跋扈、骄奢淫逸,肆意掠夺卖炭翁的劳动成果。整首诗字里行间流露着诗人对疾苦百姓的深切同情,蕴含着浓烈的爱民之情。

元和初年,唐宪宗奋发图强,力求改变安史之乱后朝廷因循苟且的局面,对内广开言路,吸纳人才,对外采取强有力的削藩政策,开启"唐室中兴"的局面。士人学子受到鼓舞,积极入世。政治中兴的旗号为白居易的兼济精神提供了现实土壤,他怀着以天下为己任的责任感,走上仕途,登上政坛。元和二年,白居易任翰林学士,元和三年被唐宪宗提拔为左拾遗,他向上匡正君主,致君尧舜;向下教化百姓,移风易俗,追寻自己的政治梦。但是很快,他得罪了权贵,政治仕途受挫,被贬至江西九江。作为一名士大夫,他并没有忘记政治理想,并没有忘记手中的"笔"。白居易把诗歌作为工具,扮演政治角色,发出政治声音,《卖炭翁》便是其中一例。对他而言,《卖炭翁》既是文学创作,更是政治手段,如同谏书或者奏章,蕴含诗人的政治文化主张。[①] 他将目光投向以卖炭翁为代表的底层劳动人物,以此告诫统治者,若继续鱼肉百姓,终会自取灭亡。诗作带着浓浓的人本主义色彩,集中反映了白居易爱民的政治文化观点。

(二) 教学目标

(1) 结合注释理解诗歌内容,品味诗中对卖炭翁和宫使外貌、动作、心理的刻画。

---

① 杜学霞. 在三种言说立场之间——白居易思想转变的心理和文化阐释[J]. 首都师范大学学报(社会科学版),2007(3):63—68.

(2) 反复诵读,感受诗人同情百姓疾苦、浓烈的爱民之情。

(3) 运用教育戏剧的方法,体验白居易爱民的政治文化观点。

(三) 教学材料

学习单一　人物信息表(10分钟)

1. 独立阅读诗歌,填写人物信息表。

卖炭翁	
职业(靠什么谋生?)	
外貌(脸色如何? 头发和手指是什么颜色?)	
衣着(穿什么衣裳?)	
心理活动(心里在想什么?)	
动作(早晨做了什么? 坐在哪里歇息?)	
宫使	
衣着(穿着什么衣服?)	
动作(手里拿着什么? 说了什么? 做了什么?)	

2. 组内讨论所填内容。

学习单二　肢体剧场Ⅰ(15分钟)

1. 同桌合作,根据诗歌中的一句话,用表情、手势、身姿等形体动作为卖炭翁设计一个静止的画面,表现他在某一时刻的形象,并为人物配上一句话台词,表达卖炭翁当时的内心想法。

2. 4人小组组内交流。

3. 确定小组设计:选择一句诗,设计卖炭翁静止的画面,编写台词。

4. 小组排演。

学习单三　肢体剧场Ⅱ(25分钟)

1. 6人合作,5人扮演诗作中的人物,使用表情、手势、身姿、步态等形体动作构成连贯的表演,表现故事情节,一人扮演诗人白居易朗诵诗歌。

2. 分配角色,确定导演。

演员表			
卖炭翁		白居易(朗诵)	
官员一(黄衣使者)		集市上的百姓甲	
官员二(白衫儿)		集市上的百姓乙	
说明:演员通过想象,代入角色,模仿角色的动作、表情、语气、语调。			
职员表			
导演(小组长)			
说明:导演深入理解剧本内容,对演出做整体设计,团结组员。			

3. 设计动作。使用表情、手势、身姿、步态等形体动作构成连贯的表演,表现故事情节。

4. 进行排练。练习诗歌朗诵,做到音画同步。

(四) 教学过程①

教学环节	教学活动	设计说明
第一课时		
导入	**教师入戏** 教师扮演诗人白居易,介绍诗歌写作背景,并说明本课学习任务 　　教师:卖炭翁,伐薪烧炭南山中。诸位,在下唐代诗人白居易。生于公元772年,距今已有1250余年。今天要和同学们谈谈拙作《卖炭翁》。我在诗题下方提了四个小字:苦宫市也。此乃何意? 所谓"宫市",乃宫廷里所需日用品也,由皇帝委托官府到民间采购。后来,宦官专权,横行无忌,独揽采购权。由太监充当的宫使到长安城闹市区,打着宫市的旗号,任意掠夺中意之物,	(1) 教师扮演诗人白居易、创设情境,介绍文章写作背景和作者相关信息,引出戏剧活动,激发学生的学习兴趣 (2) 为了增加情境的真实性,教师可以身穿戏服,手持折扇,使用古曲配乐

---

① 池夏冰.语文学科教育戏剧的文化体验研究[D].上海:华东师范大学,2020:164—167.

续表

教学环节	教学活动	设计说明
导入	常以价值几十钱的物品换取百姓价值数千钱的物品。有时用红紫颜料将旧衣物一染,冒充新衣物,随手撕一块扔给老百姓。百姓敢怒不敢言。公元805年,也就是在我33岁那年,新皇帝登基,立志开创一个新的盛世。在位期间,皇上勤于政事,广开言路,国家呈现中兴气象。朝廷的新政给我们这些怀有报国之志的士子文人带来新的希望。三年后,我被任命为左拾遗。职位虽然不高,但可以对陛下的过失进行规劝。得到任用诏令后,我立即上书表示:"倘陛下言动之际,诏令之间,小有阙遗,稍关损益,臣必密陈所见,潜献所闻。"当时我写了不少讽喻诗,包括这首《卖炭翁》。我写这类讽喻诗的初衷不仅仅在于揭露现实,还寄望于能让陛下体察民生。我希望陛下不仅读诗作的文字,还能听诗作的声音,见诗作的画面,能够真切感受百姓疾苦。诸位,你们可以助我一臂之力吗?用你们的声音、动作、表情把《卖炭翁》演绎出来,你们有信心吗?	
整体感知	**诗歌朗读** (1) 教师范读诗歌,学生注音 (2) 学生齐读诗歌,教师正音	学生整体感知诗歌内容
	人物信息表 (1) 学生自由朗读诗歌,结合课文注释,用白话文回答相关问题,在学习单一上填写卖炭翁和宫使的人物信息表(包括卖炭翁的职业、住址、外貌、衣着、心理活动、动作和宫使的衣着、动作) (2) 小组分享、全班交流,教师提示并讲解重点字词	学生把握诗歌主要情节,品味诗歌对卖炭翁和宫使外貌、动作、心理等方面的刻画
参与	**肢体剧场一** (1) 教师布置学习任务,完成学习单二 学生两人合作,根据诗歌中的一句话,使用表情、手势、身姿等形体动作为卖炭翁设计一个静止的	学生通过形体动作和台词,再现卖炭翁的形象,感受人物内心世界

教学环节	教学活动	设计说明
参与	画面,表现他在某一时刻的形象,并为人物配上一句话台词,表达卖炭翁当时的内心想法。 (2) 教师讲解活动步骤 步骤一:设计动作。选择一句诗,使用表情、手势、身姿等形体动作为卖炭翁设计一个静止的画面 步骤二:编写台词。为画面中的卖炭翁设计一句话台词,表现人物内心想法,写在学习单上 步骤三:小组展示 (3) 教师示范肢体剧场 (4) 小组准备,教师巡视各小组并进行指导 (5) 学生小组展示	
描述	问题思考 学生思考以下两个问题,并写在学习单上 (1) 请你描述对卖炭翁的感受 (2) 请你描述对宫使的感受	学生回顾戏剧表演活动,描述对人物的体会和理解
总结	总结全课 教师总结并布置课后任务,要求学生背诵《卖炭翁》	学生通过背诵诗歌感悟诗歌的情感和思想
第二课时		
导入	学习回顾 (1) 教师检查学生背诵 (2) 学生结合人物信息表回顾诗歌内容	学生温习诗歌内容
参与	肢体剧场二 (1) 教师布置学习任务,完成学习单三 学生六人合作,五人扮演诗作中的人物,使用表情、手势、身姿、步态等形体动作构成连贯的表演,表现故事情节,一人扮演诗人白居易朗诵诗歌 (2) 教师讲解活动步骤 步骤一:分配角色,确定导演 步骤二:设计动作。使用表情、手势、身姿、步态等形体动作构成连贯的表演,表现故事情节	(1) 学生通过形体动作再现卖炭翁的形象,感受人物内心世界 (2) 与第一课时相比,第二课时的肢体剧场难度递增。形式上把静态形体动作变为动态形体动作。内容上由一句诗扩展为整首诗

续 表

教学环节	教学活动	设计说明
参与	步骤三:进行排练。练习诗歌朗诵,做到音画同步 步骤四:小组展示。演出结束后一起鞠躬谢幕 (3) 学生和教师共同示范肢体剧场 (4) 小组准备,教师巡视各小组并进行指导 (5) 学生小组展示分享 (6) 学生小组互评表演,教师点评表演	
描述	**提问角色** 学生表演之后,教师向角色提问,挖掘人物的心理活动。如: (1) 卖炭翁,你穿这么少,却希望天更冷,为什么? (2) 老百姓,当你目睹这一切,你在想什么?	学生回顾表演,描述人物的内心世界
阐释	**提问角色** (1) 如果你是当时的皇帝,你将如何进行政治改革? (2) 概括地说,统治者应该如何对待老百姓?	学生提炼概括文本中"爱民"这一文化精神的内涵
反省	**问题思考** 这首诗歌对当下有何启示?	学生连接文本和生活,反省"爱民"这一文化精神对现实生活的借鉴意义
总结	**教师入戏** 教师扮演白居易,总结本课。 教师:"惟歌生民病,愿得天子知",以我之见,诗歌非附庸风雅,矫情造作的工具,而是针砭时弊的利剑。为政者爱民如子,只有这样才能得到百姓的爱戴。作为一名读书人,我最大的心愿就是让天下老百姓过上丰衣足食的日子。诸位,谢谢你们演绎我的作品……	教师扮演白居易,总结文本中"爱民"的精神文化

三、教育戏剧教学案例《愚公移山》

(一) 文本分析

《愚公移山》这篇文言文选自统编义务教育初中语文八年级上册第六单元。这是一篇带有神话色彩的寓言,具有生动的故事情节,反映了愚公的坚强毅力。愚公移山之举是难以用日常认知标准来衡量的,教学探讨的核心落在故事所包含的文化观念,即"坚毅"的愚公精神。

无论是《易经》的"天行健,君子以自强不息",还是孔子的"明知其不可为而为之"(《论语·宪问》),都能在愚公精神上找到逻辑支点。对于中华民族而言,百折不挠、众志成城才能实现富强之梦和复兴之梦。在教学中,要让学生把这种文化观念与自己的生活和生命连接起来,反思自己的过去、现在和将来,只有这样才能活化经典中的精神宝藏,使之成为内心生长的力量源泉。

在故事中,愚公精神是在与智叟、妻儿、天神等角色的互动过程中彰显的。要理解愚公,需把愚公放置在整个人物关系图谱中,其中最重要的是两个角色:愚公妻和智叟。先来看愚公妻,"曾不能损魁父之丘,如太行、王屋何"是对移山可行性的怀疑;"焉置土石"的语气中带有担忧。再来看智叟,"甚矣,汝之不惠"是严厉的质问;"残年余力"显出轻蔑;"曾不能毁山之一毛"强调愚公连山上一根草都不能动,真是极尽讽刺挖苦之能事;"其如土石何"强调愚公的无能,语气强烈。智叟不仅坚决反对移山之举,而且还刻意嘲讽、贬损愚公的能力。学生通过透视旁人的怀疑、忧虑、嘲笑、讥讽,会对愚公移山所表现出来的坚定信念、吃苦耐劳的精神心生敬意。

(二) 教学目标

(1) 诵读文本,结合注释疏通文意,积累词语。

(2) 分析愚公、智叟、愚公妻话语背后的态度和心理。

(3) 运用教育戏剧的方法理解寓意,体会愚公坚毅的精神。

(三) 教学材料

教师编写《愚公移山》的剧本,供学生运用。

(四) 教学过程①

教学环节	教学活动	设计意图
第一课时		
导入	**教师入戏** 教师扮演诗人愚公,引出文本内容 　　教师:诸位,吾乃愚公,年近九旬。我家屋前有太行、王屋两座大山,方圆数百里,高万仞。每次出门需绕道而行,真叫人苦不堪言,有几次绕道差点误了大事。因此我下定决心要铲平这两座山。待大业完成,家门口的路就能直通豫州南部,到达汉水南岸。我有没有可能实现这个梦想呢?	教师用扮演愚公的方式创设情境,简要介绍故事的起因,激发学生的学习兴趣
整体感知	**阅读感知** (1) 学生听朗读录音并为课文注音 (2) 学生配乐自由诵读,结合课下注释,疏通文章大意 (3) 学生找出文中角色	学生诵读文言文,感知文本内容,理解文本及字词意思,把握故事情节和人物
参与	**朗读剧场** (1) 教师布置学习任务 学生两人合作,扮演故事中的不同角色(愚公妻子、愚公儿子、遗男、智叟、山神、天帝),用合适的语气、语调对愚公说一句台词 (2) 教师讲解活动步骤 步骤一:确定导演 步骤二:编写台词。两人讨论,基于原文相关语句并展开想象,为人物写一句台词,内容合情合理 步骤三:进行排练。一人朗读文言文,一人朗读台词,相互配合 步骤四:小组展示。演出结束后一起鞠躬谢幕 (3) 学生和教师共同示范朗读剧场 (4) 小组准备,教师巡视各小组并进行指导 (5) 学生展示	学生通过编写剧本和朗读台词,理解不同角色对愚公移山的态度

---

① 池夏冰.语文学科教育戏剧的文化体验研究[D].上海:华东师范大学,2020:174—177.

续　表

教学环节	教学活动	设计意图
描述	**提问角色** 小组表演之后，教师向角色提出问题：你对愚公移山持什么态度？	学生回顾戏剧表演活动，以角色的身份描述人物的内心世界
描述	**情感体验** 学生分别在纸上写出自己扮演的角色对愚公移山的态度	学生分析不同角色对愚公移山的态度
第二课时		
描述	**学习回顾** 教师点评学生上节课编写的人物台词，分析每个角色对愚公移山的态度	学生加深对故事内容和人物的理解
描述	**问题思考** 愚公之妻和智叟对愚公移山的态度是否相同？结合具体语句作分析	比较愚公妻和智叟对待愚公移山的不同态度
参与	**故事剧场一** （1）教师布置学习任务 学生两人合作，选择愚公和愚公妻或者愚公和智叟，编写两组对话，使用合适的语气、语调有感情地朗读剧本，并配合表情、手势、身姿、步态等形体动作 （2）教师讲解活动步骤 步骤一：选择一组人物，分配角色，确定导演 步骤二：编写台词。小组讨论，基于原文并展开想象，为人物写两组对话，内容合情合理 步骤三：进行排练。使用合适的语气、语调有感情地朗读剧本，并配合表情、手势、身姿、步态等形体动作 步骤四：小组展示。演出结束后一起鞠躬谢幕 （3）学生示范故事剧场	学生通过声音和形体动作，表现愚公妻和智叟对愚公移山的态度以及愚公的回应，体会愚公精神

续　表

教学环节	教学活动	设计意图
	第三课时	
参与	**故事剧场一(续)** (4)小组准备,教师巡视各小组并进行指导 (5)学生小组展示分享 (6)学生小组互评表演,教师点评表演	学生通过声音和形体动作,表现愚公妻和智叟对愚公移山的态度以及愚公的回应,体会愚公精神
描述	**提问角色** 小组表演之后,教师与角色对话:提出问题,挖掘人物的心理活动。例如: (1)愚公,是什么信念支撑你锲而不舍地移山? (2)愚公妻,你觉得老头子是一个怎样的人? (3)智叟,听到愚公的话,你有什么感受?	学生回顾戏剧表演活动,描述人物的内心世界
阐释	**问题思考** (1)《愚公移山》这个故事是真实的吗? (2)愚公精神是一种怎样的精神?	学生认识寓言的文体特征,提炼概括文本中"坚毅"这一文化精神内涵
反省	**问题思考** 21世纪的我们,仍然需要"愚公移山"的精神吗?为什么?	学生连接文本和现实生活,反省"坚毅"这一文化精神对现实生活的意义
参与	**故事剧场二** (1)教师布置学习任务 学生六人一组,阅读剧本,使用语气、语调、表情、手势、身姿、步态等动作,表演《愚公移山》 (2)教师讲解活动步骤 步骤一:理解剧本。仔细阅读剧本和相关材料,深入理解故事主题 步骤二:选定角色。根据自己的性格特征等因素选择角色 步骤三:参与排练。和剧组成员商定排练时间,积极参与排练 步骤四:进行表演 第一,熟练地朗读或背诵台词 第二,通过想象代入角色,不断深化对角色的理解。参考专业演员的演出,设计语气、语调、表情、手势、身姿、步态等。听取导演和其他演员的	1. 学生通过声音和形体动作表现人物形象和故事情节,体会愚公精神 2. 与前次故事剧场相比,本次表演难度递增。内容由故事片段扩展为完整故事,人物更加丰富 3. 剧本由教师提供。若时间允许,可以让学生自主创编剧本

续　表

教学环节	教学活动	设计意图
	意见,提高表演水平 第三,参考相关资料,结合实际情况,和组员一起准备演出时的服装、道具、布景(可以制作成课件)、配乐等	
作业布置	小组课后排练《愚公移山》故事剧场	学生在排练中深入体会愚公精神
第四课时		
参与	故事剧场二(续) (3) 小组彩排 (4) 学生小组展示分享 (5) 学生小组互评表演,教师点评表演	学生通过声音和形体动作表现人物形象和故事情节,体会愚公精神
总结	教师总结 教师扮演愚公,总结 　　教师:有人说,我移山不顾现实利害的考量,但我只是个传说,是一个虚构的人物。随着时间的推移,我成为一个超越现实的精神追求的标志。当我得知,那些失落绝望的人听到我的故事,获得温暖的慰藉,我便心满意足了;那些面临巨大挑战的人听到我的故事,获得前进的动力,我便心满意足了;那些追求真理却遭到质疑甚至讥讽的人听到我的故事,获得坚持的理由,我便心满意足了	教师扮演愚公,总结文本中"坚毅"的文化精神

四、教育戏剧剧本《梦圆中国》

《梦圆中国》是上海世外教育集团结合主题阅读活动"红色追梦人",引导初中学生阅读中外传世名著,创编教育戏剧剧本的一个示范性剧本,曾向全集团学生汇报演出。整个教育戏剧活动是以"假如名著中的人物穿越时间和空间,来到今天的中国,他们会过上怎样的生活?"作为任务驱动,综合运用语文、数学、物理、化学、英语多学科知识,开展的一次指向文化传承与理解的整本书阅读活动,也是跨学科的中华文化戏剧教学。图6-4是该剧本封面。

图6-4 《梦圆中国》剧本

《梦圆中国》展示的故事背景:当今世界,国际政治风云多变,经济市场波涛汹涌。各国人民都在找寻通往"和平与繁荣"的新道路。斯诺的曾祖父埃德加·斯诺,100年前带着国际社会追求真相的渴望,深入红区。如今,斯诺在一个炎热的暑假来到中国上海。如何看今天的中国,以证明曾祖父的预言是正确的呢? 一路上他遇到许许多多名著中的人物:骆驼祥子、长妈妈、傅雷、宋江、孙悟空、猪八戒、简·爱、法布尔。《梦圆中国》以跨学科课程内容为基础,设置了一个埃德加·斯诺曾孙的形象,串联起整个事件,使剧情合理、流畅,也变得更加有趣、吸引人。因为是对曾祖父前往中国路途的复刻,又在其中增加了一些和名著相关的内容,把所有内容串联起来,达到了中外名著的融合。

【案例:《梦圆中国》剧本】

第一幕:一个外国大学的课堂(略)

第二幕

旁白:斯诺说到做到,他真的在这个炎热的暑假来到了中国上海。他到底要如何观察今天的中国,以证明他的曾祖父——埃德加·斯诺的预言是正确的呢? 连他自己心中也没有明确的答案。不过,我要告诉你的是,他这一路上将遇到许许多多名著中的人物。这些人物有的来自古典名著,有的来自现代名著,有的甚至来自外国名著。你不妨跟着斯诺一同来看一看,当这些名著中的人物生活在今天的中国时,他们的状态和在小说中会有怎样的不同呢?

(斯诺走出机场,正在东张西望,这时一辆专车停到了他的面前,车上画了一头骆驼)

祥子:你好,骆驼专车为你服务。你的手机尾号是1936吧?(注释:1936是埃德加·斯诺进入苏区采访,写《红星照耀中国》的这一年)

斯诺:啊,你好!请问你是?

祥子:我是骆驼专车的司机祥子,我接到长妈妈的订单来接美国记者斯诺,看来就是你啦。你是要去江苏路284弄安定坊吧?(注释:江苏路284弄安定坊是傅雷与傅聪的居所)

斯诺:是的是的,我要去那里见我的中国网友傅聪。

祥子:哈哈,那就没错了,快上车吧。

(斯诺上了车,车上在播放《沙漠骆驼》:我要穿越这片沙漠,找寻真的自我,身边只有一匹骆驼陪我,这片风儿吹过,那片云儿飘过……大屏幕上出现上海的各个地标)。

斯诺:祥子,你说你这是骆驼专车,这个"专车"就是出租车的意思吗?

祥子:啊,这可不是出租车,是我自己的车!骆驼公司是一家互联网共享汽车企业,就跟你们美国的 Uber 差不多!

斯诺:啊!这原来是你的车啊!我看着你岁数并不大啊,要买这车,你得存好几年的钱吧!

祥子:唉呀,现在又不是旧社会。要买车,根本不需要先存钱!在银行办个贷款,就可以零元购。这样我就可以一边开车赚钱,一边还钱了。而且,我这辆是新能源车,充电比加油要便宜得多,车牌也不需要钱,实在太划算了,还非常环保呢!(背景知识:祥子在《骆驼祥子》中苦苦存钱买车。而且,《骆驼祥子》中的祥子不愿意相信高妈推荐的所有理财方法,认为都是骗局。)

斯诺:那真是不错。不过,整天开专车,你会不会觉得很辛苦呢?

祥子:嘿嘿,这你可就不知道了,开专车只是我的副业。我白天可是在办公室里正儿八经的上班族。等到下了班,或者像今天周末,我才出来开专车。整天上班的话实在太闷啦,但开专车能够遇到不同的人聊聊天,治好了我那无可救药的社恐。而且有了灵活用工政策,我开专车就可以多一份收入。嘿,说着说着,我们就到了,我已经看到长妈妈在路边等着了。

(车子停下了,路边站着一个衣着朴素但颇有气质的中年女子,长妈妈。她手上拿着一个快递盒)

祥子:长妈妈,我把客人给你带到了。

长妈妈:多谢你啊,祥子,我就知道找你最靠谱了。

祥子:好嘞,那我就走了,下次记得再找我下单!

(长妈妈看向斯诺)

长妈妈:你好,你就是美国记者斯诺吧,快跟我来吧!

斯诺:啊,好的好的。不过,冒昧问一下,你是傅聪的……母亲吗?

长妈妈(笑了起来):看我这脑子,都忘了自我介绍!我是长妈妈,是一个家政服务员。

斯诺:家政服务员?

长妈妈:简单地说,我是傅先生家的住家阿姨,帮着打理家里里里外外、大大小小的家务。我啊,是看着傅聪长大的,他早就跟我说起有你这么一个美国网友啦。

斯诺:长妈妈,太感谢你了,还专门来等我。

长妈妈(一边拆快递,从快递中取出一本书):别客气。我刚好出门取快递,在骆驼专车App上看到你们快到了,就在这里等一会儿。

斯诺:这是你订的书吗?

长妈妈:是呀。傅聪要到欧洲演出,他老是嚷嚷着,自己从来没有去过欧洲,怕人生地不熟,对那里文化也不了解。我就想着给他买本书吧,于是订了这一本《极简欧洲史》,让他补补课。(背景知识:《朝花夕拾》中的长妈妈不识字,把鲁迅要的《山海经》听成了《三哼经》)

斯诺:哇,这是一本很棒的书!您要是不说,我还以为您一定是个家庭教师呢!

长妈妈:哈哈,现在不是过去了,我们做家政的,光会做家务可不行,还得有许多其他本领。不知道傅聪有没有起来,他昨天练琴练到了半夜,他爸爸又生气了。

斯诺:傅聪练琴那么勤奋,他爸爸反而要生气?

长妈妈:傅雷先生老是说,练琴不能过度,一定要注意休养调整。要是练得太猛,

容易变成一个机械的工匠,反而会影响自己的灵气和状态。(背景知识:傅雷对练习的观点)

斯诺(高兴):傅先生说得太有道理了,这番话一定要说给那些特别爱布置作业的老师们听呀!

长妈妈:哦,对了,过会儿进了门,请您走路时要当心些,因为我们家里养了几只可爱的小仓鼠当宠物,可千万别踩到它们哦!

(开门,两只小仓鼠闪过,长妈妈温柔地抚摸它们,念念有词)

(背景知识:在《朝花夕拾》中,长妈妈踩死了鲁迅喜爱的老鼠)

长妈妈:斯诺,你先坐一会儿,我去看一下傅聪起床了没有。

斯诺(坐下):好的。

(傅雷上场)

傅雷:你就是傅聪的外国记者朋友斯诺吧?

斯诺:哦,您就是傅先生吧?我听说您是一位了不起的翻译家。

傅雷:您过奖了。小儿傅聪马上要去欧洲巡回演出了,能和你这位外国朋友多交流,也让我放心一点儿。

斯诺:我只知道傅聪在学钢琴,还不知道他才十几岁的年纪,竟已经能够在欧洲巡回演出了!

傅雷:是啊,傅聪在国内获得了许多钢琴比赛的大奖,所以这一次准备将中国的传统曲目带去欧洲。巡回演出是一个很好的向世界宣传我们中国传统文化的机会。过去几十年,我们都在不断学习西方的技术和文化;现在啊,我们强大了,也要让西方欣赏一下我们的文化。(背景知识:《傅雷家书》中,傅聪到波兰是学习钢琴的)

(斯诺点头,长妈妈走了出来)

傅雷:傅聪还没起床?

长妈妈:可不是,睡得正熟,趴手趴脚的,整一个"大"字型。(背景知识:在《朝花夕拾》里,睡成"大"字型的是长妈妈自己)

傅雷:这家伙,真是不让我放心。看来他到了欧洲以后,我和他母亲也得时时提醒他生活起居才行。不过好在现在通讯工具发达了。只要我发个微信视频过去,就能检查他有没有好好吃饭、按时休息。哦,不对,我不能用微信,我要用钉钉。微信可以假装没收到,钉钉有已读功能,他就不能假装没收到,忽略我的信息了。(背景知识:《傅

雷家书》中,傅雷多次责怪傅聪不及时回信)

(傅聪此时走了出来)

傅聪: 天啊,老爸,你这也太绝了!

傅雷: 你这孩子,我平时怎么教导你礼节的。家里来了客人,还是你的网友,快和别人打招呼啊!

(傅聪注意到了斯诺,高兴地迎上去握手)

傅聪: 斯诺,你就是斯诺! 嘿,我总算见到你了。

斯诺: 傅聪,原来你是个能把中国乐曲带去欧洲的天才钢琴家,我之前都还不知道呢!

傅聪: 你来了可就好了,我马上要去欧洲了,特别紧张,我的英语还没练好呢。咱们接下来就说英语吧,我临时抱抱佛脚!

傅雷: 说到练习英语,老爸我之前不知道你有美国好友要来,倒是另外做了安排,给你找了个家庭教师。话说,她就快到了……

(傅雷话音未落,门铃响了。长妈妈打开了门,一个金发女子走了进来)

简·爱: 你好,这是傅雷先生家吗? 我是Teacher直聘上您联系的英语家庭教师,简·爱。

(背景知识:《简·爱》中,简·爱也是自己主动登报纸广告找工作的)

傅雷: 你好你好,爱老师,快请进。

傅聪: 什么? 老爸,你给我请了个英语家教? 你知不知道,国家已经"双减"了,请家教上门可是违法行为! 你胆子也忒大了!(气愤地转身回房)

傅雷: 胡说八道,"双减"减的是小学生和初中生,你个大学生减什么? 再说了,给你补英语又不是为了考试,是为了让你在欧洲演出时别出洋相,给咱们中国人丢脸! 不好意思,爱老师,让您见笑了!

简·爱: 没事没事。

(傅雷去敲门劝傅聪)

斯诺: 爱老师,您是从英国来的?

简·爱: 是的,我在英国的时候也是做家庭教师的。

斯诺: 那您怎么会到中国来当老师呢?

简·爱: 因为我觉得上海的教育特别厉害! 我发现我们的英国学校里,竟然已经开始用上海出版的数学教辅《一课一练》了。而且,上海在 PISA 考试中可是名列前茅的水平。我想来看一看这里的教育是怎么样的。

斯诺:原来这里的教育这么厉害!

简·爱:还没请问您的名字?您为什么会来到中国呢?

斯诺:我的名字叫斯诺,我正在修一门新闻学的课程。我的同学看了鱼龙混杂的媒体报道,对中国有着各种各样、千奇百怪的看法。而我不太相信那些媒体的一面之词,我要做一名真正的记者,用自己的眼睛看一看今天的中国。所以,我想尽可能多认识不同状态的中国人。

简·爱:哇,那真了不起。新媒体时代,要知道真相可是特别不容易。你要到哪里去找各种中国人的代表呢?

斯诺:是啊……

长妈妈:我倒是可以给你推荐一个人。他认识的人可多了!我的工作,祥子的工作,都是他给介绍的。

斯诺:太好了,长妈妈。他是谁?

长妈妈:他啊,江湖人称"及时雨"——宋江。

(共四幕,三、四幕略)

第四节 语文跨学科文化主题学习策略

《义务教育课程方案(2022年版)》要求各学科"开展跨学科主题教学,强化课程协同育人功能……原则上,各门课程用不少于 10% 的课时设计跨学科主题学习"[1]。便于综合课程知识和能力统筹设计,为学生提供综合运用跨学科知识的实践机会,培育文化基础、自主发展、社会参与的核心素养。跨学科主题学习为培育中国学生核心素养构建了基于学校课程的实施平台。它也是国际上教育发达国家核心素养培育方式

---

[1] 中华人民共和国教育部. 义务教育课程方案(2022年版)[M]. 北京:北京师范大学出版社,2022:2—11.

的共同举措。

一、跨学科主题学习概述

(一) 跨学科主题学习的含义

1. 跨学科主题学习

所谓的跨学科主题学习是以学科核心知识和思想方法为主干,运用和整合其他学科的相关知识和方法,围绕一个中心主题、任务、项目或问题,开展综合性学习活动,发展学生的跨学科核心素养。①

跨学科主题学习强调整合两种及以上学科内容,进行教学活动安排。该教学活动具有综合性、实践性、探究性、开放性、操作性等特点。

2. 语文跨学科主题学习

语文跨学科主题学习强调,整合的两种及以上学科内容中,必须以语文学科知识和语言思维方法为主,如阅读、写作、听和说。

3. 跨学科的中华文化主题学习

跨学科的中华文化主题学习强调,整合的两种及以上学科内容要聚焦优秀传统文化、革命文化和社会主义先进文化主题,开展综合性学习活动。

(二) 跨学科主题学习的特点

加强课程综合、注重关联是跨学科主题学习的基本原则;作为课程综合和课程协同育人的重要载体是其课程板块的属性;以学科内容,尤其是学科核心知识和思想方法为主干,运用和整合其他学科的相关知识和方法,围绕一个中心主题、任务、项目或问题,开展综合性学习活动是其基本要求;以学习任务驱动,运用探究性、项目化、问题解决等综合教学方式是其特征。

(三) 跨学科主题教学思路

跨学科主题教学往往借助单元教学的设计思路,一般由六个步骤组成:确定学习主题、明确学习目标、设计评价要求、安排学习任务、推进学习过程、促进分享与反思,见图6-5。

---

① 吴刚平.跨学科主题学习的意义与设计思路[J].课程·教材·教法,2022(9):53.

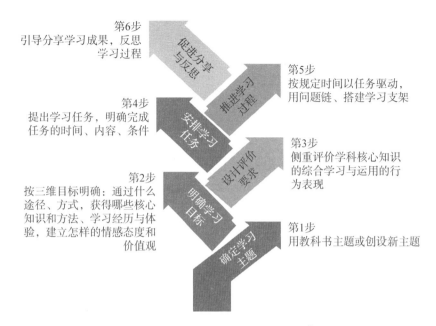

图6-5 跨学科主题学习设计思路①

第1步,确定中华文化学习主题。教学团队依据同一年级多个学科的教科书,寻找相同或相近的文化学习主题,讨论、确定跨学科综合学习的主题。该主题可以是某一学科教科书上已有的主题,也可以是综合多个学科教科书内容、学生学情、教学资源,重新设计新的文化学习主题。

第2步,明确中华文化学习目标。按照知识与技能、过程与方法、情感态度价值观"三个维度"梳理、明确和呈现文化学习目标:本次跨学科主题学习活动是通过什么途径、方式;学生获得了哪些学科、什么核心知识和方法的综合运用;将获得哪些综合性学习经历;体验怎样的中华文化情感、态度和价值观。

第3步,设计中华文化学习评价要求。依据学习目标、运用表现性评价等方式,体现中国学生核心素养要素;侧重所涉及的多个学科核心知识、方法的综合运用。

第4步,安排学习任务。明确完成学习任务的时间、内容和条件。

第5步,推进学习过程。按规定的时间有序推进学习进程,适时呈现任务驱动、运

---

① 参照吴刚平.学科主题学习的意义与设计思路[J].课程·教材·教法,2022(9):54—55.

用问题链、搭建学习支架,帮助全体学生经历学习过程。

第6步,促进分享与反思。引导全体学生以个人或小组合作的形式,分享文化学习的成果;按照预设要求开展多元评价,进而反思个人或小组的学习得失。

二、跨学科主题学习环境建设

跨学科主题学习会涉及多门学科的知识,需要学生通过独立学习或者小组探究的方式,综合运用所学知识和方法来解决问题。因此便于学生合作交流的、宽敞的教学环境——学习中心,是重要的物质基础。

(一) 学习中心及设计依据

学习中心(learning centers)是一个实体空间,在这个空间里学习材料和组织教学都无需教师始终在场并作指导。学生可以和学习材料相互作用,和其他同学相互作用来展开学习活动。教师根据学生的需求设计各学习中心的活动。[①] 国际上相关的、可替用的术语有:兴趣中心(interest centers)、学习站(learning stations)、活动区域(activity areas)、自由选择区域(free-choice areas)、小隔间(booths)、强化中心(enrichment centers)。

我们在上海市杨浦小学的一个90多平方的教室里进行了语文学习环境的重构:基于学生学习的视域,将课堂划分为两大区域:全班教学区域、学习中心区域。以霍华德·加德纳(Howard Gardner)的多元智能理论(Theory of Multiple Intelligences)、语文校本课程"梦想的乐园"的内容为依据,将学习中心区域再分出六个学习区域,见图6-6。图中两扇门之间和前面的空地为全班教学区域,其余色块为六个中心学习区域。

语文学习中心内区域数量是依据学生多元智能的差异,跨学科课程学习方式的不同来决定的。课堂区域名称则和跨学科学习主题、校本课程内容如阅读活动相关。该校语文学习中心内六个区域名称为:阅读中心、写作中心、媒体中心、发现中心、表演中心、艺术中心。

---

① Janice Pattillo, Elizabeth Vawghan. Learning Centers for Child Classrooms [M]. National Education Association of United States, 1992:11.

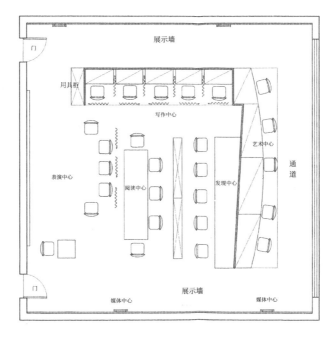

图 6-6 语文学习中心课堂

学习中心的预设功能有两个,一是让学生运用智能强项完成富有挑战性的学习任务;二是促进学生弱项智能的发展。

【专栏 6-3】

多元智能理论

1983 年,美国心理学家、哈佛大学教授霍华德·加德纳(Howard Gardner)在《智能的结构》(*Frames of Mind*)一书中提出多元智能理论(Theory of Multiple Intelligences,简称 MI)。1999 年他又出版了《重构多元智能》(*Intelligence Reframed*),对多元智能理论做了进一步的补充。他认为:所谓的智能就是在真实生活中解决问题的能力;提出新问题的能力;在自属文化领域中生产有价值的成果或提供有价值的服务的能力。加德纳因多元智能理论及其在教育情境中的运用而闻名。

（一）主要观点

加德纳认为，学生的智能差异指向于每个学生智力强项的不同，每个学生多元智能组合的不同，最终表现出个体间的智力差异。每个学生都或多或少拥有不同的八种多元智力。

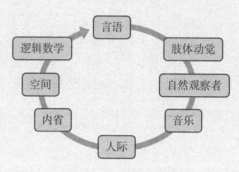

图 6-7　多元智能图

1. 言语智能（verbal/linguistic intelligence）

言语智能指人对语言文字的掌握和灵活运用的能力，表现为能顺利而有效地利用语言描述事件、表达思想并与他人交流。语言智能占优势的人如诗人、记者，通常喜欢玩语言游戏，可以一连数小时地阅读，倾向于听、说、读、写。

2. 逻辑数学智能（logical/mathematical intelligence）

逻辑数学智能指对逻辑结构关系的理解、推理、思维表达能力，主要表现为个人对事物间各种关系，如类比、对比、因果和逻辑等关系的敏感以及通过数理进行运算和逻辑推理等。逻辑数学智能占优势的人如科学家、数学家，通常以概念和问题为中心进行思考，并且喜欢把观点付之以实验。

3. 视觉空间智能（visual/ spatial intelligence）

视觉空间智能指在脑中形成一个外部空间世界的模式并能够运用和操作这一模式的能力，即一种很强的观察、创造、再现图片和影像的能力。视觉空间智能占优势的人如航海家、画家、设计师，常常以图、表、影像的形式呈现自己的观点，也常常将文字、感想转换为心理图像。他们擅长形象思维，有敏锐的定位感和方向感。

4. 音乐智能(musical/rhythmic intelligence)

音乐智能指个人对音乐感知、欣赏、表达的能力,表现为个人对节奏、音调、音色和旋律的敏感,以及通过作曲、演奏、歌唱等形式来表达自己的思想或情感。音乐智能占优势的人如作曲家、歌手,对各种非语言的声音、日常噪声的节奏很敏感。

5. 肢体动觉智能(bodily/kinesthetic intelligence)

身体动觉智能指人的身体的协调、平衡能力和运动的力量、速度、灵活性等,表现为用身体表达思想、情感的能力和动手的能力。肢体动觉智能占优势的人如运动员、舞蹈演员,通过做、运动和表演而达到最好的学习效果。

6. 人际智能(interpersonal intelligence)

人际智能指理解他人的能力,即对他人的表情、说话、手势动作的敏感程度,以及对此做出有效反应的能力。人际智能占优势的人如销售代表、营业员,知道如何体会他人的性情并作出相应的反应,擅长与人合作。

7. 内省智能(introspection intelligence)

内省智能指个体认识、洞察和反省自身的能力,表现为个人能较好地意识和评价自己的动机、情绪、个性等,并且有意识地运用这些信息去调适自己生活的能力,也称为内省智能。内省智能占优势的人注重内在感受,能形成现实的目标和自我概念。

8. 自然观察者智能(naturalist intelligence)

自然观察者智能指的是观察自然界各种形态,对各种物体进行辨认和分类的能力。即人们辨别生物(植物和动物)以及对自然世界(云朵、石头等的形状)的其他特征敏感的能力。自然观察者智能占优势的人如地理学家、探险家,喜欢户外活动并关注生态环境中的规律、特征或反常现象,并据此对自然界生物进行分类和归纳。

加德纳在《智能重构》一书中最新提出第九种智能:存在智能(existential intelligence)。存在智能指的是善于发现生命的意义,思考有关生与死、身体与心理世界的最终命运等,而且能理解有关人存在的基本问题。因为该智能几乎满足了指标体系,所以被戏称为"第八种半智能"。

加德纳强调所有的人都具有八种智能,我们会在不同的情境下运用不同的智能,则每一种智能都可以发展。但是,在实际生活中没有哪种智能可以单独存在,各种智能往往以错综复杂的方式相互交织在一起,共同发挥作用。而且,大多数人只在一两种智能上表现得特别出色。不同智能组合是人与人之间存在差异的主要根源,学生各种智能成分以不同的方式组合在一起,就形成了智能结构上的差异。

(二)语文教学启示

多元智能理论有助于我们认识学生在语文学习中所表现出的巨大差异,并加以客观归因:言语智能强弱与学生语文学科的学业成就存在一定的相关性。教师可以利用学生的智能强项来鼓励、促进学生的语文学习。

多元智能理论不是基于科学实验,而是汲取现代研究方法所取得的研究成果。根据一定的个案和假说,其合理性虽得到一定的验证,但也存在弊端。如智能、能力概念界定二者交叉,存在逻辑错误;多元智能分类也存在交叉;误将动作当做智能等。

(摘编自董蓓菲.语文教学心理学[M].上海教育出版社,2023:59—61.)

(二) 小学学习中心环境布置

学习中心内全班教学区、学习中心区域都配置了必备的教学用具。

1. 教师工作区

在媒体中心旁预留教师工作区域,放有橱柜、工作台、挂钟,便于教师准备和放取教学资料、学生文件夹。

2. 全班教学区域

教室正前方留有空地,放有坐垫,便于全班教学时学生可以席地而坐;撤去坐垫后的空地可供学生分享学习成果。

3. 学习中心各区域标示

用塑板贴挂在各中心醒目位置,上面写有"X中心",并在标牌上留出空间。

4. 学习中心配置

桌椅、课堂学习资料(如学习中心任务单、活动资料、工具书、书籍)、读秒的小闹钟、文具。此外,各中心因学习要求差异而有所区别,见图6-8。

(1) 媒体中心

耳机、电脑、USB、计时器、文具等。

(2) 写作中心

iPad、白板、纸张、橡皮、尺、词典、图书等。

图6-8 在学习中心合作学习

(3) 阅读中心(见图6-9)

iPad、需阅读的书籍、字典词典、百科全书、文具等。

(4) 发现中心

iPad、探究的物品、放大镜、指南针、数学计量工具、天平、温度计、模型、智力拼图、手持白板或磁性板等。

(5) 表演中心

iPad、表演所需的器具(如玩具、木偶、面具、服饰、生活场景或生活主题的道具、乐器、节拍器、剧本、保护垫等)。

图6-9 阅读中心区域

(6) 艺术中心

iPad、绘画工具(如画架、隔板、画笔、颜料、荧光笔、水笔、蜡笔、胶水、剪刀、订书机)、纸张、小制作工具、拼贴资料、参考绘画书籍等。

(三) 学习中心各区域的功能及运作

1. 学习中心各区域的功能

在设计各学习中心区域任务时,学习内容和学习目标是一致的,但是完成任务的方法和途径会兼顾并侧重该区域的智能特点。如阅读中心区域的任务会侧重阅读和理解。

(1) 媒体中心区域:学习任务设计聚焦信息检索和积累、多媒体视听和数字化展示,并因此发展上述能力。如上网查找作者及作品背景资料。

（2）阅读中心区域:学习任务设计聚焦纸质和数字文本阅读、理解,并因此发展阅读和理解能力。如推荐一首喜欢的古诗句,并说明理由。

（3）写作中心区域:学习任务设计聚焦书面语言表达能力,包括纸质和数字文本,并因此发展书面表达能力。如仿照古诗绝句,写一句诗。

（4）发现中心区域:学习任务设计聚焦激发好奇心,鼓励探究与发现,以及学会解决问题,并因此发展上述能力。如运用五言绝句押韵的规律,给一首古诗排序。

（5）表演中心区域:学习任务设计聚焦角色扮演,口语表达,并因此发展形象思维、语言表达技能和社会情感技能。如用肢体动作表达某一诗句的含义。

（6）艺术中心区域:学习任务设计聚焦音乐的唱和跳,美术的绘画和设计,并因此发展艺术表达和创作技能。如读古诗配插图,画诗中的人像、衣着或景物。或为古诗配上合适的背景音乐并吟诵。

2. 学习中心区域的运作

学生进入六个学习中心区域后,除了教师进行全班教学,大部分的时间会在合作学习小组内,按照任务单的要求,有序开展学习活动。期间,教师巡视给予各中心区域必要的帮助,对少数滞后的学生进行个别辅导。这样的学习中心设计,旨在基于学习环境,给予学生自主管理、社会参与的时间和空间,促进中小学生核心素养及学科核心素养的养成。

学习中心是一个经过功能性、社会性处理的三维物质环境,这个特殊的教室空间可分为三个部分:教学设施、生理环境、空间布局。学习中心是一个优化的学习空间,其精髓就是建构学习空间与学生学习,以及教学活动的亲和性,在有限的时空内更有效地组织语文跨学科主题学习活动。这项研究的主旨是从学习的视域——学生多元智能的差异,创设并发挥教学环境的优势;为每个学生提供适切的学习机会,提高全班学生的跨学科主题学习参与率,让每一个学生体会综合运用知识解决问题的过程,从而体验学习成功的乐趣。这个物质环境的设计体现了尊重个性差异、实践教学过程公平的文化观。

【专栏 6-4】

学习中心教师手记

基于学习中心的教学,需要培养学生个体和合作学习小组,拥有学习中心常规学习意识和自主合作学习能力。下面有关学生培养的内容,摘自上海市杨浦小学蔡霞老师的教学札记。

【第 1 篇】

今天我用了 1 节课的时间,进行合作学习小组的建设。具体包括如下步骤:

1. 按平时观察、运用多元智能理论的个别分析,将学生进行 3—4 人的同质智能分组,形成学习中心小组;

2. 选定识字量较大,有一定管理能力的同学,担任中心主持人;

3. 由组长带领组员讨论,为自己的小组命名,产生了小海螺、小海星、小海马、小海龟、小海豚、小白鲸六个小组。

学生很兴奋,他们知道有个神秘的地方,叫学习中心。他们期待着进入学习中心学习的那一天。

【第 2 篇】

昨天利用周末,我构想了学习中心所需标牌、表格、配置物品。今天经赵校长的"神笔",突增美感,而且运用了软木板这种材质,也便于学生张贴签到卡。

1. 学习中心标牌

2. 学习中心记录卡

3. 学习中心签到表

4. 学习中心配置物品:计时器、学习中心守则、学习用具、播放机等

【第3篇】

今天利用午休时间对各学习中心的主持人进行培训。

1. 指挥组员阅读、讨论,组织汇报员进行汇报。

2. 培训使用"学习中心记录卡"和"学习中心签到表"。

3. 指导阅读"学习中心任务单"。

4. 赋予评价组员的权利,每次学习中心活动结束以后,推选认真参与的组员2名,发放奖券。

【第4篇】

今天,第一次带领学生进入新的教学环境——学习中心,目标是:认识六个中心;掌握进入中心学习的常规要求;按照中心任务单,观察中心内的物品,并做好记录。在学生好奇之余我开始了培训。

1. 领取坐垫进入全班教学区域,以主持人为排头坐成六排。
2. 在主持人带领下进入学习中心区域,完成签到。
3. 在主持人带领下阅读"学习中心任务单",并完成任务。

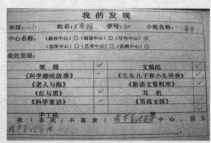

学生有点儿散,但很快乐。不过也发现了不少问题。

1. 进入各学习中心后,部分主持人只顾自己,或只知道和身边的某一位同学一起完成学习任务,没有带领其他组员。
2. 中心任务单的表述要修改,用词需浅显,不然一年级下的学生在阅读理解方面有困难。
3. 从全班教学区域进入学习中心区域,学生还不熟练。有部分学生会离开自己的中心去别的中心"打酱油"。
4. 教师要限定时间完成学习中心任务,各中心要配置一个定时器,以养成学生的时间观念。

三、跨学科主题学习中的合作教学

在西方跨学科主题学习中,教师为了满足每一个学生的需求和发展,会提供多种不同的学习活动,设计不同的学习要求、评估方式供学生个人或学生小组选择。师师合作教学成为跨学科主题学习中最常用的教学方法。

(一) 合作教学的内涵

合作教学(co-teaching)是指两个或两个以上的教师共同承担责任,对教室里的部分或全部学生实施教学,包括教学设计、教学指导和教学评估的责任分配。① 在英国,合作教学常被喻为"婚姻",合作的教师必须建立信任、努力沟通、分担班务,创造性地合作以面对挑战、预测冲突,并用建设性的方式处理一切工作。在国内,"co-teaching"也译成共同教学、双师教学。见图 6-10。

图 6-10　两位教师的合作教学(女教师在教室最后、男教师在右侧窗前)

合作教学不是针对同一个班级的学生,一位教师教一门课,另外一位教师教另外一门课;不是一位教师在下面批改作业或复印材料,另一位教师在讲台上上课;不是一位教师在上课,其他教师或志愿者在旁边观看;不是一位老教师带着一位新教师,老教师在教什么、怎么教的问题上占主导地位。合作教学是 21 世纪创新性教学实践中的一个概念。

(二) 合作教学的构成要素

合作教学可以是两个以上的教师构成,也可以是一个团队成员组成。合作教学由五大要素构成。见图 6-11。

---

① Richard A. Villa, Jacqueline S. Thousand, Ann I. Nevin. A guide to co-teaching: practical tips for facilitating student learning [M]. Corwin Press, 2008:5.

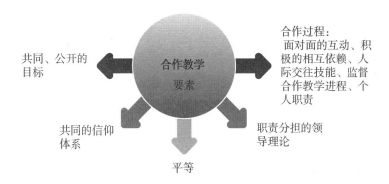

图 6-11 合作教学的五大构成要素

1. 共同、公开的目标(common, publicly agreed-on goal)

合作教师要协调工作以达成至少一个共同的、公开认同的目标。许多合作教学的教师,在教学的一开始就达成了协议——作为一个团队,来共同完成一项教学任务。随着时间的推移,他们发现自己独特的专业知识、技能和教学资源,需要更多的时间、更正式的合作教学任务。

2. 共同的信仰体系(shared belief system)

合作教学团队成员拥有共同的教育信仰体系——教育理念,有独特的和必需的专业知识。合作教学教师发现,这样的教与学都更有效。因为不同学科的教师拥有不同的知识、技能和教学资源,可以相互学习;可以共同来讨论教与学的结果。

3. 平等(parity)

团队成员是平等的,要交替承担参与教师和学习者、专家和新手、知识或技能的给予者和接受者的双重角色。当合作教师意识到,自己作为团队成员、自己的贡献受到重视,这就是平等。尊重合作教学团队的每个成员,是实现平等的关键。团队成员要发展这样一种能力:考虑知识、技能、态度或立场的差异,自由地交流自己的想法和自由关注的能力。在征求意见或对合作教师提出建议的时候,要特别注意避免因团队成员的职位、培训或经验的原因造成成员地位的不平等。若辅助专业人员能使用他自己独特的知识,与教师一起开发课程,说明教师和辅助专业人员之间是平等的。相反,当辅助人员总是模仿教师演示教学过程,教师总是处于专家地位,两者就是不平等的。合作教学团队的每个成员都应该为合作教学课程提供指导,以便学生获得预期的收益。

4. 职责分担的领导理论(distributed functions theory of leadership)

运用职责分担的领导理论,把传统、单一的教师教学任务分配给团队所有成员。教师在交流的过程当中这样说:"我做了一名教师该做的一切,只是现在有两个或更多的人在做。"从这位教师的话语中可以发现,他含蓄地表达了合作教学必须取得教师同意,重新分配他们的课堂领导和决策责任。这种角色再分配现象,就是把传统、单一的教师职责分配给团队成员。这被称为"职责分担的领导理论"。在每节课前、课中和课后,合作教师都有一些必须承担的职责,必须决定何时、如何做的教学工作。

5. 合作过程(corporate process)

在合作教学中,有五个元素可以促进团队成员的合作过程:面对面的互动(face-to-face interactions)、积极的相互依赖(positive interdependence)、人际交往技能(interpersonal skills)、监督合作教学进程(monitoring co- teaching progress)和个人职责(individual accountability)。

(1) 面对面的互动。对合作教师而言,面对面的交流互动是一个重要的因素。合作教师需要面对面的交流来决定何时开会、隔多久开一次会;要决定何时让其他人(如家长、专家、辅助专业人员、心理学家)参与进来;要决定在没有安排会议时,怎么来交换意见(如利用交流日志、教室布告栏上的便利贴)等。

(2) 积极的相互依赖。积极的相互依赖是合作教学的核心。在21世纪的教室里,没有任何一个教师能够绝对有效地满足不同学生群体的不同心理、学习需求。合作教学教师创造了这样一种认知:他们对所有学生的学习负有同样的责任;他们可以通过汇集不同的知识、技能和物质资源,最好地履行自己的责任。为了建立积极的相互依赖的关系,他们可以建立一个共同目标、分工教学、并设计成功的奖励。

(3) 人际交往技能。人际交往技能包括口头和非口头成分的信任、建立信任、冲突管理和创造性解决问题。这种社会互动技能是实现领导职责分担所必需的,也是为了确保没有一个学生被忽视。个别的合作教师会发现,他们的人际交往技能不在同一个水平上,该技能取决于他们的已有训练、个性风格和沟通偏好。有效的合作教师的伙伴关系会相互鼓励、相互反馈。

(4) 监督合作教学进程。监督是指经常性地汇报合作教学的过程、成功和面临的挑战。合作教师相互检查,以确定:

- 学生是否达成了课程学习目标;

- 合作教师之间是否沟通良好；
- 是否需要调整学习活动。

可以用非常简单或比较复杂的方法进行监督。如有的合作教师依据一张职责清单，互相检查。清单上列出的是他们商定的、彼此应承担的职责。有的合作教师会在学生每天休息时，安排一个约15分钟的短会，从目标、沟通技巧、需调整的活动三个方面监控教学进程。当然，合作教学团队成员也可以轮流分享收获的成果；报告自己对课程作出的贡献；并就需改进的地方提出建议。

（5）个人职责。个人职责是合作教学的引擎。合作教学的有效性，是基于每位合作教学的教师实际传授的知识和技能。个人职责是一种承认合作教学教师重要性的形式。合作教学的个人职责，包括花时间评估每个伙伴在面对面的互动、积极的相互依赖、人际交往技能、监督合作教学进程这四方面的个人表现。这么做的目的有三：首先是提高大家对为合作教学作贡献的认识；其次是对合作伙伴作的贡献给予认可；最后是确定合作伙伴是否需要提供帮助。

（三）合作教学的四种方法

合作教学主要有四种方法：支持性教学、平行教学、互补教学和团队教学。① 通常刚开始运用合作教学时，教师们往往会采用支持性教学和平行教学；随着合作教学技能的提升、教师同伴关系的加强，教师们会采用互补教学、团队教学。

1. 支持性教学

支持性教学（supportive teaching）是指一名教师承担引领全班教学的角色，另一名教师扮演支持者角色，在学生间走动，随时提供帮助。他和学生一起学习，随时注意观察、倾听，必要时提供一对一的辅导，见图6-12。前者掌控课程内容，后者掌控教学过程。

图6-12 支持性教学

---

① Jacqueline S. Thousand, Richard A. Villa, Ann I. Nevin. Differentiating Instruction: Collaborative Planning and Teaching for Universally Designed Learning [M]. Crown Press, 2007:123-126.

2. 平行教学

平行教学(parallel teaching)是指两个或两个以上的教师,在教室的不同区域、教学不同的学生小组。但每位教师都要对全班学生负责。合作教师共有8种途径实施平行教学法。

(1) 分开授课。每位合作教师负责一个指定的学生群体,具体包括监督学生以确保理解课程内容,为该群体每个学生提供指导,或在必要的时候为学生小组重新讲一遍。

(2) 学习站或学习中心。每位合作教师负责组建、指导和监督一个或多个学习站/学习中心。

(3) 合作教师轮转。合作教学教师在两组或两组以上的学生之间轮转,分别为每组学生讲授相同的课程内容。

(4) 合作教师讲授课程的不同部分。类似于学习站教学,不过是教师从一个学习站轮换到另一个学习站,而不是学生从一个学习站走到另一个学习站。

(5) 合作小组监督。每一位合作教学教师负责组织、监督一个或多个合作学习小组,并向合作学习小组的学生提供学习反馈。

(6) 实验或实验室监督。每位合作教学教师都要监督和辅助一定数量的实验小组,为需要额外支持的小组提供帮助和辅导。

(7) 聚焦一种学习风格。学生依据学习风格建组,一位合作教学教师用视觉策略为视觉优势的一组学生上课;另一位用听觉策略给听觉优势的一组学生上课;第三位用动觉策略给动觉优势的一组学生上课。

(8) 互补指导。合作教学的一名教师和班上大多数学生一起学习概念、技能或完成作业。另一名教师:

- 指导学生将所学的技能运用或推广到相关的社区环境中;
- 为自我认定或教师认定的、需要额外帮助的学生提供指导;
- 提供更高级、更丰富的思维活动。

3. 互补教学

互补教学(complementary teaching)是指两位教师同时承担班级教学责任。当一位教师采取某项措施开展教学时,另一位教师进行强化教学。如一位教师预教某项合作小组学习技能,另一位教师督促学生小组运用这个技能;一位教师在做讲座,另一位教师在PPT或黑板上进行陈述、解释、示范、做笔记;一位教师讲授课程内容,另一位教师明确、简化课程内容。两位教师通常不是同一领域的教师。在中学阶段,这种方法常常会出现一个问题:在合作教学中不是本学科领域的教师,对内容的掌握程度远不如本学科教师。但这不一定是缺点,通过共同设计和教学,可以使团队成员都有机会获得新技能。

4. 团队教学

团队教学(team teaching)是指两个或更多的人做传统教师做的事:计划、教学、评估,并承担全班教学的责任。如一位教师演示科学实验的步骤,另一位教师建模记录,解释实验结果。学生可以感受每位教师的教学优势和专长。

【专栏6-5】

合作教学案例①

巴托洛女士是英国的一位中级辅助教师,她与两位中级英语教师:科尔女士、芬妮女士实施合作教学。科尔的语文课将组织学生阅读赫尔曼·黑塞(Hermann Hesse)最经典的长篇小说《悉达多》(Siddhartha)。为了使学生在阅读小说之前,能获取更多的小说主题背景知识,科尔让学生从8个相关主题中选择一个,分组开展阅读并成为该主题专家。8个主题是:赫尔曼·黑塞、佛教的起源、佛教的实践和信仰、印度教的起源、印度教的实践和信仰、种姓制度、启蒙和涅槃、禁欲主义。在成为该主题专家以后,要把他们学到的专家内容传授给全班同学。

巴托洛女士听说科尔要组织学生阅读《悉达多》,兴奋极了。因为赫尔曼·黑塞是她学生时代最喜欢的作家之一,她的舅妈是一位来自柬埔寨的佛教徒。巴托洛研究过佛教,还和舅妈一起参加过许多寺庙的活动和仪式。当科尔和芬妮了解到巴托洛的兴趣和她对佛教的体验以后,他们商量决定将学生分成两组,运用平行教学法开展合作教学。

---

① Ann I. Nevin, Richard A. Villa, Jacqueline S. Thousand. A guide to co-teaching with paraeducators : practical tips for K-12 educators [M]. Corwin Press, 2009:67-68.

  课一开始,他们用 10—15 分钟的时间做演讲,分享他们所知道的知识。巴托洛的主要任务是与三个专家组一起研究赫尔曼·黑塞的传记、佛教的起源以及佛教的实践和信仰。芬妮承担了其他五个专家组的教学指导工作。芬妮先介绍了主题和专家组的活动,巴托洛在学生之间走动,以支持者的角色参与教学,监督学生在语言艺术期刊中记录相关的信息。当巴托洛在交互式白板上记录芬妮解释的一些关键点时,巴特洛是以补充的角色参与教学。她转述科尔有关八个主题的陈述,记录关于评分标准的解释,用于评估学生专家组在课堂上的陈述。

  在介绍和问答之后,学生自行选择主题并进入专家小组。10 分钟后巴托洛和芬妮在小组间走动,监督学生制定工作计划;确定小组成员、收集和展示信息的作用、视觉辅助工具的使用;在小组展示期间,何时让全班同学参与到活动中。这些计划草案必须和科尔女士交流,并最终获得她的批准。

(四) 在跨学科主题学习中的运用

  随着我国跨学科主题学习的实施,师师合作教学成为教师不可或缺的专业素养。英国的师师合作教学原理与实施经验积淀颇丰,他们课堂里的辅助人员不一定是专业教师,可能只是志愿者、家长。但是教师和辅助人员对个性化学习理念的把握、实施是值得我们借鉴的:个性化学习不是让学生用自己最慢的速度学习,或者返回到儿童中心式的教育。而是通过师师动态教学、评估体系、弹性课程、学习环境、网络支持、个性化内容以及反馈体系等要素的构建,来满足不同学生的学习需求。

  合作教学是教师实施跨学科主题学习的教学技能。合作教学团队的教师要协调彼此的学科教学工作以达成共同的跨学科教学目标。他们运用自己的学科专业知识、技能和教学资源,花费更多的时间,相互学习,合作完成教学任务。如在备课时,不同学科的教师要反复确认其他学科的知识,教学设计时确保多门学科知识在逻辑上的贯通;要就教学时间、场地、职责进行沟通、协商。在教学实施时,每位合作教学的教师负责一个指定的学生群体,包括引导学生理解文化学习内容,为每组学生提供必要的引导、辅导。确保每一名学生参与并分享跨学科文化主题学习的成果。

四、跨学科主题学习方案

就像语文教学设计一样,在开展跨学科主题学习活动之前,我们要做个方案。

(一) 跨学科主题学习方案构成

通常语文跨学科文化主题学习可以将语文教科书作为凭借,挖掘、筛选并确定跨学科文化学习主题。或者以社会热点话题作为主题,设计学习方案。一份完整的"跨学科文化主题学习方案"由六个部分组成。它们包括:基本信息(如主题、学生所在年级和学期),涉及学科及相关的知识点,学习目标及学习轨迹(学生跨学科主题学习历程),个人和小组的学习成果形式,个人和小组的学习成果评价清单,学习过程及课时安排。见表6-3。

表6-3 跨学科文化主题学习方案

跨学科文化主题		年级/学期	
学科及知识点	学科/年级	教材单元	知识点
学习目标及学习轨迹	【学习目标】 1. 2. 3.		
	【学习轨迹】		

续　表

成果形式	个人	
	小组	
评价清单	个人	在方格内打√ □ □
	小组	在方格内打√ □ □ □
学习过程及课时安排		

(二) 跨学科主题学习方案设计要素

1. 跨学科主题学习目标

跨学科主题学习涉及两门及以上的学科知识。不同学科教师需依据本学科教科书文化教学资源和涉及的学科知识与方法,通过沟通确定跨学科的共通知识与方法。然后,结合多门学科各自的文化学习目标,确定跨学科的中华文化主题学习目标。

2. 跨学科主题学习内容

在设计跨学科文化主题学习内容时,不同学科的教师需先统整文化教学内容,再进行跨学科衔接,以确保学生在同一文化主题中所习得的不同学科知识具有一致性、完整性、合逻辑性,便于学生运用和迁移相关知识。多门学科知识内容、学习方式应彼此相互衔接、渗透,真正打破学科壁垒。

值得关注的是,某些文化主题的相关知识内容在不同学科教科书上的表述存在一定的差异性。合作教学团队的教师不必刻意回避,而应将差异作为一种教学资源加以利用——引导学生进行差异比较、开展深度探索和广度探索,提升学生的思辨能力以及问题解决的能力。

3. 跨学科主题学习轨迹

合作教学团队的教师要协调彼此的学科教学工作以达成共同的跨学科文化主题教学目标。他们运用自己的学科专业知识、技能和教学资源,花费更多的时间相互学习,合作完成教学任务。浓缩学生跨学科学习历程的"学习轨迹",是合作教学团队成员协同教研的重要支架。

4. 跨学科主题学习形式

合作学习小组是跨学科主题学习的基本组织形式,教师可根据学习需求,引导学生建立同质、异质小组。同质小组是由某一特质相同的学生在一起建立的小组。组内学生因有共同的学习热情,更利于学习目标的达成。座位前后四人形成的是异质小组,他们虽然兴趣、能力、性格各不相同,但这样建组更便捷、更快速。如何选用同质、异质小组,其依据有二:学生的学习需求,文化学习目标的达成。个人独立学习与小组合作学习都是跨学科主题学习必不可少的学习形式。

5. 跨学科主题学习评价

跨学科主题学习评价方法是多元的,如档案袋、基于标准设计量规、清单评价。清单(check list)是一种评价支架,即把评价指标按条目列出,让学生核查,用"√""×"的符号填入条目前的方格,进行评价(见表6-3"评价清单")。清单评价可针对学生个体,也可针对学生小组群体。

五、语文跨学科主题学习"走进国粹京剧"

语文教科书中有着较为丰富的文化学习资源,立足语文教科书进行学科统整,开展指向中华文化体验的跨学科主题学习,是中华文化学习的重要策略。

(一) 四年级语文课文《梅兰芳蓄须》

四年级上册第七单元的主题是家国情怀,该单元安排了《古诗三首》《为中华之崛起而读书》《梅兰芳蓄须》《延安,我把你追寻》四篇课文。

《梅兰芳蓄须》叙述了抗日战争时期,享誉世界的京剧表演艺术家梅兰芳先生,为了拒绝给日本人演戏,他想尽办法,如蓄须以明志,历经危险和困难,反映了他高尚的民族气节。《梅兰芳蓄须》是自读课文,要求学生运用前文学过的、关注主要人物和事件的方法,把握课文的主要内容。

(二) 京剧艺术文化学习设计

1. 学习主题及学科知识

跨学科文化主题		走进国粹京剧	年级/学期	四年级上册
学科及知识点	学科/年级	教材单元	知识点	
	语文　4上	第七单元《梅兰芳蓄须》	1. 关注人物和事件,学习把握文章的主要内容 2. 学习写书信	
	美术　4上	第1课《色彩的冷与暖》	1. 冷色和暖色 2. 理解冷暖色	

2. 学习目标

(1) 以"走进国粹京剧"为主题,开展语文、美术跨学科探究活动。

(2) 基于任务单,小组阅读理解、合作探究京剧艺术知识。

(3) 综合运用语文、美术课程知识和思维方法,认知和体验京剧艺术魅力。

3. 学习空间设置

同济大学附属实验小学将学校图书馆划分为两大区域:全班教学区(见梯形座位、分享区)、五大学习中心区域——艺术中心、表达中心、发现中心、阅读中心、表演中心,见图6-13。五大学习中心是学生进行阅读起步,文化体验的活动区域。

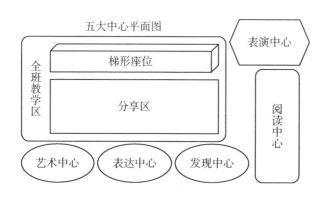

图 6-13　图书馆阅读空间示意图

- 艺术中心：配有绘画、彩笔、手工制作器具，以满足视觉空间智能、音乐智能强的学生，通过绘画、动手制作、歌舞、演奏等艺术化的表现方式，来展现对京剧艺术的学习成果。
- 表达中心：配有书面和口头表达所需要的一系列用具，以满足言语智能强的学生对京剧艺术文化的理解，并以文字或图文结合等方式来展现学习成果。
- 发现中心：配有与动手探究相关的物品，以满足逻辑数学智能强的学生，运用探究的方式展现对京剧艺术文化的理解。
- 阅读中心：配有相关的阅读资料，满足言语智能强的学生通过阅读理解，感受京剧艺术文化的乐趣。
- 表演中心：配有用于京剧表演的头饰、服装、乐器等，满足音乐智能、肢体动觉智能强的学生，以表演的形式呈现出他们对京剧艺术文化的理解。

(三) 学习过程及课时安排

1. 学习轨迹

了解话题⟹学习中心探究⟹分享文化体验学习成果

杨培蓓老师设计的跨学科主题学习"走进国粹京剧"共 2 课时（上海小学每课时 35 分钟），教学分为如下三个环节。

一是了解话题：教师进行全班教学，介绍"走进国粹京剧"学习主题以及有关京剧的背景资料。约 5 分钟。

二是学习中心探究：学生分组进入五大中心（艺术中心、表达中心、发现中心、阅读中心、表演中心），在任务单的引导下，阅读教师提供的纸质或数字视频资料，自主、合作探究学习，完成文化主题的阅读、理解、探究。约 40 分钟。

三是学习成果分享:各小组分享汇报自己的学习成果,小组互评。约25分钟。

学生虽然只是进入并参与一个中心的文化体验学习,但可以通过同伴的分享,获得更丰富的文化体验。

2. 学习中心任务单

(1) 艺术中心

艺术中心任务单

- 自读京剧脸谱资料,圈出脸谱色彩与人物关系的句子。
- 用直线划出不同色彩脸谱代表人物性格的句子。
- 每人选择一个脸谱,根据阅读资料涂色。
- 组内说一说为什么这么涂色。

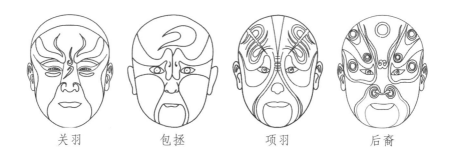

关羽　　包拯　　项羽　　后裔

附[阅读资料]京剧脸谱

脸谱是我国戏曲中特有的化妆艺术,我国戏曲脸谱艺术历史悠久,它的起源与民间风俗活动有着密切关系。逐渐进入舞台后,尤其京剧兴起后,脸谱造型日趋完善。

京剧脸谱的创作一般是在整脸面部涂上一种颜色作为主色,再以夸张肤色勾画出眉、眼、鼻、口的部位和细致的面部肌肉纹理,以表现出人物的神态。脸谱要注意画出对称效果,涂色时要鲜艳和夸张。脸谱可以使观众目视外表,窥其心胸,看到脸谱就知道人物的内心世界。

京剧脸谱中的色彩也很有讲究,红、紫、白、黑、蓝、金、银等颜色能寓意人物的性格品质,使观众对戏中人物的忠、奸、善、恶,一目了然。每个角色又有一个专谱。其底色多是根据说唱文学中的描绘或演员自己的想象设计的。如关羽的底色是红的,包公的底色是黑的。其基本谱式是夸张的眉眼部分。

红色脸象征忠义、耿直、有血性,如"三国戏"里的关羽是红整脸,表示忠勇,勾丹凤眼,双眼俊秀,有儒将风度。《嫦娥奔月》里的后羿脸谱为红三块瓦脸,红色代表忠勇,脸谱上九个圆圈代表他所射的九个太阳。

黑色脸既表示性格严肃,不苟言笑,为中性,代表猛智,如"包公戏"里公正无私的包拯;又象征威武有力、粗鲁豪爽。《霸王别姬》中的项羽是黑色花三块瓦脸,白眉中有花纹,鼻窝中有鼻孔,两颊白色,黑脑门中有花纹。颜色黑白分明别无它色,威严肃穆,寿字眉,面带哭丧,表现了一个拔山盖世、刚愎自用、有勇无谋的失败英雄。

(2) 表达中心

- 自读梅兰芳小时候的故事,想一想梅兰芳有什么特点?
- 组内交流自己的看法。
- 组内分工每人选一个故事熟读,准备复述。
- 小组合作讲故事。

附[阅读资料]梅兰芳小时候的故事

梅兰芳(1894—1961年),江苏人,出生于京剧世家,8岁学戏,11岁登台,擅长旦角。旦角是对于京剧中扮演各种不同年龄、性格、身份的女性的一类角色的总称。在五十多年的舞台实践中,梅兰芳对旦角的唱腔、念白、舞蹈、音乐、服装、化妆等各个方面都有创造发展,形成了独特的艺术风格,世称梅派。他创造了为数众多、姿态各异的古代妇女的典型形象,代表作有《贵妃醉酒》《霸王别姬》《穆桂英挂帅》等。梅兰芳曾率京剧团多次赴日本、美国、苏联演出,是一位把中国戏曲传播到国外、享有国际声誉的戏曲表演艺术家。

梅兰芳小时候相貌平平,人也不乖巧,甚至有几分笨拙。他有点近视,再加上眼皮下垂,眼神显得木讷、呆板。而旦角在戏台上的眼神特别重要,讲究眉目传神。怎么办呢?为了解决这个问题,他养了几只鸽子,每当鸽子飞起来的时候,他的目光追随在天空中飞翔的鸽子,时而东、时而西,越看越远。通过长期、反复练习后,他的眼睛变得炯炯有神。人们说:梅兰芳的眼睛最能传达人物感情,一颦一笑、秋波流转、无与伦比。

甚至到他老年登台表演时,还是那样的光彩照人。

  他8岁那年,家里请了很有名的朱素云做他的启蒙老师,给他"说戏"。第一出开蒙戏是《二进宫》,其中有四句老腔。朱先生反复教他,可他还是不能上口。朱先生见他如此笨拙,认为他不是学戏的料,便拂袖而去,不再教他了。临走时,朱先生冷冷地对梅兰芳说:"祖师爷没给你这碗饭吃,我也没有办法。"朱先生的这句话像一根钢针似的刺痛了梅兰芳。他心想,别人能学会的东西,我为什么学不会,我又不比别人矮半截。梅兰芳便暗下决心,一定要好好学戏,让所有的人对自己刮目相看。

  一天,梅兰芳的师傅搬来一条板凳,上面放了一块砖头,让梅兰芳站在砖头上踩高跷,并且要站满一炷香的功夫。起初梅兰芳站上去总是战战兢兢,不到三分钟就腰酸腿疼,支撑不住了。可是他刚跳下来,又马上再站上去,因为一炷香没烧完,师傅是不准他下来休息的。为了练出过硬功夫,梅兰芳的腿都站肿了。经过一段时间的训练,他的跷功有进步了。但是他并不满足,又主动想方设法增加训练难度。冬天来了,他在庭院里找了一块地方,用水浇了一个冰场,冰面光洁如镜,人走上去就免不了摔跤。可梅兰芳偏偏要踏上高跷到冰场上去跑圆场。高跷本来重心就高、支撑面又小,再加上冰面很滑,梅兰芳经常摔得身上青一块紫一块的。师傅看了心疼不已,对梅兰芳说:休息几天再练吧!梅兰芳却拒绝了,说:"师傅,您不是常常说练功练功,一日不练三日空吗?"师傅听了,无奈地摇着头走开了。他就继续练下去。

(3) 发现中心

发现中心任务单

- 自读文字,圈出表示时间的词,并查一查具体的年份。用直线划出京剧发展变化的句子。
- 组内交流京剧发展的时间节点信息。
- 共同完成下面时间轴的绘制。

附[阅读资料]京剧发展的历程

乾隆末年,为庆祝乾隆皇帝寿辰,徽戏剧团的三庆班率先进京献艺,随后四喜、和春、春台三大戏班也相继进京献艺,统称"四大徽班"。"四大徽班"进京后,其表演的徽调通俗质朴,又与之前京城盛行的秦腔融合,赢得了京城观众的欢迎。

道光年间,又有湖北汉剧艺人进入京城参加徽班戏曲演出,汉调融入徽戏、秦腔中,为京剧的形成奠定了基础。

咸丰年间,经徽戏、秦腔、汉调的合流,并借鉴吸收昆曲、京腔之长,京剧诞生。程长庚、余三胜、张二奎为京剧形成初期的代表,时称"老生三杰"。他们在演唱及表演风格上各具特色,在创造京剧的主要腔调和戏曲形式上,作出了卓越贡献。

1883年后,京剧的代表人物为"老生后三杰"的谭鑫培、汪桂芬、孙菊仙,他们将京剧艺术推进到新的成熟境界。

1917年后,京剧优秀演员大量涌现,呈现出流派纷呈的繁盛局面,到了鼎盛期,梅兰芳、尚小云、程砚秋、荀慧生"四大名旦"脱颖而出,这是京剧走向鼎盛的重要标志。他们创造出各具特色的艺术风格,开创了京剧舞台上"以旦为主"的格局。

新中国成立后,新的文艺思想对京剧的发展有着重大影响。这期间,京剧艺术工作者们坚持在继承传统的基础上改革创新,实行编、导、演结合的体制,他们首创了《白毛女》和被称为"第一流编剧、第一流导演、第一流演员"结晶的《红灯记》等现代京剧,在京剧发展史上具有划时代的意义。

2010年11月17日,京剧被列入"人类非物质文化遗产代表作名录"。

(4)阅读中心

- 阅读京剧脸谱的材料,了解脸谱的四种分类。
- 小组分工,每人选择一种脸谱,熟读并理解。
- 配上动作,讲解京剧脸谱小知识。

附[阅读资料]京剧脸谱

京剧脸谱是一种具有中国文化特色的特殊化妆方法。从脸谱的构图上来分类,常见的类别有:整脸、三块瓦脸、十字门脸、六分脸、碎花脸、歪脸、僧脸、太监脸、元宝脸、象形脸、神仙脸、丑角脸、小妖脸、英雄脸等。下面我们介绍四种脸谱类型。

- 整脸

脸部的化妆颜色基本上是一个色调,只是在眉、眼部位有变化,构图简单。如《铡美案》中的包拯为黑整脸,《战长沙》中的关羽是红整脸,《赤壁之战》的曹操为白整脸。

- 三块瓦脸

三块瓦脸也称三块窝脸,是最基本的谱式。以一种颜色作底色,用黑色把眉、眼、鼻三窝高度夸张地勾画出来,分割成脑门和左右两颊三大块,形状像三块瓦一样。如晁盖、关胜等。

- 十字门脸

十字门脸从额顶到鼻尖画一通天立柱纹,两眼窝之间以横线相连,立柱纹与横线交叉形成十字形,故命名"十字门脸"。如《草桥关》中的姚期、《汉津口》中的张飞等。

● 歪脸

歪脸主要用来夸张地表示帮凶、打手们的五官不正、相貌丑陋,特点是勾法不对称,给人以歪斜之感。如《打龙棚》中的郑子明、《落马湖》中的于亮等。

(5) 表演中心

表演中心学习单

● 看京剧视频《梨花颂》片段。

● 熟读唱词,模仿跟唱:

梨花开,春带雨。

梨花落,春入泥。

此生只为一人去,

道他君王情也痴。

天生丽质难自弃,

长恨一曲千古迷,

长恨一曲千古思。

● 穿京剧戏服,练习表演《梨花颂》片段。

(四) 分享与评价

1. 分享的顺序

教师组织学生小组,按"发现中心——阅读中心——艺术中心——表达中心——表演中心"的顺序,分享各自的探究成果。

2. 小组评价

_____ 组"走进国粹京剧"主题学习评价表

组名	完成学习任务	小组合作	总计
发现中心			
阅读中心			
艺术中心			
表达中心			
表演中心			

注：每一项用 1—5 颗星表示，最多 10 颗星。

语文跨学科主题学习也是学科核心素养——文化自信目标养成的重要策略和方法。

第五节　语文学科中华文化教学案例

古代诗文既有学习古汉语的价值，又有文学阅读的价值。就前者而言，有利于学生在一定的语境中掌握古汉语知识，形成古诗文阅读能力；就后者而言，在古诗文优美的辞藻、精练的语言中，蕴含着中华文化为人处世的哲学，有利于学生理解中华文化精神。

一、《长征胜利万岁》的文化体验教学

《长征胜利万岁》是高中选择性必修上册第一单元的一篇记叙文。该单元属于"中国革命传统作品研习"任务群，编选了《中国人民站起来了》《长征胜利万岁》《大战中的插曲》《别了，"不列颠尼亚"》《县委书记的榜样——焦裕禄》《在民族复兴的历史丰碑

上》6 篇课文。

本单元以"伟大的复兴"为主题,要求体会革命志士的革命精神和伟大人格,感受无私无畏的革命精神,继承和弘扬革命文化,获得崇高的体验和革命传统的浸润,理解社会主义先进文化的精神内涵,坚定中华民族伟大复兴的信心。在语文素养上要达到如下三点:

(1) 探寻革命精神的价值,结合历史背景,研读作品,把握作品内涵,理解作者的创作意图;

(2) 感受作品中革命志士和革命人物的艺术形象,领略富有时代特征的语言和创作风格,把握各自不同的写作技巧;

(3) 有意识地积累材料,恰当地组织加工材料,用自己喜欢的文体样式和表达方式写作。

(一) 教材编写意图

本文是一篇回忆录,属于实用类记叙文。作者杨成武回忆了红军经过一年多艰苦卓绝的长征,胜利到达陕北这一重大历史事件,以及吴起镇伏击战和全军干部会议两个重要节点。其中,全军干部会议上的毛泽东讲话是重点。作者在事件的叙述中描写了红军长征的艰难,长征胜利的来之不易,同时借助记叙性文字表达了红军对长征胜利结束的欣喜和激动之情,以及对革命胜利的信心,蕴含着以长征精神为代表的革命文化。

文中对长征的功绩和历史意义的表述,是借毛主席的讲话表明的,这也是本文学习的重点所在。主要集中在第 42 段"长征是历史纪录上的第一次,长征是宣言书,长征是宣传队,长征是播种机"。毛主席的发言激发了红军指战员对革命胜利的信心,更加坚定了革命信念。这句话告诉红军指战员,中国共产党领导下的红军,开创的是一次史无前例的伟大事业,这是一个推翻旧世界、创造新世界的事业,是一个必定走向胜利的事业。在当时红军长征损失巨大,革命力量锐减的情况下,有利于及时打消一些人心里产生的消极悲观情绪,使红军指战员认识到共产党和红军力量的伟大,认识到自己所从事的事业之伟大,看到革命的光明前途,坚定理想信念,增强革命胜利的信心。

《长征胜利万岁》对于革命文化的书写,从红军指战员对长征胜利的激动和兴奋,到毛主席对长征的总结和评价,是将长征胜利的感性情感过渡到理性认识层面的过程,通过对文章内容研读的深入与推进,读者能够更全面、准确、深入地理解长征以及长征精神的意义。

(二) 教学目标

(1) 感受长征胜利所带来的情感鼓舞,体会红军战士在长征中的革命豪情、战争精神,坚定信念。

(2) 理解长征精神、长征胜利意义的具体体现,思考长征精神的当下意义。

(3) 欣赏体会细节和具体场面描写及穿插的议论和抒情,感受真实的历史氛围。

(三) 教学过程

教学环节	教学活动	设计说明
初创情境	1. 观看《七律·长征》短片 　　1934年10月,第五次反"围剿"失败后,中央主力红军为摆脱国民党军队的包围追击,被迫实行战略性转移,退出中央根据地,进行长征。长征是人类历史上的伟大奇迹,共经过14个省,翻越18座大山,跨过24条大河,走过荒草地,翻过雪山,行程约二万五千里。红一方面军于1935年10月到达陕北,与陕北红军胜利会师。1936年10月,红二、四方面军到达甘肃会宁地区,同红一方面军会师。红军三大主力会师,标志着万里长征的胜利结束。 2. 听教师介绍写作背景 　　1935年10月19日,历尽千辛万苦的红军将士终于到达陕北吴起镇。宁夏二马(马鸿逵、马鸿宾)和毛炳文的骑兵一直尾追红军而来,形成夹击之势。毛泽东立即电令彭德怀,并找来周恩来、叶剑英、聂荣臻等商量作战方案。战斗胜利后,在陕北召开了全军干部会议,总结长征经验,部署下面的工作。	学生通过观看视频、听教师讲解,获得有关长征的信息和写作背景知识,视频播放的视听刺激直观、形象。(参与)
阅读感知	1. 自主阅读 2. 以"我"/课文中其他任意人物的身份和口吻,按照时间顺序,讲述1935年10月18日—19日的所见、所闻、所感。(可以在文章内容基础上结合预习资料进行补充)	1. 学生通过自读活动,在理解文本内容的基础上,按时间顺序讲述历史事件:到达吴起镇、长征最后一战。(参与、描述)

续　表

教学环节	教学活动	设计说明
阅读感知	3. 组内交流，相互补充 4. 个别小组汇报交流	2. 学生通过听和说的活动：组内分享、全班交流，以深化对于长征历程的理解。（参与、描述）
重点突破	1. 小组合作三选一完成思考题，组内阅读交流 （1）红四团到达吴起镇后，指挥员心里想什么？ （2）长征途中一直避免与敌人正面交锋，毛主席为何在进入吴起镇后亲自指挥战斗？ （3）想象：毛泽东讲话时，会议现场听众的情绪和反应是怎么样的？ 2. 小组汇报交流，教师择机引导理解 （1）如何理解以"我"为代表的红军在长征胜利时的心情？他们的表现说明了什么？ （2）如何理解毛主席讲话中赋予长征胜利的伟大意义？理由是什么？ （3）为什么毛主席在讲话时说"没有共产党，这样的长征是不可能设想的"？ （4）红军到达吴起镇后的行动如何体现长征的意义？	在小组研读交流的过程中，学生借助思考题，回顾文本内容，通过人物描写，分析人物的内心活动和情感，概括出长征精神的内涵；在全班分享的过程中，在教师适时的引导下，提炼并明了长征精神的内涵。（阐释）
深化感悟	1. 同侪交流（二选一）：杨成武上将写本文时，中国已经进入了 21 世纪。 （1）结合当下，谈谈你对长征精神与时代发展之间关系的看法。 （2）目前，我们为什么还需要长征精神？这和我们青年一代有什么关系？	长征艰苦卓绝和共产党人不怕牺牲的精神，是长征的伟大意义。学生的同侪交流，是结合当今现实生活，反省、审视长征精神对现实社会的借鉴意义。（回应）

【分析】莫兰的"文化体验学习圈"强调文化体验的重要性：最好的学习效果是学生通过参与文化实践活动，生成并深化文化感知，理解文化观念，反思并重构文化身份。教师在引导学生阅读作品、品词析句的过程中，融入革命文化的体验学习；在提升理性思维能力、审美鉴赏能力的过程中，理解革命精神和革命人格，以及革命文化的当代

价值。

教师可以灵活地、有选择性地将文化体验活动融于不同的语文教学环节。如在《长征胜利万岁》一课的"初创情境"环节,教师借助视频和补充讲解,进行多感官刺激。使学生获得有关长征的历史文化信息和时代背景知识,丰富对革命文化的感知。这是"参与",学生直接、具体、形象感知长征向敌人展示力量;对人民宣传革命;为未来撒播火种。在"参与"这一环节,学生通过全身心参与和投入,达到激发内心感受和情感,重在有足够的机会去感知、接触作品对象。

在"阅读感知"环节,学生通过自主阅读、理解、梳理、组内交流、讲述到达吴起镇、吴起镇伏击战的见闻和感想。这是"描述",听和说的语言交流活动使学生切身感受和理解长征历程,这也是长征精神和意义的具体体现。在"描述"这一环节,学生对革命传统作品中的人物、事件或思想理论进行描述,说明人物行为动机、思想逻辑、情感变化;事件的发生发展、思想的渐进顺序,超越参与阶段的感性和直接感受,深化在"参与"中的感知,从而在认知层面对文本材料进行客观的复述。

在"重点突破"环节,小组合作解答三选一的思考题,引导学生阅读、分析、深度理解到达吴起镇、吴起镇伏击战、毛泽东讲话三件事,概括、提炼长征精神。这是"阐释",学生研读文本,用对文本语句的理解来阐释长征的革命意义;教师适时补充、点播,深化了学生自己的感悟。在"阐释"这一环节,学生对革命人物、事件、精神等进行合理的归因阐释和个性化解读,透过表象认识本质。在已有的文本理解基础上,由浅入深剖析、提取出思想内核,理解相应的思想观念。

在"深化感悟"环节,学生同桌交流自己的思考:80多年前战争年代的长征,如何关照我们当下的学习和生活?这是"回应",提出问题以引导学生反观自身和现实情景、自己的价值观念。在"回应"这个环节,学生回归自我,比较自身价值观念与目标文化之间的异同,进行自我反思和内化,在两者之间作出选择与改变,从而重新构建自我认知。

基于莫兰的"文化体验学习圈",将文化体验学习活动融于不同的语文教学环节,学生全程参与学习活动是不可或缺的。视听、表达、自读、交流、小组合作、同侪交流,诸如此类丰富多元的教学手段和方法,是驱动学生通过语言文字开展文化体验的策略。

二、"中华文明之光"单元教学

统编版高一必修下册第一单元的人文主题是"中华文明之光",该单元选取了《论语》《孟子》《庄子》中的经典篇章,《左传》《史记》中的精彩片段,旨在引导学生从先秦诸子学说中,了解先哲对社会、人生、历史的深刻思考。这一个单元学习内容属于思辨性阅读与表达任务群,重在把握作者的观点、态度和语言特点,并有针对性地进行评论,合理表达和阐述自己的观点,在把握诸子之见的过程中渗透文化教学。

(一)教材编写意图

第一课《子路、曾皙、冉有、公西华侍坐》《齐桓晋文之事》《庖丁解牛》,涵盖中国古代思想史中影响最大的儒、道两家的经典。《子路、曾皙、冉有、公西华侍坐》以"言志"为主线,体现孔子四位弟子的人生志向和理想的社会图景;《齐桓晋文之事》以对话的形式表现孟子"保民而王"的政治主张。这两篇文章体现的儒家思想同中有异,孔子更重视"为国以礼",而孟子则是强调"发政施仁"。《庖丁解牛》体现了庄子善用寓言说理的特点,通过庖丁解释自己"道进乎技"才能游刃有余,阐明了应对外部世界应"依乎天理",顺势而为的道理,与儒家形成巨大的反差。

(二)教学目标

(1) 领悟先贤智慧,知晓诸子之志。

(2) 品味言辞之妙,抒发自己之见。

(三)教学思路

1. 教《子路、曾皙、冉有、公西华侍坐》一课时,教师随文讲解文化常识,比如弟子的名与字;提点、疏通"侍坐""章甫""宗庙""冠者"等富有传统文化内涵的字词文意,增加学生对于古代政治文化、祭祀文化和礼仪风俗的理解。补充孔鲤趋庭的文言故事、《论语》中"内圣外王"的表述,辅助学生理解孔子四位弟子的志向,从而理解儒家"内圣外王"的核心要义。

2. 学完《子路、曾皙、冉有、公西华侍坐》和《齐桓晋文之事》后,教师设计表格,要求学生比较孔孟观点的差异。

	理想社会	政治主张	施政者	具体措施			生活时代	社会时局	思想倾向
				军事	经济	礼教			
孔子	人民康乐,盛世太平,天下大同	以礼治国,为政以德	仁人君子(克己复礼)	强兵(有勇,且知方也)	足民	非常重视"礼"	春秋末期	以礼争霸相对稳定	简政施仁,不越礼。道不行,乘桴浮于海。理想破灭,生出出世念头
孟子	天下归一,人民康乐盛世太平	发政施仁,保民而王	具有不忍之心(推恩)	反对"兴甲兵,危士臣,构怨于诸侯"	制民之产	谨庠序之教	战国中期	十分动荡	施仁政,重义。民为贵,社稷次之,君为轻。当今之世,舍我其谁的自信,强势入世。知其不可而为之

3. 学完这个单元的所有课文后,教师再把《子路、曾晳、冉有、公西华侍坐》《齐桓晋文之事》《庖丁解牛》三篇放在一起,引导学生比较分析儒道两家的观点差异。

观点	观点内涵	表达方式	与其他观点的关系
吾与点也	向往太平盛世民生和乐,感慨道之不行(后世解说甚多)	语录体、训诫式,简要,态度明确。本文内涵表达较为含蓄	与子路、冉有、公西华的观点既有差异,又有相通之处
保民而王	国之本在民,只有让人民衣食无忧,守礼知义,才会天下归心	对话体、论辩性;直接、明确;因势利导、思辨性强、善于取譬设喻	中心观点,全文的思路由此出发,又归结于此
依乎天理	存身、做事、处世都应该顺乎自然,不可强为(后世解说甚多)	寓言体,用寓言来表达,形象生动。但不能论证	是对"解牛"过程的解说,暗合寓意,文中并无明确的观点

4. 组织学生课外观看李泽厚视频讲座;选读李泽厚《中国思想史论》、吕思勉《先秦学术概论》、冯友兰《中国哲学简史》等学术著作,了解儒家思想的内涵。课堂组织辩论:儒家思想在当时的意义,以及在当代的意义不足。

5. 要求学生联系生活实际,思考《庖丁解牛》在现实背景下的价值意义。①

【分析】为了深入理解传统文化经典论著中的观点,在教学中,教师运用增加法,提供有关传统文化的资料。所谓的增加法就是根据教科书篇目,适当补充与篇目主题有关的文化内容,作为教学补充资源。这样通过增加文化知识学习,让学生拥有相关的文化认知。也可以针对篇目内容,附加设计相应的文化学习活动,促进文化理解。此外,教学中教师还采用了对读参证的方法,让学生的阅读资源更加丰富;开展辨析讨论,促使学生的观点和思维的整合更为全面和立体。借鉴文化原典的群文互证,提升了学生文化学习的思维层次。

三、《杨氏之子》逆向翻译

《杨氏之子》是五年级下册第八单元的一篇不足百字的文言文,行文简要精当。该单元主题是风趣和幽默,单元语文要素是:感受课文风趣的语言,看漫画写出自己的想法。

(一) 教材编写意图

《杨氏之子》选自南朝刘义庆的《世说新语·言语》,该书是记载汉末至晋代士族阶层言谈轶事的小说。本文讲述了梁国姓杨的人家,一个九岁男孩待客时机智对谈的小故事,刻画了一个机敏善对的男孩形象。

(二) 教学目标

1. 自主学习字词,会认2个字,会写3个字。
2. 正确、流利地朗读课文,读好停顿,并背诵课文。
3. 能借助注释了解课文大意,并能说出表现杨氏之子机智应对的故事内容。

(三) 互译片段一

1. 回忆理解字词的方法

---

① 参考孙伊蕾.高一语文学科优秀传统文化教学案例分析[D].上海:华东师范大学,2021:33—42.

师：我们已经学过不少文言文了。想一想，我们学过哪几种理解文言文字词意思的方法？

生：看注释、看插图、联系上下文、查字典。

师：请大家运用这些方法，在小组里合作学习完成课文的翻译。（出示学习单）

《杨氏之子》学习单（6分钟）

1. 组内分配一人一句，理解句子意思。
2. 运用所学方法独立理解句子意思。
3. 组内交流，说说自己理解的一句话的意思。

（四）互译片段二

师：下面我们来学做古人。把现代文《徐家的孩子》翻译成文言文（PPT出示原文）。请同桌合作，读一读。

徐家的孩子

徐家男孩字孺子，年方九岁，曾经[1] 在月光下[2] 玩耍[3]。有人对他说[4]："如果[5] 让[6] 月亮里面什么东西都没有[7]，是不是应该[8] 更加[9] 明亮呀[10]？"徐家孩子说："不是这样的[11]。比方说[12] 人眼中都有瞳仁[13]，没有[14] 这个[15]，一定[16] 看不见[17]。"

师：全班四组，一组一句，在5分钟内根据注释，把短文翻译成文言文。（PPT出示如下注释）

1. 曾经：尝
2. 在月光下：月下
3. 玩耍：戏
4. 说：曰
5. 如果：若
6. 让：令
7. 什么东西都没有：无物
8. 是不是应该：当
9. 更加：极

10. 呀：邪

11. 不是这样的：不然

12. 比方说：譬如

13. 瞳仁：瞳子

14. 没有：无

15. 这个：此

16. 一定：必

17. 看不见：不明

师：下面请同学们来翻译。（根据学生个别交流，组织同组同学补充，完成如下板书）

译文：

孺子年九岁，尝月下戏。人语之曰："若令月中无物，当极明邪？"徐曰："不然。譬如人眼中有瞳子，无此必不明。"

师：总结，文言文简约精练，是中国古代的一种书面语言，记载了祖先的聪明才智。所以我们要学会阅读文言文。今天所学的就摘自《世说新语》第二章《徐稚设譬答问》。

【分析】文言文翻译成现代文是文言文教学的一个常规教学任务。教师利用小组合作学习的策略，让学生在组内每人翻译一句，从而降低了文言文翻译的难度和工作量，提高了学习效率。在课末，教师设计了一个逆向翻译的练习——把现代文翻译成文言文，使学生在沉浸式体验中既感知了文言文的言简意赅，又领略了古代少年的机智应变。在《世说新语》《笑林广记》中，类似的小故事不少，可用于文言文的启蒙教学。

四、《司马光》《鸿门宴》的文化延伸学习

（一）《司马光》

《司马光》是三年级上册第八单元的首篇课文，也是小学阶段学生接触的第一篇文言文。讲述了一个广为流传的小故事：有一次司马光和一群孩子在庭院嬉戏，一个小孩爬上瓮，失足落水，大家都吓跑了。只有司马光拿石头砸瓮，救了落水孩子。故事表现了司马光的聪明机智与沉着冷静。

1. 教材编写意图

全文仅简短的30个字,用了很多贴切的动词。文中很多词语的意思和现代文基本一致,便于学生理解句意,并感受到文言文和现代文的共通之处,从而消除初次学习文言文可能存在的畏难心理。文中的插图对应了故事的结局,有助于学生理解课文内容。本单元主题是"美好的品质",语文要素是:学习带着问题默读,理解课文的意思;学写一件简单的事。

2. 教学目标

(1) 认识5个生字,会写7个字。

(2) 正确跟读课文,背诵课文。

(3) 能借助注释了解课文大意,并用自己的话讲故事。

(4) 初步感受文言文的特点,简单说出文言文与现代文的区别。

3. 片段设计

(1) 导入

师:一起读读课题,师一边板书课题,一边提醒:"司"是半包围结构的字。司马光姓什么?

生:司/司马。

师:姓"司马",多于一个汉字的姓叫复姓。比如我们班的欧阳辉,也是复姓"欧阳"。你们还知道哪些复姓吗?

(2) 初读课文

师:大家课前都预习过课文了,有没有发现这篇课文跟我们学过的课文有什么不一样?

生:字很少/右上角有数字/图上的人穿的衣服和我们不一样/头发也不一样。

师:这篇课文是文言文,就是我们古人写的文章。(板书:文言文)

师:这个故事的主人公是司马光,文中用了一个字来表示,哪个字?

生:光。

师:除了司马光,还有谁?请大家默读课本,圈出故事中的其他人物。

生:群儿。

师:你们看,文言文很有趣,很多字词的意思和我们现代文是相通的,一样的。文言文的一个字,往往对应我们现代文中的一个词语。群儿做什么?

生:我用组词的方法知道"戏"就是游戏。

师:在哪里做游戏?你怎么知道的?

生:庭院,群儿戏于庭。

师:一群孩子在庭院里嬉戏,用文言文表示就是——群儿戏于庭。如果一群孩子在园中游戏呢?叫——群儿戏于园。在树林中游戏呢?叫——戏于林。文言文的表达有它的特点——先说干啥,再用"于"引出地点。这个秘诀学会了吗?

……(其他环节略)

(3)师:大家都认为司马光是个机智果断的孩子。你们知道欧阳修是怎么评价司马光的吗?欧阳修说:司马光德行淳正,学术通明。今天回家的作业是,找一找和司马光有关的文字、图片资料。

【分析】在这篇文言文教学中,教师择机补充了相关的传统文化知识:如中华姓氏习俗——复姓;什么是文言文、文言文的表达特点;唐宋八大家欧阳修对司马光的赞赏。这些拓展和补充的文化知识和背景知识,使学生在语文课堂上经常受到中华优秀传统文化的熏陶。

此外,除了文言文,像五年级上册的现代文《圆明园的毁灭》,讲述了圆明园昔日的辉煌景观和圆明园被毁灭的经过。由于文中所描述的场景:买卖街、西洋景观、武陵春色、蓬岛瑶台……学生比较陌生,在品读语言文字过程中,存在不少困惑。教师择机引导学生查阅资料,了解这些虚拟的景物,从而明晰圆明园在园林艺术、建筑艺术方面的价值。再如一年级上册的古诗《江南》,教师可以引入《江南》的吟唱音频,让学生感知两千多年前的、配乐歌唱的诗的欢快节奏。中华文化篇目教学中,必要的背景知识、传统文化知识、学生存疑之处、课文略写需补充处都是教师可以拓展和补充文化知识的时机。

(二)《鸿门宴》

《鸿门宴》是高中必修下册第一单元的课文,该单元为中华传统文化单元,还编入了《子路、曾皙、冉有、公西华侍坐》《齐恒晋文之事》《庖丁解牛》,这些篇目都为古代优秀文化作品,承载着中华优秀文化的重要理念和经久不衰的人文精神,归属"思辨性阅读与表达"任务群。

1. 教材编写意图

《鸿门宴》节选自《史记·项羽本纪》,为史传类文言文。单元导语强调,阅读史传文,要关注叙事曲折有序、写人生动传神的特点,尝试理性评价历史叙述中体现的思想、观念,认识历史人物和历史事件。在文后"学习提示"中也强调:史记叙事详备,写人生动,细节传神。阅读《烛之武退秦师》和《鸿门宴》时,要注意体会上述特点,还可以从材料安排、叙事技巧、描写方法等方面做些比较分析。文中涉及一些历史文化知识,阅读时也要加以关注,如人物相互间的称呼、鸿蒙宴会的座次安排等。

2. 教学目标

(1) 疏通文章大意,整体感知内容,积累相关文化常识。

(2) 赏析文章把人物置于矛盾中,并通过语言和行动描写,使人物特色鲜明的叙事手法。

(3) 感悟叙事者(太史公)作为史官的论断思想。

3. 片段设计

PPT出示座次安排:项王、项伯东向坐;亚父南向坐,——亚父者,范增也;沛公北向坐;张良西向侍。

教师:和同伴一起画画鸿门宴的座位简图,并说说为什么是这样的一个座次安排?

(预设答案:儒家传统文化礼仪中,地位的尊贵在座位排序上由高到低是西、北、南、东。项羽作为鸿门宴的东道主,项伯是军中的左尹,身份珍贵;范增是仅次于父亲的亚父身份;刘邦虽是另一阵营的"大王",但毕竟是前来"请罪"的,姿态放得较低;张良是刘邦的谋士和侍从。)

【分析】学生通过座位安排,既理解司马迁在座位安排中的巧设心理,又从中学到了中国传统文化礼仪。这种教学有助于学生体悟、积累文化常识。

五、《三衢道中》的教学支架

《三衢道中》是三年级下册第一单元《古诗三首》中的一首七言绝句。另两首分别是《绝句》《惠崇春江晚景》,都是描绘春夏景色的古诗。本单元人文主题这样表述:飞鸟在空中翱翔,虫儿在花间嬉戏。大自然中,处处有可爱的生灵。单元语文要素是:试着一边读一边想象画面;体会优美生动的语句;试着把观察到的事物写清楚。

(一) 教材编写意图

南宋诗人曾几的《三衢道中》,描写的是诗人在江南夏季游三衢山时,高涨的游兴和有趣的见闻,展现了浙西山区明媚清丽的风光。《三衢道中》按照最简单的直线式时间进程,叙述了路上的见闻。全诗有声有色,以动衬静,朴实而精妙、平淡而隽永,是一首自然而高妙的诗。

(二) 教学目标

(1) 认识6个字,会写13个字。

(2) 有感情地朗读课文,背诵课文。

(3) 借助注释和插图了解诗句的意思,想象画面,说出诗中描绘的景象。

(三) 片段教学过程

一、诗意导入,理解诗题

1. 看不完春天的景,写不尽春天的美。宋代诗人曾几途经浙江省衢州市的三衢山,被那里优美的风景吸引,写下了这首经典的诗歌。

2. 指导读准字音,理解课题

(1) 请同学们翻到这首古诗,读读题目,注意要借助拼音读准字音;

(2) 谁来读读看?(嗯,生字"衢"读准了,一起读)(板书:三衢道中)

(3) 解诗题

① 那"三衢道中"的意思是? 看一看,想一想

嗯,你通过注释知道了"三衢"位于现在的浙江衢州一带(出示三衢山风景图,见下),"三衢道中"就是指在三衢一带的山路中行走。

② 齐读课题。

二、读准字音,读通诗句

1. 指导读准生字,认清字形:自己读读这首诗,注意读准字音,读通诗句。

2. 引导读通古诗,读出节奏

(1) 听了几位同学的朗读,你发现诗句可以在哪儿作停顿;

(2) 来,读读看,注意诗句的停顿(教师画停顿符号);

(3) 听老师来读一读！你们在心里默默跟着一起读;

(4) 谁来读读这首古诗(指导:在有停顿符号的地方要读得自然一些,做到音断而气连,譬如"梅子黄时日日晴")。

三、根据提示,梳理古诗内容

1. 小组合作学习,出示学习单

《三衢道中》学习单(8分钟)

1. 自读古诗,圈画出表中的答案。
2. 想一想怎么填表。
3. 小组讨论,完成填表。

出游时间	
出游路线	
看到的	
听到的	
出游心情	

2. 合作学习交流

(1) 我们请一个小组根据表格内容汇报:诗人是什么时间到三衢道中游玩的,出游路线如何,一路看到、听到了什么,心情怎样呢？其他小组可以补充。

预设①:诗人的出游时间在"梅子黄时"。

师:是呀,梅子黄时,你知道是什么时候吗？——梅子黄透的时候,大概在每年的初夏时节,这段时间常常是阴雨连绵,我们俗称黄梅季节。宋朝诗人赵师秀在《约客》中写道——黄梅时节家家雨,青草池塘处处蛙。发现了什么？

而诗人曾几却发现——梅子黄时日日晴。

天天都是晴朗的好天气哦！来读好这句诗"梅子黄时日日晴,"

预设②:继续交流,诗人出游的路线,是"小溪泛尽却山行"。

师：说说你的理解（生交流：是说诗人乘小船到小溪的尽头,再改走山路继续向前行走）。

师：经过了哪些地方呢？经过了"小溪",到了它的尽头,再改走"山"路。

预设③：诗人在出游途中看到了"梅子黄、日日晴、绿阴不减"。

师："梅子黄、日日晴"我们都理解,那"绿阴不减"指的是？（生交流）

"减"就是减轻、减弱。"绿阴不减来时路"意思就是山上苍翠的树荫与来的时候一样浓郁。

师：从"来时路"你读懂了什么？

是的,"来时路",巧妙地说出了诗人这时候已经走在返回的途中了。

预设④：诗人在返回的途中听到了"黄鹂四五声"。

师：行走山间,听得黄鹂鸣叫,什么感受？

生交流：心情愉快。

生交流：闭上眼睛,听！（播放音频）山间什么声音也没有,只有黄鹂时不时发出几声鸣叫。感受到了什么？（山中很安静）

补充资料：嗯,南北朝诗人王籍跟你有同样的感受,他在《入若耶溪》这首诗写道,"蝉噪林逾静,鸟鸣山更幽"。理解吗？

小结：是呀,你听,蝉儿高唱,树林反而显得格外宁静；鸟鸣声声,山里倒比往常更加幽静。这"黄鹂四五声",更能凸显山间的幽静。

(2) 小结：说到这里,诗人这次出游的心情也跃然纸上了,你感受到了吗？

生交流：轻松愉悦,格外欢快。

(3) 体会诗人积极乐观的人生态度。

① 补充资料：曾几此行是从衢州返回常山,两地相距40多公里,山路蜿蜿曲折,他又是逆流而上,需要大半天的时间。如果是你,行走这40多公里山路,什么感觉呀？

② 师：那诗人曾几为何觉得轻松愉悦,那样快乐呢？尽管旅途劳累,但沿途景色很美,让诗人赏心悦目；同时他把这么美的景色描绘出来,供我们大家一起透过字里行间欣赏感受,你觉得曾几是一个怎样的人呀？

③ 小结：诗人曾几善于发现、记录平凡生活中美好的事物,态度积极乐观。

带着轻松愉悦的心情,再来读读这首诗。

（改编自上海市松江区教育学院附属实验学校、特级教师樊裔华老师的教学设计）

【分析】教师从释题入手，借助三衢山风景图，使学生对诗意有了粗略的形象感知；再引导学生四三停顿、有节奏地诵读全诗；以表格作为学习支架，引导学生以小组为单位，整体感知全诗的内容。期间，老师在学生对表格内容有分歧时，及时点拨、启发学生联系生活经验理解诗人出游的时间——梅子黄时；补充宋朝诗人赵师秀《约客》用以比较，让学生体悟曾几高涨的游兴，激发感情朗读；追问途中见闻，引发学生辨识景物、展开想象；插入黄鹂鸣叫的音频，创设古诗所描绘的空谷悠然的意境。老师就是这样一步一步引领生活在大都市的三年级学生，走上了浙西山区的小径，走进了诗人用文字创设的明媚、清幽的风光意境，进而触摸到诗人对旅途风物的新鲜感受和愉悦的心情。就此达成了本课的教学目标。图、表、鸟叫声作为古诗教学的支架，助力学生理解诗句的意思，想象诗的意境。

唐宋诗词作为中华优秀传统文化的一种语言表达形式，是中华祖先智慧的结晶，蕴含丰富的文化内涵和审美意蕴。老师点燃小学生对古诗的关注和兴趣，品味古诗的韵律美和意境美，就是一种融入学科的优秀传统文化教学路径。

六、《愚公移山》的情境想象

（一）教材编写意图

《愚公移山》是八年级上册第六单元的选文，单元主题是"人物品质和志趣"，共选编了《孟子》二章（《富贵不能淫》《生于忧患，死于安乐》）、《愚公移山》以及《周亚夫军细柳》三篇课文，旨在引导学生借助注释和工具书，整体感知课文内容大意；多读熟记、积累常见文言词语和名言警句，不断提高自己的文言文阅读能力；在积累、感悟和运用的过程中，体会文言文的独特魅力；在细读文本的过程中提升文言文阅读、赏析、感悟能力，同时培养自身的审美情操。

（二）教学目标

《愚公移山》所叙述的故事内容流传甚广，其寓意小学生也略知一二。对话是该文本表达寓意的重要手法。如何通过对话引导学生体会愚公"知其不可而为之"的乐观、坚韧？分析浅层的人物对话，概括出深层的"为达目的，竭尽全力"的寓意？文本用"惩山北之塞，出入之迂也"概述移山原因；以"帝感其诚"揭示故事的结局，佐证"子子孙孙无穷匮也，而山不加增"的道理，刻画愚公"大智若愚"的形象和坚韧的精神。

教学目标如下：

(1) 借助注释和工具书把握重点字词的意义，说清文意，提升文言语感和古诗文阅读力。

(2) 理清文中人物对愚公移山的不同态度，抓住愚公和智叟之间的对话重点品读，感受人物形象，初步理解寓意。

(3) 拓展资料，自由讨论，深入解读寓意。

(4) 通过本文的学习，把握寓言文本的阅读方法，并积极主动地迁移到其他文本。

(三) 教学片段

PPT 出示句子：甚矣，汝之不惠！以残年余力，曾不能毁山之一毛，其如土石何？

师：嗯，残年余力的愚公，你能说得更具体一些吗？展开想象，说一说。

生1：愚公已经快90岁了。他头发花白，脸上满是岁月留下的皱纹。背有些佝偻，双手颤抖，并不能使出太多的力气。

师：有画面了，那山呢？你来说。

生2：太行、王屋二山，有七百里那么长，高万仞。那山雄伟壮阔，高不可攀。从半山腰开始，整座山就被云雾怀抱，远远望去，根本看不到山顶。人站在它的山脚，就仿佛一只小小的蚂蚁一样。

师：说得太好了！这样雄伟的大山，这样羸弱的老人。移山的过程何其艰难？

生3：老师，课文前面还提到了他们挖下来的土石"投诸渤海之尾，隐土之北""寒暑易节，始一反焉"。这说明他们搬运土石的路途还很遥远，从挖土到运土，整个过程耗费的时间也很长。

师：是的，在挖土、运土的过程中，他们可能会遇到哪些困难？

生4：在挖土的时候愚公可能会因为长时间的劳动而感到腰酸背痛，晚上回家的时候都直不起腰了。甚至有可能会伤到自己的身体，比如扭伤或者不小心划到手啊什么的。如果是夏天的话，太阳暴晒，还有可能会中暑。如果是冬天的话，天气很冷，手脚都会被冻僵。

师：是啊，如此艰难。还有什么要补充的？

生5：课文前面说过愚公之所以要移山，就是因为"惩北山之塞，出入之迂也。"但是他们后来移山的时候，却要从这个地方绕更远的路到渤海之尾去。而且在搬运土石的时候，他们可能会跌跌撞撞、走走停停地在路上扛着沉重的担子，一来一回走一个冬夏。肩膀上的皮肤肯定都磨破了,鞋子也走废了。

师:你会联系上下文进行想象,真好。老师听着你的描述,仿佛就看到了他们移山过程中的那些艰难时光。①

【分析】为使学生充分感受愚公的形象,教师引导学生抓住智叟的话"甚矣,汝之不惠!以残年余力,曾不能毁山之一毛,其如土石何?"展开想象:愚公是怎样的?山又是怎样的?

---

① 范一心.指向深度学习的初中古诗文教学策略研究——以《愚公移山》为例[D].宁波:宁波大学,2022:31—32.

参考文献

一、著作类

1. 费孝通.中国文化的重建[M].上海:华东师范大学出版社,2014.
2. 张云鹏.文化权:自我认同与他者认同的向度[M].北京:社会科学文献出版社,2007.
3. 丁钢.文化的传递与嬗变:中国文化与教育[M].桂林:广西师范大学出版社,2009.
4. 孙洪斌.文化全球化研究[M].成都:四川大学出版社,2009.
5. 吴潜涛.当代中国公民道德状况调查[M].北京:人民出版社,2010.
6. 严洁等.公民文化与和谐社会调查数据报告[M].北京:社会科学文献出版社,2010.
7. 上海市社会科学界联合会.中国文化现代性与主体性——上海市社会科学界第九届学术年会文集(2011年度)[C].上海:上海人民出版社,2011.
8. 杨国荣.现代化过程的人文向度[M].上海:上海古籍出版社,2006.
9. 杨国荣.社会主义核心价值体系.研究系列之一[M].上海:中西书局,2012.
10. 章小谦.共和国教育60年:乘风破浪1992—2009[M].广州:广东教育出版社,2009.
11. 汪家熔.民族魂——教科书变迁[M].北京:商务印书馆,2008.
12. 姜义华.中华文明的根柢:民族复兴的核心价值[M].上海:上海人民出版社,2012.
13. 刘忠孝.中华传统儒家人文化研究[M].哈尔滨:黑龙江人民出版社,2008.
14. 韩喜平,吴宏政.国家核心价值与公民文化研究[M].长春:吉林大学出版社,2010.
15. 顾伯平.论文化创新[A].叶取源等.中国文化产业评论第3卷[C].上海:上海人民出版社,2005.
16. 杨中芳.如何研究中国人:心理学研究本土化论文集[M].重庆:重庆大学出版社,2009.
17. 钱乃荣.海派文化的十大经典流变[M].上海:上海书店出版社,2007.
18. 李宗桂.中国文化导论[M].广州:广东人民出版社,2003.
19. 张岱年.论中国文化的基本精神[A].中国文化集刊第一辑[C].上海:复旦大学出版社,1984.

20. 范业赟.中华优秀传统文化[M].北京:中国人民大学出版社,2019.
21. 陈伯海.上海文化通史[M].上海:上海文艺出版社,2001.
22. 张公瑾,丁石庆.文化语言学教程[M].北京:教育科学出版社,2004.
23. 陈建宪.文化学教程(第二版)[M].武汉:华中师范大学出版社,2011.
24. 黄兴涛.中国文化通史(共10卷)[M].北京:北京师范大学出版社,2009:2.
25. 杨镜江.文化学引论[M].北京:北京师范大学出版社,1992:79.
26. 陆扬.文化研究导论[M].北京:高等教育出版社,2012.
27. 司马云杰.文化社会学(第5版)[M].北京:华夏出版社,2011.
28. 彭华民,杨心恒.社会学概论[M].北京:高等教育出版社,2006.
29. 李宁.社会学概论[M].合肥:安徽人民出版社,2007.
30. [美]戴维·波普诺.社会学[M].李强,等译.北京:中国人民大学大学出版社,2007.
31. [美]李瑾.文化溯源:东方与西方的学习理论[M].张孝耘,译.上海:华东师范大学出版社,2015.
32. 徐瑞,刘慧珍.教育社会学[M].北京:北京师范大学出版社,2010.
33. 吴康宁.课堂教学社会学[M].南京:南京师范大学出版社,1999.
34. 吴永军.课程社会学[M].南京:南京师范大学出版社,1999.
35. 吴康宁.课程社会学研究[M].南京:江苏教育出版社,2004.
36. 刁培萼.教育文化学通论[M].南京:江苏教育出版社,2014.
37. [美]詹姆斯·班克斯.多元文化教育概论[M].孟梅艳,译.北京:商务印书馆,2020.
38. 范兆雄.课程文化发展论[M].广州:广东高等教育出版社,2005.
39. 郝德永.课程与文化:一个后现代的检视[M].北京:教育科学出版社,2002.
40. 王德如.课程文化自觉论[M].北京:人民出版社,2007.
41. 胡定荣.课程改革的文化研究[M].北京:教育科学出版社,2005.
42. 王海燕."地域文化与课程"研究[M].天津:天津教育出版社,2006.
43. 李尚卫.基础教育价值论[M].北京:中央文献出版社,2009.
44. 刘旭东.课程的价值取向研究[M].兰州:甘肃教育出版社,2002.
45. 丁谷怡,孙双金.重建课堂文化[M].北京:教育科学出版社,2009.
46. 袁振国.当代教育论[M].北京:教育科学出版社,2004.
47. 王健敏.道德学习论[M].杭州:浙江教育出版社,2002.
48. [美]阿普尔等.教科书政治学[M].侯定凯,译.上海:华东师范大学出版社,2005.
49. [美]詹姆斯·班克斯.多元文化教育:议题与观点[M].陈枝烈,等译.台北:心理出版社股份有限公司,2008.
50. 晋银峰.教学文化的传统与变革[M].北京:教育科学出版社,2014.
51. [德]威廉·冯·洪堡特.论人类语言结构的差异及其对人类精神发展的影响[M].姚小平,译.北京:商务印书馆,1999.
52. 李玉平.多元文化时代的文学经典理论[M].天津:南开大学出版社,2010.

53. 王海燕."文化转型与基础教育语文课程改革"研究[M].天津:天津教育出版社,2006.
54. 刘正伟.国际语文课程与教学比较[M].杭州:浙江大学出版社,2008.
55. 傅建明.内地香港小学语文教科书价值取向比较研究[M].广州:广东教育出版社,2009.
56. 曹明海,陈秀春.语文教育文化学[M].济南:山东教育出版社,2005.
57. 陈弦章.语文教育文化论[M].桂林:广西师范大学出版社,2008.
58. 王奇.教育现代化:跨世纪的使命与选择[M].上海:上海教育出版社,2009.
59. 石中英.知识转型与教育改革[M].北京:教育科学出版社,2001.
60. 叶圣陶.叶圣陶语文教育论集(下)[M].北京:教育科学出版社,1980.
61. 胡裕树.现代汉语[M].上海:上海教育出版社,1981.
62. 欧阳汝颖等.英语地区母语基本能力对比研究[M].香港:香港大学出版社,2003.
63. 赵志伟.现代语文教育发展[M].上海:华东师范大学出版社,2012.
64. 洪宗礼等.母语教材研究(十卷本)[M].南京:江苏教育出版社,2007.
65. 顾黄初,顾振彪.语文课程与语文教材[M].北京:社会科学文献出版社,2001.
66. 韩雪屏.语文课程知识初论[M].南京:江苏教育出版社,2011.
67. 余党绪.走向理性与清明——整本书阅读之思辨读写[M].上海:上海教育出版社,2019.
68. 黄显华等.寻找课程论和教科书设计的理论基础[M].北京:人民教育出版社,2002.
69. 高凌飚.基础教育教材评价:理论与工具[M].北京:人民教育出版社,2002.
70. 杨光伟.数学教学文化研究[M].北京:教育科学出版社,2009.
71. 徐斌艳等.学习文化与教学设计[M].北京:教育科学出版社,2012.
72. 于漪语文学科德育实训基地.多元文化与语文育人[M].上海:上海教育出版社,2013.
73. 课程发展议会.中国语文教育学习领域课程指引(小一至中三)[S].香港:政府印务局,2002.
74. 何文胜.面向多元化文化的语境:语文教育的反思[M].苏州:苏州大学出版社,2012.
75. [美]盖伊.文化回应式教学法:理论、研究与实践(第3版)[M].余祖光,译.北京:教育科学出版社,2023.
76. 荣维东.交际语境写作[M].北京:语文出版社,2016.
77. 上海市教育决策咨询委员会秘书处,上海市教育科学研究院.2011年上海市教育发展报告:迈向现代化的上海教育[M].上海:华东师范大学出版社,2011.
78. 上海市教育决策咨询委员会秘书处,上海市教育科学研究院.2012年上海市教育发展报告:追求基于平等的优质教育服务[M].上海:华东师范大学出版社,2012.
79. 申小龙.汉语与中国文化[M].上海:复旦大学出版社,2008.
80. 上海市教育委员会.上海市普通中小学课程方案(试行稿)[S].上海:上海教育出

版社,2004.
81. 上海市教育委员会.上海市中小学语文课程标准(征求意见稿)[M].上海:上海教育出版社,2004.
82. 王世达,陶亚舒.中国当代文化理论的多维建构[M].成都:电子科技大学出版社,2007.
83. 陈琦,刘儒德.当代教育心理学(第二版)[M].北京:北京师范大学出版社,2007.
84. 刘儒德.学习心理学[M].北京:高等教育出版社,2010.
85. 邱均平,文庭孝等.评价学理论·方法·实践[M].北京:科学出版社,2010.
86. [美]马克·塔克.超越上海:美国应该如何建设世界顶尖的教育系统[M].柯政,译.上海:华东师范大学出版社,2013.
87. [美]托马斯·费兹科,约翰·麦克卢尔.教育心理学:课堂决策的整合之路[M].吴庆麟,等译.上海:上海人民出版社,2008.
88. [英]琼斯·费边.冲突[M].冯丽,译.北京:华夏出版社,2011.
89. [英]乔治·莱瑞恩.意识形态与文化身份:现代性和第三世界的在场[M].戴从容,译.上海:上海教育出版社,2005.
90. 刁培萼.教育文化学通论[M].南京:江苏教育出版社,2014.
91. Fattahi Nasrin. & Baradaran Abdollah. 2015, Culture-based Instruction and Motivation in Language Learning. LAP LAMBERT Acadeamic Publishing.
92. Jerome Bruner. 1996, The Culture of Education. London: Harvard University press.
93. Michael Byram. & Peter Grundy. 2014, Context and Culture in Language Teaching and Learning, Multilingual Matters/Channel View Publications Ltd.
94. Michael Byram. 2014, Teaching and Assessing Intercultural Communicative Competence. Multilingual Matters/Channel View Publications Ltd.
95. Patrick, R. Moran. 2015, Teaching Culture: Perspectives in Practice. Cengage Learning.
96. Sharp, C. & Le Metains, J. 2000, Tha Aats, Creativity and Cultural Education: An International Perspective. London: Qualifications and Curriculum Authority.
97. Anthony D. Smith. 1993, National Identity. University of Nevada Press.
98. Claire Kramsch. 1998, Language and Culture. Oxford University Press.
99. Hirsch, E. D. & Barrett Whitener. 2013, Cultural Literacy: What Every American Needs to Know. Blackstone Audiobooks.

二、杂志类

1. 李伦新."海派文化"学术笔谈——海派文化是上海城市之魂[J].上海大学学报(社会科学版),2005(5).
2. 邵朝友,周文叶.学科素养模型及其验证:别国的经验[J].全球教育展望,2016(5).
3. 丁钢.价值取向:课程文化的观点[J].北京大学教育评论,2003(1).

4. 陶阳,张文军.西方世界主义课程研究中的文化批判路径——以波克维茨为例[J].全球教育展望,2016(5).
5. 舒大刚.儒家经典体系嬗变及其当代意义[J].中国文化,2012(2).
6. 陈之权.从文化与语言的关系谈当前新加坡华文课程的文化成效[J].陕西师范大学学报(哲学社会科学版),2008(z1).
7. 逢超.教科书人物外在形象的比较研究——以建国以来八套小学《语文》教科书为例[J].基础教育,2012(1).
8. 倪文锦.考察母语教科书文化构成的四个视角[J].全球教育展望,2007(8).
9. 黄显华.课程实施评鉴:香港初中中国语文科课程改革研究[J].全球教育展望,2006(10).
10. 周清海.全球化环境下的华语文与华语文教学[R].香港:第十八届国际语文教育研讨会,2004-12-17.
11. 吴小鸥.教科书,本质特性何在?——基于中国百年教科书的几点思考[J].课程·教材·教法,2012(2).
12. 陈月茹.中小学教科书中的多元文化问题[J].全球教育展望,2007(2).
13. 王帅.革命传统在语文教材话语中[J].语文建设,2005(7).
14. 李宗桂.试论中国优秀传统文化的评价标准[J].社会科学战线,2017(8).
15. 吴婷婷.百年语文教科书选文文化分析——基于清末、民国时期、现代三套语文教科书选文的比较[J].课程·教材·教法,2018(7).
16. 叶嘉莹.杜甫诗在写实中的象喻性[J].华中师范大学学报(人文社会科学版),2005(4).
17. 王晓霞.试论语文阅读教材"三位一体"多元化选文标准观[J].江西教育科研,2005(2).
18. 王晓霞.当代初中语文阅读教材选文标准的理论建构[J].中学语文教学.2004(7).
19. 杨澄宇.语文教科书中经典选文问题的研究——新课改后选文变化的焦虑与重建[J].教育研究,2014(3).
20. 夏正江.简析文化回应性教学——兼评文化与教学的关系[J].全球教育展望,2007(3).
21. 曹海峰.全球化视阈下的文化博弈、认同危机与文化创新[J].中州学刊,2014(5).
22. 邓文君.民族文化认同危机意识下的法国文化政策嬗变机制研究[J].情报杂志,2017(12).
23. [韩]金厚联,朴正元.韩国文化认同和国家品牌[J].当代韩国,2014(3).
24. 张利明.铸魂育人的文化之维[J].思想政治教育研究,2020(6).
25. 吕立杰,丁奕然.指向学生中华优秀传统文化认同感提升的校本课程调查[J].教育研究,2019(9).
26. 侯前伟.国际视野下传统文化教育的立场选择和对策分析[J].比较教育研究,2021(1).

27. 李广.语文教科书本体价值阐论[J].教育研究,2021(1).
28. 刘妍,马晓英等.文化理解与传承素养:21世纪核心素养5C模型之一[J].华东师范大学学报(教育科学版),2020(2).
29. 周怡.文化社会学发展之争辩:概念、关系及思考[J].社会学研究,2004(5).
30. 王宁."国学"内涵的变迁与章太炎国学的现代意义[J].北京师范大学学报(社会科学版),2017(1).

三、学位论文

1. 池夏冰.语文学科教育戏剧的文化体验研究[D].上海:华东师范大学,2020.
2. 翟志峰.核心素养视域的中学语文教科书评价指标体系建构[D].上海:华东师范大学,2021.
3. 孙慧玲.我国高中语文教材编制模式研究[D].上海:华东师范大学,2008.
4. 王文琴.基于语境的教材评价模式的构建[D].南京:南京师范大学,2008.
5. 王艳霞.课程中的文化选择研究[D].北京:中央民族大学,2007.
6. 梅燕.高中语文课程资源的开发与利用[D].上海:华东师范大学,2015.
7. 米丹丹.《论语》所包含的高中语文课程资源的开发与利用[D].长春:东北师范大学,2010.
8. 李艳.高中语文辅助性课程资源的开发与利用[D].开封:河南大学,2015.
9. 陈延军.普通高中语文课程实施的问题与对策[D].长春:东北师范大学,2018.
10. 姚忆江.中小学中华传统文化教育若干问题研究[D].武汉:华中科技大学,2011.
11. 张家雯.日本和新加坡中小学文化传统教育比较研究[D].金华:浙江师范大学,2020.
12. 袁德润.当代中国基础教育与文化传统关系再认识[D].上海:华东师范大学,2009.
13. 王伟清.创造性人才培养的课程资源条件保障问题研究[D].武汉:华中师范大学,2012.
14. 胡霞.中华优秀传统文化课程开发与实施现状研究——以C市11所城市小学为例[D].长沙:湖南大学,2019.
15. 张晓丹.全球化语境下语文教材的文化研究[D].桂林:广西师范大学,2006.
16. 李宏新.文化变迁中初中语文教材的内容选择问题研究[D].大连:辽宁师范大学,2006.
17. 陈滔娜.义务教育阶段语文教材(人教版)的文化分析[D].上海:华东师范大学,2000.
18. 周姝.北京版初中语文教材的文化取向[D].北京:首都师范大学,2007.
19. 陈茜.高中语文课程中华优秀传统文化资源的开发研究[D].上海:华东师范大学,2018.

四、网络资源

1. 人民日报.文化认同是最深层次的认同[EB/OL].(2021-03-07)[2021-03-31]. https://baijiahao.baidu.com/s?id=1693527994458768963&wfr=spider&for=pc.

2. 蒲晓贞.以文化人,增强对中华文化的认同[EB/OL].(2020-12-29)[2021-03-31]. http://www.mzb.com.cn/zgmzb/html/2020-12/29/content_17120.htm.

3. 辛棋,张彦惠.正视和面对:加强青少年文化认同教育[EB/OL].(2018-07-06)[2021-03-31]. http://theory.people.com.cn/n1/2018/0706/c40531-30130346.html.

4. 童大焕.中国请停下你飞奔的脚步,等一等你的人民[EB/OL].(2011-07-24)[2016-06-25]. https://www.douban.com/group/topic/21276788.

5. 中华人民共和国国务院.中共中央办公厅 国务院办公厅印发《"十四五"文化发展规划》[EB/OL].(2022-08-16)[2022-10-05]. http://www.gov.cn/zhengce/2022-08/16/content_5705612.htm.

6. 中华人民共和国中央人民政府.中共中央关于全面深化改革若干重大问题的决定[EB/OL].(2013-11-15)[2022-10-02]. http://www.gov.cn/jrzg/2013-11/15/content_2528179.htm.

7. 中华人民共和国教育部.《完善中华优秀传统文化教育指导纲要》印发[EB/OL].(2014-04-01)[2022-10-01]. http://www.gov.cn/xinwen/2014-04/01/content_2651154.htm.

8. 中华人民共和国教育部.教育部关于全面深化课程改革落实立德树人根本任务的意见[EB/OL].(2014-04-08)[2022-10-08]. http://www.moe.gov.cn/srcsite/A26/jcj_kcjcgh/201404/t20140408_167226.html.

9. 中华人民共和国中央人民政府.中共中央国务院印发《新时代爱国主义教育实施纲要》[EB/OL].(2019-11-12)[2022-10-05]. http://www.gov.cn/zhengce/2019-11/12/content_5451352.htm.

10. 中华人民共和国教育部.教育部关于印发《革命传统进中小学课程教材指南》《中华优秀传统文化进中小学课程教材指南》的通知[EB/OL].(2021-01-19)[2022-10-05]. http://www.moe.gov.cn/srcsite/A26/s8001/202102/t20210203_512359.html.

11. Schmidt W, Kennedy M. Teacher's and teacher candidates' beliefs about subject matter and about teaching responsibilities [EB/OL].(1990-09-02)[2021-12-29]. https://files.eric.ed.gov/fulltext/ED320902.pdf.